Caro aluno, bem-vindo aos seus recursos digitais!

A partir de agora, você tem à sua disposição um conjunto de recursos educacionais digitais que complementam seus livros impressos e são desenvolvidos especialmente para auxiliar os seus estudos. Veja abaixo como é fácil e rápido o acesso aos recursos integrantes deste projeto.

Como acessar os recursos digitais da SM:

1 Para ter acesso aos recursos digitais você precisa ser cadastrado no *site* da SM. Para isso, no computador, acesse o endereço <www.edicoessm.com.br>.

2 Clique em "Login/Cadastre-se", depois em "Quero me cadastrar" e siga as instruções.

3 Se você **já possui** um cadastro, digite seu *e-mail* e senha para acessar.

4 Após acessar o *site* da SM, entre na área "Ativar recursos digitais" e insira o código indicado abaixo:

VJPOR-A6SAG-PDN2C-TNFMG

5 Com seu livro cadastrado em seu perfil, você poderá acessar os recursos digitais usando:

Um computador

Acesse o endereço <www.edicoessm.com.br>. Faça o *login* e clique no botão "Livro digital". Nesta página, você visualizará todos os seus livros cadastrados. Para acessar o livro desejado, basta clicar na sua capa.

Um dispositivo móvel

Instale o aplicativo **SM Tablet** que está disponível de forma gratuita na loja de aplicativos do dispositivo. Para acessar o SM Tablet, utilize o mesmo *login* e a mesma senha do seu perfil do *site* da SM.

Importante! Não se esqueça de sempre cadastrar seus livros da SM em seu perfil. Assim, você garante a visualização dos seus conteúdos, seja no computador, seja no dispositivo móvel. Em caso de dúvida, entre em contato com nosso Atendimento, pelo telefone **0800 72 54876** ou pelo *e-mail* **atendimento@grupo-sm.com**.

Para Viver Juntos

PORTUGUÊS

ENSINO FUNDAMENTAL 6º ANO

Cibele Lopresti Costa
Bacharela em Letras e Mestra em Literatura e Crítica Literária pela Pontifícia Universidade Católica de São Paulo (PUC-SP).
Professora de Língua Portuguesa e Literatura na rede particular.

Greta Marchetti
Bacharela em Letras e Mestra em Educação pela Universidade de São Paulo (USP).
Professora e Coordenadora de Língua Portuguesa na rede particular.

Jairo J. Batista Soares
Bacharel e Licenciado em Letras pela Universidade Estadual de Campinas (Unicamp).
Professor e Coordenador Pedagógico da área de Língua Portuguesa e Literatura na rede particular.

São Paulo,
3ª edição
2014

***Para Viver Juntos* – Português 6**
© Edições SM Ltda.
Todos os direitos reservados

Direção editorial	Juliane Matsubara Barroso
Gerência editorial	Angelo Stefanovits
Gerência de processos editoriais	Rosimeire Tada da Cunha
Coordenação de área	Rogério de Araújo Ramos
Edição	Alexandre Koji Shiguehara, Agnaldo Holanda, Andressa Paiva, Cristina do Vale, Emílio Hamaya, Isadora Pileggi Perassollo, Márcia Lucia Almeida Camargo
Apoio editorial	André Fernandes, Andréia Tenorio dos Santos, Lilia Nemes Bastos
Assistência de produção editorial	Alzira Aparecida Bertholim Meana, Flávia R. R. Chaluppe, Silvana Siqueira
Preparação e revisão	Cláudia Rodrigues do Espírito Santo (Coord.), Eliana Vila Nova de Souza, Fátima Cezare Pasculli, Fernanda Oliveira Souza, Izilda de Oliveira Pereira, Maíra de Freitas Cammarano, Rosinei Aparecida Rodrigues Araujo, Valéria Cristina Borsanelli, Marco Aurélio Feltran (apoio de equipe)
Coordenação de *design*	Erika Tiemi Yamauchi Asato
Coordenação de arte	Ulisses Pires
Edição de arte	Felipe Repiso, Heidy Clemente Olim, Rosangela Cesar de Lima Braga
Projeto gráfico	Erika Tiemi Yamauchi Asato, Aurélio Camilo
Capa	Erika Tiemi Yamauchi Asato, Aurélio Camilo sobre ilustração de Estúdio Colletivo
Iconografia	Andréa Bolanho, Jaime Yamane, Priscila Ferraz, Sara Alencar, Tempo Composto Ltda.
Tratamento de imagem	Claudia Fidelis, Ideraldo Araújo, Robson Mereu
Editoração eletrônica	Adriana Domingues de Farias, Conexão Editorial, Corte design, Hey bro design (Manual do Professor), Keila Grandis, Ruddi Carneiro, Select Editoração
Fabricação	Alexander Maeda
Impressão	EGB-Editora Gráfica Bernardi Ltda.

Dados Internacionais de Catalogação na Publicação (CIP)
(Câmara Brasileira do Livro, SP, Brasil)

Costa, Cibele Lopresti
  Para viver juntos : português : ensino fundamental, 6º ano / Cibele Lopresti Costa, Greta Marchetti, Jairo J. Batista Soares . — 3. ed. — São Paulo : Edições SM, 2014. — (Para viver juntos ; v. 6)

  Bibliografia
  ISBN 978-85-418-0628-2 (aluno)
  ISBN 978-85-418-0629-9 (professor)

  1. Português (Ensino fundamental) I. Marchetti, Greta. II. Soares, Jairo J. Batista. III. Título. IV. Série.

14-06745   CDD-372.6

Índices para catálogo sistemático:
1. Português : Ensino fundamental 372.6

3ª edição, 2014
2ª impressão, 2016

Edições SM Ltda.
Rua Tenente Lycurgo Lopes da Cruz, 55
Água Branca 05036-120 São Paulo SP Brasil
Tel. 11 2111-7400
edicoessm@grupo-sm.com
www.edicoessm.com.br

APRESENTAÇÃO

Quando você escreve ou lê uma mensagem de texto em seu celular, ou quando acessa a internet em busca de informações de seu interesse, por exemplo, para saber o dia do lançamento de um filme ou da apresentação de uma banda, todas essas ações estão relacionadas com a linguagem.

Diariamente, todos nós entramos em contato com diferentes linguagens e discursos ao lermos jornais, revistas, livros, gibis, propagandas, rótulos de produtos; ao ouvirmos programas de rádio e de televisão; ao conversarmos com amigos. Enfim, são muitas as possibilidades!

Por meio da linguagem, todos nós também expressamos sentimentos, descobertas, queixas, dúvidas e certezas. Ela é usada inclusive para formularmos os mais silenciosos e secretos pensamentos.

Nesta coleção de Língua Portuguesa, você vai ler e produzir textos de diferentes gêneros que circulam em diversas esferas sociais. Dessa forma, entrará em contato com um rico universo e poderá expor suas ideias, criar, emocionar-se e argumentar nas mais distintas situações de forma crítica e autônoma.

Você vai se surpreender com os conteúdos de cada capítulo e, além das consultas ao livro, poderá encontrar mais informações na página da coleção, acessando os objetos digitais, muitos deles interativos.

Cada página é um convite à sua participação e ao seu envolvimento na busca por um conhecimento inclusivo, voltado para a construção de uma sociedade sustentável, justa e democrática.

Os autores

CONHEÇA SEU LIVRO

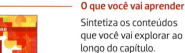

Página de abertura
Cada capítulo é introduzido por uma imagem e aborda um ou dois gêneros textuais.

O que você vai aprender
Sintetiza os conteúdos que você vai explorar ao longo do capítulo.

Converse com os colegas
Propõe atividades relacionadas à imagem de abertura, destinadas ao levantamento de seus conhecimentos prévios.

Este boxe apresenta uma síntese do que foi explorado na seção Converse com os colegas.

O que você vai ler
Apresenta o texto e traz informações sobre seu autor e sobre o contexto da publicação, instigando sua curiosidade.

Leitura 1
Possibilita uma exploração profunda dos elementos textuais, além das marcas do gênero que está sendo estudado.

Glossário
Destaca palavras e o seu significado com a finalidade de ampliar seu vocabulário.

A seção **Estudo do texto** está dividida em:

Para entender o texto
Trabalha as informações explícitas e implícitas do texto; as características próprias da construção do gênero que está sendo estudado e seus elementos estruturais; a intencionalidade, etc.

O contexto de produção
Aborda especificidades das condições de produção do texto e de sua circulação, relacionando-as ao seu suporte e à sua função social.

A linguagem do texto
Destaca os recursos linguísticos e gramaticais usados para criar efeitos de sentido e para caracterizar um estilo ou um tipo de linguagem.

4

Leitura 2
Amplia o estudo do gênero e dos conceitos introduzidos no primeiro *Estudo do texto* ou apresenta um novo gênero para estudo.

Boxes laterais
Distribuídos ao longo do capítulo, expandem informações, oferecem subsídios para reflexão e ampliam suas referências culturais.

Boxe de valores
Relaciona os temas estudados às questões próprias da convivência, aproximando um assunto abordado no texto ao dia a dia da comunidade escolar.

Além de **Para entender o texto**, **Estudo do texto** (leitura 2) contempla também:

O texto e o leitor
Trabalha as relações que o texto estabelece com o leitor.

Comparação entre os textos
Compara os dois textos principais do capítulo, estimulando o reconhecimento de características gerais do gênero ou as semelhanças e diferenças entre os dois gêneros trabalhados.

Sua opinião
Estimula você a expressar sua opinião a respeito do que leu e descobriu.

A seção **Produção de texto** é dividida em etapas:

Aquecimento
Destaca um aspecto importante para a produção do gênero proposto.

Proposta
Especifica o que você vai escrever: em qual gênero deverá organizar o texto; com qual finalidade; para qual público leitor; onde circulará o texto; em que suporte será publicado.

Planejamento e elaboração do texto
Ajuda você a planejar o texto e o encaminha para a escrita.

Avaliação e reescrita do texto
Mostra como verificar se sua produção alcançou os objetivos propostos e, considerando a escrita como um processo, orienta você a avaliar a necessidade de aperfeiçoamento do texto.

CONHEÇA SEU LIVRO

Reflexão linguística
Introduz a reflexão crítica sobre um conceito gramatical, com base em situações de uso da língua.

Anote
Distribuídos ao longo do capítulo, estes boxes sistematizam conceitos e noções fundamentais, ajudando a organizar seus apontamentos.

Na prática
Propõe atividades de sistematização de conceitos linguísticos apoiadas em gêneros textuais variados.

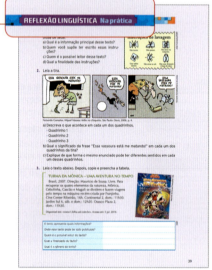

Língua viva
Amplia, em um contexto discursivo, a reflexão sobre os conceitos estudados no capítulo.

Questões de escrita
Aborda questões de ortografia, acentuação e pontuação, propondo atividades de sistematização.

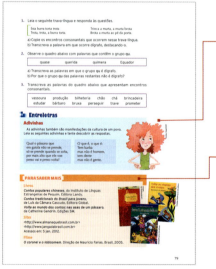

Entreletras
Traz atividades lúdicas relacionadas ao contexto trabalhado no capítulo.

Para saber mais
Propõe títulos de produções culturais e sites que, pelo tema ou pelo gênero, se relacionam aos textos lidos no capítulo.

6

Questões globais
Apresenta exercícios de gramática que retomam os conceitos trabalhados no capítulo.

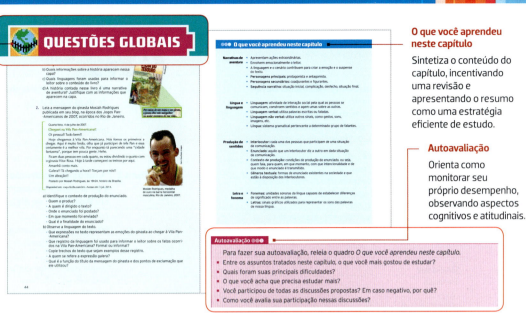

O que você aprendeu neste capítulo
Sintetiza o conteúdo do capítulo, incentivando uma revisão e apresentando o resumo como uma estratégia eficiente de estudo.

Autoavaliação
Orienta como monitorar seu próprio desempenho, observando aspectos cognitivos e atitudinais.

Caixa de ferramentas
Seção que ajuda a desenvolver técnicas de estudo que sirvam ao mesmo tempo como ferramentas de projetos.

Projeto
Seção que apresenta uma proposta de trabalho em grupo como forma de aplicar, em situação prática, os conteúdos apreendidos. Estimula a pesquisa, a elaboração de relatórios, debates, apresentações de painéis, exposição oral, etc.

Oralidade
Seção que propõe reflexões e atividades relacionadas à produção textual dos gêneros orais, sejam eles formais, sejam informais, da esfera pública ou familiar.

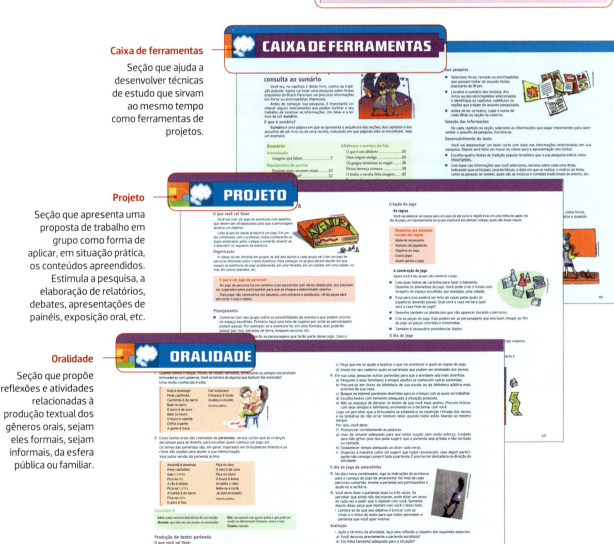

7

SUMÁRIO

1 Romance de aventura — 11

Leitura 1 "Robinson Crusoé", de Daniel Defoe — 12
Estudo do texto — 15
Produção de texto: Narrativa de aventura — 20
Reflexão linguística: Língua e linguagem — 22
Língua viva: O diálogo entre os textos — 27

Leitura 2 "A criatura", de Laura Bergallo — 28
Estudo do texto — 31
Produção de texto: Narrativa de aventura — 34
Reflexão linguística: Texto e produção de sentidos — 36
Língua viva: O contexto de produção e a linguagem — 40
Questões de escrita: Letra e fonema — 41

Oralidade
Parlenda — 46

2 Conto popular — 49

Leitura 1 "O marido da Mãe-d'Água", de Luís da Câmara Cascudo — 50
Estudo do texto — 53
Produção de texto: Conto popular — 58
Reflexão linguística: Variação linguística: variedades regionais — 60
Língua viva: A variação linguística e a caracterização de personagens — 62

Leitura 2 "A moça que pegou a serpente", de Yves Pinguilly — 64
Estudo do texto — 67
Produção de texto: Conto popular — 70
Reflexão linguística: Variação linguística: variedades sociais e situacionais — 72
Língua viva: Linguagem e adequação à situação discursiva — 77
Questões de escrita: Encontro consonantal e dígrafo — 78

Oralidade
Relato de história familiar — 82

3 História em quadrinhos — 85

Leitura 1 "Zé Pequeno Voluntário", de Antonio Luiz Ramos Cedraz — 86
Estudo do texto — 87
Produção de texto: História em quadrinhos — 92
Reflexão linguística: Substantivo — 94
Língua viva: O substantivo em classificados e poemas — 101

Leitura 2 "A estrela misteriosa", de Hergé — 102
Estudo do texto — 104
Produção de texto: História em quadrinhos — 106
Reflexão linguística: O substantivo e suas flexões — 108
Língua viva: O valor semântico da flexão dos substantivos — 113
Questões de escrita: Separação de sílabas — 114

Caixa de ferramentas
Procedimentos de pesquisa: consulta ao sumário — 118

4 Notícia — 121

Leitura 1 "Biogás substitui lenha no Sertão", de Verônica Falcão — 122
Estudo do texto — 124
Produção de texto: Notícia — 128
Reflexão linguística: Adjetivo — 130
Língua viva: O adjetivo na notícia — 135

Leitura 2 "Grande concentração de urubus e de andorinhas compromete energia em Parintins", de Elaíze Farias — 136
Estudo do texto — 138
Produção de texto: Notícia — 140
Reflexão linguística: O adjetivo e suas flexões — 142
Língua viva: O valor semântico da flexão dos adjetivos — 147
Questões de escrita: Sílaba tônica e acentuação das oxítonas e proparoxítonas — 148

Oralidade
Diálogo em roteiro de cinema — 152

5 Relato de viagem e diário de viagem — 155

Leitura 1 "Partir" e "Uma foca solitária", de Amyr Klink — 156
Estudo do texto — 159
Produção de texto: Relato de viagem — 164
Reflexão linguística: Artigo e numeral — 166
Língua viva: A determinação e a indeterminação — 169

Leitura 2 "Projeto Expedição Estrada Real I", de Guilherme Chaves Correa de Figueiredo — 170
Estudo do texto — 173
Produção de texto: Diário de viagem — 176
Reflexão linguística: Interjeição — 178
Língua viva: A interjeição e a construção de sentidos — 181
Questões de escrita: Acentuação das paroxítonas — 182

Oralidade
Comunicado — 186

6 Poema — 189

Leitura 1 "O menino que carregava água na peneira", de Manoel de Barros 190
    Estudo do texto 193
    Produção de texto: Poema 198
    Reflexão linguística:
    Pronomes pessoais e de tratamento 200
    Língua viva:
    Pronomes de tratamento e seus usos 205

Leitura 2 "Ritmo", de Mario Quintana 206
    Estudo do texto 207
    Produção de texto: Poema 210
    Reflexão linguística:
    Pronome demonstrativo 212
    Língua viva:
    O pronome na coesão do texto 215
    Questões de escrita:
    Acentuação de hiatos e ditongos 216

Projeto
Jogos: os segredos da aventura 220

7 Artigo expositivo de livro paradidático e artigo de divulgação científica — 223

Leitura 1 "As runas", de Ricardo da Costa, Tatyana Nunes Lemos e Orlando Paes Filho 224
    Estudo do texto 225
    Produção de texto:
    Artigo expositivo de livro paradidático 228
    Reflexão linguística: Verbo 230
    Língua viva: O presente histórico 236

Leitura 2 "O paradoxo de Fermi (ou Onde estão os extraterrestres?)", de Marcelo Gleiser 238
    Estudo do texto 240
    Produção de texto:
    Artigo de divulgação científica 242
    Reflexão linguística:
    Verbo: modo indicativo 244
    Língua viva:
    O verbo em textos expositivos 248
    Questões de escrita:
    Alguns casos de acentuação 249

Oralidade
Exposição oral 254

8 Entrevista — 257

Leitura 1 Entrevista com Fernanda Takai (Pato Fu), de André Azenha 258
    Estudo do texto 260
    Produção de texto: Entrevista 264
    Reflexão linguística:
    Verbo: modo subjuntivo 266
    Língua viva: O verbo na construção da argumentação 269

Leitura 2 Entrevista com Carlos Saldanha: "A produção brasileira é pouco conhecida lá fora", de Catarina Cicarelli 270
    Estudo do texto 273
    Produção de texto: Entrevista 276
    Reflexão linguística:
    Verbo: formas nominais 278
    Língua viva: O gerundismo 281
    Questões de escrita:
    Emprego do g e do j 282

Oralidade
Jornal falado 286

9 Revisão — 289

Leitura 1 "Piratas sem piedade...", de Suely Mendes Brazão 290
    Estudo do texto 293

Leitura 2 "Expedição crê ter achado tesouro em ilha chilena" 294
    Estudo do texto 296
    Reflexão linguística:
    Revisão 298

Referências bibliográficas 302
Fontes da internet 303

Romance de aventura

CAPÍTULO 1

O QUE VOCÊ VAI APRENDER

- Características principais do romance de aventura
- Enredo, personagem e espaço
- Interpretação de textos verbais e não verbais
- Texto e produção de sentidos
- Letra e fonema

CONVERSE COM OS COLEGAS

Cena do filme *Fúria de Titans*, de Louis Leterrier, 2010.

1. Observe as personagens da cena ao lado, especialmente o homem que está na frente.
   a) Descreva-o, considerando o modo como está vestido e a atitude que ele exibe.
   b) Descreva detalhadamente o espaço onde as personagens estão.

2. Esta cena representa um momento da história vivida por essas personagens. Ao observá-la, é possível identificar o tipo de história da qual a cena faz parte e imaginar como seriam o começo, o meio e o fim.
   a) O espaço e as personagens da cena descrita caracterizam que tipo de história?
   b) Com base nas características que você observou no homem que caminha à frente do grupo, você diria que ele é o vilão ou o herói da história? Justifique sua resposta.
   c) Imagine e escreva em seu caderno onde e como começou a história.
   d) Você acredita que o espaço retratado na cena é o mesmo do começo da história? Justifique sua resposta.
   e) Que tipo de situação você acredita que as personagens terão de enfrentar a partir desse momento?
   f) Como você supõe que terminará a história?

3. Que título você daria para essa história? Justifique sua resposta.

4. Cite nomes de personagens de filmes e livros que viveram histórias parecidas com a que você imaginou.

Os elementos observados na cena ao lado são característicos do **romance de aventura**. Neste capítulo, aprofundaremos o estudo sobre personagens e enredo com base em textos representativos desse gênero.

LEITURA 1

Romance de aventura

Daniel Defoe (1660-1731), escritor inglês, publicou em 1719 sua mais conhecida obra, *As aventuras de Robinson Crusoé*. Retrato de 1722.

No livro *As aventuras de Robinson Crusoé* são narradas as aventuras de um jovem que, em 1652, decide deixar a Inglaterra para enfrentar os mais diversos desafios que as viagens pelo mar podiam lhe oferecer.

Depois de escapar de um naufrágio e de libertar-se de piratas, chega ao Brasil, onde se estabelece como proprietário de uma lucrativa plantação que o torna muito rico. Mesmo assim, resolve partir em busca de novas aventuras... Mas o navio em que viajava naufraga e, como único sobrevivente, ele passa a viver em uma ilha deserta, ao norte da América do Sul. Com o que recupera do naufrágio e com os recursos disponíveis no lugar, constrói tudo o que é necessário para sua sobrevivência. Desse modo, reproduz na ilha muitos aspectos de seu ambiente de origem, a sociedade inglesa do século XVII.

Robinson Crusoé vive ali durante muitos anos e as únicas pessoas que avista são alguns indígenas do continente que, de tempos em tempos, desembarcavam nas praias da ilha para realizar rituais de canibalismo. Mantendo-se sempre escondido, Crusoé consegue soltar um prisioneiro indígena que seria sacrificado em uma dessas cerimônias. Esse indígena, em homenagem ao dia em que foi libertado, recebe o nome de Sexta-Feira e torna-se o grande companheiro de Crusoé, auxiliando-o em seus planos para deixar a ilha.

O trecho que você vai ler narra uma batalha que eles, juntos, travam contra os indígenas inimigos do povo de Sexta-Feira. Nesse episódio, acabam libertando alguém muito importante...

Robinson Crusoé

Celebrei o vigésimo sétimo aniversário da minha vida na ilha de modo especial. Tinha muito a agradecer a Deus, agora mais do que antes, já que os três últimos anos haviam sido particularmente agradáveis ao lado de Sexta-Feira. Tinha também o estranho pressentimento de que este seria o último aniversário comemorado na ilha.

O barco estava guardado, em lugar seco e protegido, esperando a época das chuvas terminar para empreender a viagem até o continente.

Enquanto aguardava tempo bom para lançar-me ao mar, eu preparava todos os detalhes necessários ao sucesso da jornada: armazenar milho, fazer pão, secar carne ao sol, confeccionar moringas de barro para transportar água...

Sexta-Feira andava pela praia, à cata de tartarugas. Voltou correndo, apavorado.

— Patrão, patrão! Três canoas chegar. Muitos inimigos. Já estar muito perto...

Também me assustei. Não contava com o inesperado: os selvagens não vinham à ilha no tempo das chuvas. Espiei-os do alto da paliçada, com os binóculos. Desembarcavam muito próximos do meu "castelo", logo depois do ribeirão. O perigo nunca fora tão iminente...

— Não são gente do seu povo, Sexta-Feira?

– Não, patrão. Ser inimigos. Eu ver direito.

– Assim de tão longe? Como é que você sabe?

– Eu saber. Estes são inimigos. Talvez até vir aqui pra pegar Sexta-Feira.

Acalmei-o. Claro que não tinham vindo até a ilha por causa dele! Já haviam passado muitos anos... Mas, de qualquer forma, o perigo era grande. Estavam tão próximos que poderiam descobrir-nos facilmente. Se quiséssemos ter alguma chance de sobrevivência, precisávamos atacá-los primeiro, quando não esperassem. Era fundamental fazer da surpresa nosso terceiro guerreiro!

– Você pode lutar? – perguntei ao meu companheiro.

– Sexta-Feira guerrear com patrão. Só dizer o que fazer...

Carreguei duas espingardas e quatro mosquetes com chumbo grosso, para dar a impressão de muitas balas. E preparei ainda duas pistolas. Reparti as armas de fogo com Sexta-Feira e rumamos para o acampamento dos antropófagos. Eu levava também a espada, presa à cintura, e meu companheiro, seu inseparável machado.

Protegidos pelas árvores, chegamos a menos de quarenta metros do inimigo. Na hora, não pude contá-los todos. Posteriormente, somando os mortos e os fugitivos, descobri que eram vinte e um. As chamas da fogueira já ardiam, como línguas vorazes à espera da gordura humana, que pingava de membros e partes cortadas, para alimentar sua gula.

Eu relutava em atacá-los. Estava mesmo disposto a aguardar o máximo possível, escondido no meio do bosque. E, se descobrisse que iriam embora sem andar muito pela ilha, deixá-los-ia voltar sem importuná-los.

O grupo todo encontrava-se ocupado em soltar as cordas que prendiam mãos e pés de um prisioneiro. Por fim, desmancharam a roda que ocultava o condenado à morte e o arrastaram para perto do fogo. Meu Deus, o prisioneiro era um homem branco! Não, não iria aguardar os acontecimentos. Um homem cristão como eu estava prestes a ser devorado por selvagens antropófagos... Na minha ilha. Eu não podia deixar aquela bestialidade prosseguir!

LEITURA 1
Romance de aventura

Fiz sinal a Sexta-Feira. Estava pronto? Então que atirasse com a espingarda, que seguisse meu exemplo...
– Agora, Sexta-Feira! – berrei.

Os dois tiros ecoaram simultaneamente. Por um instante, o mundo parou. Horrorizados, os selvagens viram vários dos seus guerreiros caírem sem vida. Não conseguiam compreender de onde vinha a morte. As espingardas, carregadas com chumbo grosso, provocaram um enorme estrago entre os inimigos: cinco caíram mortos, três outros feridos. [...]

O mundo então pareceu vir abaixo: a praia virou um enorme pandemônio. Tínhamos sido descobertos, mas ainda assim os selvagens não se atreviam a atacar-nos. Gritos de guerra e raiva misturavam-se aos de dor dos feridos.

Corri ao encontro do inimigo, Sexta-Feira seguiu atrás de mim. No meio do caminho, já na areia da praia, paramos para garantir a pontaria do tiro do último mosquete carregado. Mais alguns mortos e feridos caíram ao chão. Os que ainda se mantinham em pé não sabiam se corriam ou se lutavam. Fomos ao seu encontro.

Ao passar pelo homem branco, entreguei-lhe minha pistola: podia precisar dela para defender-se. A luta prosseguia, agora num combate corpo a corpo. Matei mais dois, três, quatro – não posso precisar quantos – com a espada. [...] Ainda assim, três inimigos conseguiram saltar dentro de um dos barcos e fugiram para o mar. Dois pareciam ilesos; o outro sangrava, gravemente ferido. [...]

Corremos para a outra canoa, encalhada na areia da praia. Antes de fazê-la navegar, descobrimos, deitado no seu fundo, mais um prisioneiro amarrado. De repente, a máscara de guerra, em que se transformara o rosto de Sexta-Feira, tornou-se doce e suave ao avistar o velho homem, imóvel no chão do barco.

Sexta-Feira tratou-o com muito cuidado, dedicação e carinho. Soltou o velho, sentou-o, abraçou-o, apoiou sua cabeça contra seu forte peito, enquanto afagava com mão de criança seus cabelos...

Sem o saber, Sexta-Feira acabara de salvar da morte o seu próprio pai.

Os fugitivos já iam longe no mar. Era inútil persegui-los. [...]

Daniel Defoe. *Robinson Crusoé*: a conquista do mundo numa ilha. Adaptação para o português: Werner Zotz. 17. ed. São Paulo: Scipione, 2001. p. 85-89.

GLOSSÁRIO

Antropófago: ser humano que se alimenta de carne humana.
Bestialidade: comportamento que assemelha o homem à besta ("animal"); brutalidade, estupidez, imoralidade.
Empreender: realizar.
Ileso: sem ferimento.
Iminente: próximo, prestes a acontecer.
Moringa: vaso de barro bojudo e de gargalo estreito usado para acondicionar e conservar fresca e potável a água.
Mosquete: arma de fogo similar a uma espingarda.
Paliçada: cerca feita com estacas apontadas e fincadas na terra, que serve de barreira defensiva.
Pandemônio: mistura confusa de pessoas ou coisas; confusão.
Simultaneamente: ao mesmo tempo.
Voraz: que devora.

Estudo do texto

●●● Para entender o texto

1. Quantos anos Robinson Crusoé já havia vivido naquela ilha?
2. Durante quanto tempo ele permaneceu sozinho na ilha?
3. Crusoé teve de aprender a viver em um espaço bem diferente daquele ao qual estava acostumado. Com base no texto, copie e complete a tabela a seguir, apontando as características da ilha e o que ele precisou construir para ali sobreviver.

A vegetação da ilha	
As características do mar da região da ilha	
O clima da ilha	
Como Robinson Crusoé se alimentava	
Instrumentos e objetos que Robinson Crusoé precisou fabricar para obter alimentos e armazená-los	
As características da moradia de Robinson Crusoé	

4. Releia.

   > "Acalmei-o. Claro que não tinham vindo até a ilha por causa dele! Já haviam passado muitos anos... Mas, de qualquer forma, o perigo era grande. Estavam tão próximos que poderiam descobrir-nos facilmente. Se quiséssemos ter alguma chance de sobrevivência, precisávamos atacá-los primeiro, quando não esperassem. Era fundamental fazer da surpresa nosso terceiro guerreiro!"

   a) Que fatos da narrativa esse parágrafo permite antecipar?
   b) Nesse trecho também é revelado um dos elementos principais do plano de Robinson Crusoé. Qual é esse elemento?
   c) Releia o quadro *O que você vai ler*. Por qual motivo os selvagens habitualmente vinham à ilha?
   d) Se para Crusoé estava claro que os selvagens não tinham vindo à ilha com a intenção de capturar Sexta-Feira, por que, mesmo assim, ele decidiu atacá-los?
   e) No texto há outro fato que justifica a ação violenta de Crusoé contra os selvagens. Qual é esse fato?

5. Releia.

   > "Também me assustei. Não contava com o inesperado: os selvagens não vinham à ilha no tempo das chuvas. Espiei-os do alto da paliçada, com os binóculos. Desembarcavam muito próximos do meu 'castelo', logo depois do ribeirão. O perigo nunca fora tão iminente..."

   Com base nesse trecho, podemos concluir que Robinson Crusoé estava preparado ou não para um ataque dos selvagens? Justifique sua resposta.

6. O que pode explicar o fato de o pai de Sexta-Feira ter sido aprisionado pelos selvagens e levado à ilha para ser sacrificado?

15

Estudo do texto

🗨 A personagem

1. Quem são as personagens do trecho do romance de aventura que você leu?
2. Quem lidera as ações principais da narrativa?
3. Quem auxilia o líder a alcançar esses objetivos?
4. Quem são as personagens que representam uma oposição aos objetivos e ações do líder?

ANOTE

As personagens podem desempenhar diferentes papéis em uma história.

As **personagens principais** desempenham papel central na história. Podem ser classificadas como:

- **Protagonista** – personagem cujos valores, objetivos e ações aparecem em primeiro plano. Nas narrativas de aventura, geralmente, o protagonista é caracterizado como herói.
- **Antagonista** – personagem que se opõe ao protagonista e a seus valores, ameaçando a concretização de seus objetivos, ou, muitas vezes, procurando vencê-lo. O antagonista costuma ser caracterizado como vilão.

As **personagens secundárias** têm uma participação menor na história. Classificam-se em:

- **Coadjuvantes** – auxiliam os protagonistas ou antagonistas a realizar seus objetivos.
- **Figurantes** – personagens cujas ações ou mera presença pouco ou nada alteram o desenvolvimento da narrativa.

5. Copie e complete o quadro a seguir, identificando as personagens principais e o modo como foram caracterizadas.

Papel na narrativa	Quem é?	Características
Protagonista ou herói		
Antagonistas ou vilões		

6. No texto, Robinson Crusoé menciona como estava se sentindo após viver tanto tempo na ilha e qual era seu plano para o futuro. Com base nisso, descreva que tipo de atitude ele demonstra ter diante das adversidades. Esse é o comportamento geralmente esperado para uma personagem de narrativa de aventura? Explique sua resposta.

ANOTE

Em geral, as histórias de aventura desenvolvem-se em espaços que oferecem grandes **desafios** às personagens.

HERÓIS DO CINEMA

Algumas personagens do cinema marcaram época e tornaram-se referências de heróis em diferentes gêneros. Você conhece algum destes?

Zorro, em produção para a tevê do final dos anos 1950.

Indiana Jones, em *Os caçadores da arca perdida*, 1981.

Wolverine, em *X-Men: o confronto final*, 2006.

Harry Potter, em *Harry Potter e o prisioneiro de Azkaban*, 2004.

7. Releia o texto e copie um trecho que caracterize o relacionamento entre Robinson Crusoé e Sexta-Feira.
8. Reúna-se com mais dois colegas e discuta as questões a seguir. Depois anote as conclusões.
   a) Que participação tem Sexta-Feira na elaboração e execução do plano de ataque contra os selvagens?
   b) Sexta-Feira poderia impedir a morte de seu pai sem a interferência de Crusoé? Explique.

> **ANOTE**
> As personagens de narrativas de aventura são marcadas pela **coragem**, **inteligência**, **força**, **habilidade** e **determinação**, características necessárias para vencer os desafios que surgem durante a história.

••• O contexto de produção

1. Com base no texto do quadro *O que você vai ler*, responda.
   a) Em que ano saiu o romance cujo trecho você estudou?
   b) Indique em que século o autor situou as aventuras de Robinson Crusoé.
   c) Qual é o país de origem do autor Daniel Defoe?
   d) E o de Robinson Crusoé?
   e) Ao longo de todo o romance, há um espaço que, constantemente, favorece o contato de Crusoé com o perigo. Qual é esse espaço?

2. Nos séculos XVII e XIX – caracterizados pelo intenso contato entre os povos por meio da navegação – foram escritos muitos romances de aventura ambientados no mar. Quais seriam os possíveis motivos para que esse cenário fosse tão frequente nos romances dessa época?

> **ANOTE**
> As narrativas de aventura apresentam as **ações extraordinárias de personagens** fictícias diante de grandes perigos. Essas ações nem sempre são possíveis no mundo real, porém representam o desejo dos seres humanos de superar seus limites.

3. Embora tenha passado muitos anos isolado, Crusoé procurou organizar seu ambiente e seu cotidiano de acordo com os referenciais do modo de vida europeu. Copie o quadro abaixo e preencha-o com informações do texto que comprovem essa afirmação.

Moradia	
Alimentação	
Objetos	
Religião	

AVENTURAS NO MAR

A ilha do tesouro é um dos romances de aventura mais célebres da literatura. Escrito por Robert Louis Stevenson, em 1883, conta a história de Jim Hawkins, um jovem que participa de uma expedição em busca de um tesouro escondido. Ao lado de seus companheiros, enfrenta terríveis perigos em uma disputa com assustadores piratas. Foi nesse livro que pela primeira vez apareceu um mapa com um grande X assinalando o local onde estaria escondido o baú do tesouro.

Outro romance de aventura de muito destaque na literatura mundial é *Moby Dick*, de Herman Melville. Publicado originalmente em 1851, apresenta as aventuras do marinheiro Ismael a bordo de um navio baleeiro que, rumo ao Pacífico Sul, encontra a imensa e enfurecida baleia-branca que dá nome à obra.

Estudo do texto

ANOTE

O modo de o ser humano enfrentar os perigos que surgem diante de si transforma-se com a passagem do tempo e com as novas descobertas. Os romances de aventura **registram essas mudanças**.

Algumas obras de Júlio Verne, um dos maiores autores desse gênero, revelam os desafios para o europeu no século XIX. Romances como *A volta ao mundo em 80 dias* e *Cinco semanas em um balão* abordam as viagens em balões, expondo as descobertas da época em relação à aviação. Já *As aventuras do capitão Hatteras*, *As atribulações de um chinês da China* e *A jangada* (ambientado na Amazônia) revelam os mistérios e desafios que certos territórios e culturas apresentavam para as pessoas daquela época.

A INSPIRAÇÃO DE DANIEL DEFOE

Para escrever seu romance, Daniel Defoe inspirou-se na história verídica de Alexander Selkirk, um marinheiro escocês. A seu próprio pedido, em razão das péssimas condições do navio em que viajava, Selkirk foi abandonado numa ilha do arquipélago Juan Fernández, no Pacífico Sul. Lá viveu de 1704 a 1709, quando foi resgatado por um navio inglês que passava pela ilha.

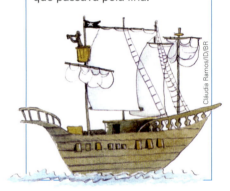

4. Imagine uma história de aventura que acontecesse nos tempos atuais. Em sua opinião, qual seria o espaço mais desafiador para as personagens dessa história? Justifique sua resposta.

5. Releia.

> "Por fim, desmancharam a roda que ocultava o condenado à morte e o arrastaram para perto do fogo. Meu Deus, o prisioneiro era um homem branco! Não, não iria aguardar os acontecimentos. Um homem cristão como eu estava prestes a ser devorado por selvagens antropófagos… Na minha ilha. Eu não podia deixar aquela bestialidade prosseguir!"

O encontro de Robinson Crusoé com os indígenas antropófagos mostrou algumas diferenças culturais e religiosas entre eles.

a) Quais são essas diferenças?

b) Como Crusoé reagiu a elas?

c) A que a personagem Crusoé comparou os indígenas com quem deparou? Justifique sua resposta com palavras do texto.

Aprender com a diferença

Você leu o trecho de um romance de aventura e conheceu as principais características desse gênero.

Embora o objetivo principal dessas histórias seja apresentar ações extraordinárias de personagens fictícias, nelas ficam registradas as visões de uma sociedade ou época sobre um lugar, um povo, seus costumes, etc. Nesse texto, Sexta-Feira passou a conviver com o modo de vida de Robinson Crusoé e adquiriu costumes muito diferentes dos que ele tinha antes de conhecê-lo.

Com seus colegas e com o professor, discuta as seguintes questões.

I. O que Sexta-Feira provavelmente aprendeu com Crusoé além do que aponta o trecho lido?

II. E o que Crusoé pode ter aprendido com Sexta-Feira?

●●● A linguagem do texto

OS PIRATAS QUE ROUBAM A CENA

Mais recentemente, histórias de piratas e baús de tesouros voltaram a emocionar o público do cinema. Um exemplo disso é a série de filmes *Piratas do Caribe*, em que piratas sobrenaturais, em seus navios-fantasma, ressurgem com tesouros roubados e com as maldições que os acompanham.

1. Observe algumas frases extraídas do trecho de romance de aventura que você leu.

> "– Patrão, patrão! Três canoas chegar. Muitos inimigos. Já estar muito perto…"

> "– Agora, Sexta-Feira! – berrei."

> "Eu não podia deixar aquela bestialidade prosseguir!"

a) Quanto à pontuação, o que essas frases têm em comum?
b) Com qual finalidade esse tipo de pontuação é utilizado?
c) Leia essas frases em voz alta, procurando dar-lhes a entonação adequada às situações vividas pelas personagens.

2. Releia.

> "Sexta-Feira andava pela praia, à cata de tartarugas. Voltou correndo, **apavorado**. [...] Também me **assustei**. Não contava com o **inesperado**: os selvagens não vinham à ilha no tempo das chuvas. **Espiei-os** do alto da paliçada, com os binóculos. Desembarcavam muito próximos do meu 'castelo', logo depois do ribeirão. O **perigo** nunca fora tão **iminente**…"

Que ideia as palavras destacadas sugerem ao leitor?

3. Releia.

> "De repente, a máscara de guerra, em que se transformara o rosto de Sexta-Feira, tornou-se doce e suave ao avistar o velho homem, imóvel no chão do barco.
>
> Sexta-Feira tratou-o com muito cuidado, dedicação e carinho. Soltou o velho, sentou-o, abraçou-o, apoiou sua cabeça contra seu forte peito, enquanto afagava com mão de criança seus cabelos…"

Nesse trecho, há uma mudança no comportamento de Sexta-Feira.
a) Qual expressão indica como Sexta-Feira se mostrava até aquele momento?
b) Como o narrador caracteriza Sexta-Feira depois de avistar o velho homem?
c) Qual foi o motivo dessa mudança?

> **ANOTE**
>
> Uma narrativa de aventura procura **envolver emocionalmente** o leitor com as situações de perigo enfrentadas pelas personagens.
>
> **Recursos linguísticos**, como o emprego de frases exclamativas e de determinadas palavras e expressões, contribuem para a criação do clima de emoção da história.

19

PRODUÇÃO DE TEXTO

Narrativa de aventura

AQUECIMENTO

É muito importante na construção de uma narrativa de aventura a descrição detalhada dos lugares em que se passa a história. Muitas vezes, o espaço apresentado pode ajudar o leitor a reconhecer o clima propício para a aventura.

- Copie o trecho a seguir e complete-o com palavras que caracterizem o espaço de uma história de aventura.

À meia-noite em ponto, aquele ★ era o pior lugar para se estar. Ouvia-se um barulho ★, mas não era possível saber se seriam ★ atacando mais uma vítima, ★ devorando algum animal ou mesmo uma disputa entre esses animais ferozes. A ★ era tanta que as árvores acabavam assemelhando-se a ★. Era impossível caminhar naquele lugar, a cada segundo a situação piorava e parecia que o nosso fim estava mais perto.

••• Proposta

Você vai criar uma narrativa de aventura que será lida em sua classe e publicada em um livro organizado pelos alunos.

Escreva sua história com base na imagem a seguir, em que aparecem duas personagens em ação. Observe a cena detalhadamente.

Cena do filme *O novo mundo*. Direção: Terrence Malick. EUA, 2005.

••• Planejamento e elaboração do texto

Antes de escrever, planeje seu texto, pensando nos aspectos a seguir.

1. Copie o quadro abaixo e preencha-o com informações sobre o espaço da narrativa, o tempo em que ela acontece e as características das personagens.

Tempo	Espaço	Papel na narrativa	Modo como costuma se vestir	Arma que utiliza	Características
		Protagonista			
		Antagonista			

2. Imagine uma aventura que envolva essas duas personagens. Copie o quadro abaixo e utilize-o para planejar sua história.

Personagem	Protagonista	Antagonista
Quem é?		
Qual é o seu objetivo?		
Qual é o motivo do confronto?		
Quem venceu?		
O que o vencedor conquistou com a vitória?		

3. Agora, escreva seu texto. Lembre-se de desenvolver os aspectos levantados no planejamento e não se esqueça de criar um título para sua história.

●●● Avaliação e reescrita do texto

Dicas para ler os textos
- Forme dupla com um colega de sua classe.
- Leia sua história em voz alta.
- Depois de ouvi-lo, seu colega deverá anotar os pontos mais interessantes do seu texto e aqueles que acredita precisarem de ajustes (justificando).
- Feitas as anotações, seu colega escreverá um pequeno comentário a respeito do que gostou no seu texto e lerá para você.
- Em seguida, será a vez de seu colega ler a história dele e ouvir o seu comentário.

1. Copie e preencha a tabela a seguir, pois ela auxiliará você na avaliação da sua narrativa de aventura.

Elementos da narrativa de aventura		O texto apresenta	
		Sim	Não
Protagonista	Características		
	Objetivo		
Antagonista	Características		
	Objetivo		
Houve um motivo para a oposição entre as personagens?			
O protagonista superou ou eliminou essa oposição?			
As ações das personagens são coerentes com seus papéis na narrativa?			

2. Faça um breve comentário a respeito de sua produção. Considere os aspectos a seguir.
   a) Do que eu mais gostei em meu texto?
   b) Que dificuldades tive para escrever minha história?
   c) Quais dúvidas ainda tenho a respeito das características das personagens em narrativas de aventura?

REFLEXÃO LINGUÍSTICA

Língua e linguagem

1. Leia a tira.

Quino. *Toda Mafalda*. São Paulo: Martins Fontes, 2003. p. 50.

a) Qual a relação entre o crescimento rápido das plantas com o calor e a necessidade de Mafalda utilizar um apito?

b) Ao soprar seu apito, Mafalda produziu o efeito esperado? Explique.

c) Se Mafalda não tivesse um apito, de que outras maneiras ela poderia ter produzido o mesmo efeito?

As pessoas interagem por meio da linguagem. Na interação, elas constroem sentidos, de acordo com as experiências, as expectativas e os conhecimentos prévios de cada uma. Na tira lida, Felipe, intrigado com o apito pendurado no pescoço de Mafalda, faz-lhe uma pergunta. A resposta da amiga não satisfaz sua curiosidade, pois ele não sabe que o pai de Mafalda costuma carregar vasos pela casa. Dessa forma, Felipe faz uma nova pergunta, até que, finalmente, compreende o porquê do objeto.

Ao falar e emitir um som, escrever, desenhar, fazer um gesto, cantar uma música, escolher uma roupa, não só comunicamos algo, mas também agimos sobre o outro. Assim como a primeira resposta de Mafalda gera uma nova dúvida em Felipe, o sopro no apito provoca uma mudança na ação do pai. Pela linguagem, portanto, podemos transformar o comportamento, as atitudes e as opiniões das pessoas com quem interagimos.

> **ANOTE**
>
> **Linguagem** é uma atividade de interação. Por meio dela os indivíduos se comunicam, constroem sentidos e agem uns sobre os outros.

••• Linguagem verbal e não verbal

Ilustração representando artisticamente pessoas da Idade da Pedra comendo, em anúncio norte-americano de cerca de 1895. Desde os tempos mais remotos o ser humano compartilha suas histórias com seus companheiros.

Reprodução de pintura em parede da caverna de Cavalls, Espanha.

O ser humano conta histórias desde os tempos mais antigos. Na época das cavernas, saía para caçar e enfrentava os perigos presentes na natureza. Quando voltava, trazia alimentos e podia contar para seus companheiros as aventuras pelas quais havia passado.

Essas histórias eram ouvidas e reproduzidas oralmente para as pessoas.

Outra maneira de comunicar suas aventuras era gravar, nas paredes das cavernas, os fatos mais marcantes de uma caçada e algumas atividades específicas. O registro era feito com desenhos que representavam as experiências vividas por aqueles indivíduos. Assim, a história dessas pessoas pré-históricas foi registrada, permitindo que, nos dias atuais, saibamos algumas informações sobre o modo de vida delas.

Além do desenho e da fala, podemos nos comunicar por meio de outras linguagens.

2. Observe as imagens:

Cena de um desfile de moda, Paris, 2007.

Placa de orientação.

a) O que aparece na primeira imagem? De que maneira o estilista se expressa?

b) A segunda imagem mostra uma placa de trânsito. O que ela significa?

Nas ruas, os motoristas e os pedestres orientam-se pelas informações que aparecem nas placas de trânsito. Nessas situações, os sinais sonoros também são fundamentais. Ao acionar a sirene de uma ambulância, por exemplo, o condutor comunica a urgência da passagem e provoca uma ação nos motoristas, que lhe abrem passagem com seus carros.

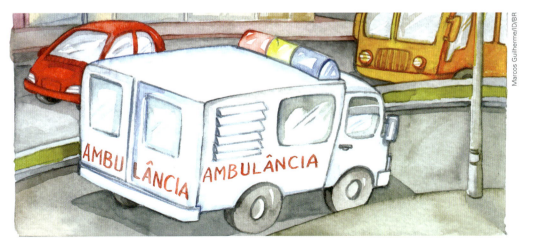

REFLEXÃO LINGUÍSTICA
Língua e linguagem

Nos espetáculos teatrais, os movimentos dos atores, suas expressões faciais e seus gestos somam-se às falas das personagens, à iluminação, ao cenário e à trilha sonora. Essas linguagens, juntas, auxiliam os espectadores na construção dos sentidos da peça apresentada.

Para expressar suas emoções em *e-mails*, *chats* e programas de mensagens instantâneas, os internautas, principalmente os mais jovens, utilizam representações gráficas compostas de sinais da escrita. Essas representações são chamadas *emoticon*, junção de *emotion*, "emoção" em inglês, e *icon*, que significa "ícone" ou "sinal".

Os deficientes auditivos brasileiros comunicam-se pela Língua Brasileira de Sinais – Libras. Trata-se de uma língua com estrutura gramatical própria, e não apenas a gesticulação das palavras do português. Os sinais da Libras foram elaborados pela combinação da forma e do movimento das mãos e do ponto no corpo ou no espaço onde esses sinais são feitos.

Percebe-se, portanto, que, para interagir com outras pessoas, o ser humano pode utilizar palavras ou outras formas de representação.

Linguagem dos jovens na internet: alguns *emoticons*	
:-D	Rindo
:-(	Triste
:-)	Feliz
;-)	Piscando
|-)	Dormindo
X-)	Com vergonha ou tímido
:-))))	Gargalhando
>:-||	Zangado
:'''-(	Inundação de lágrimas
:-@	Gritando

> **ANOTE**
> **Linguagem verbal** é a que utiliza palavras escritas ou faladas.
> **Linguagem não verbal** é aquela que usa outros sinais para a comunicação entre as pessoas, como sons, gestos, imagens, cores, etc.

••• A língua

A forma específica com a qual a linguagem verbal é utilizada por um grupo de pessoas em determinada região ou em um país é denominada **língua**. Assim, para nos comunicarmos no Brasil, usamos a língua portuguesa, que foi trazida pelos portugueses e, posteriormente, enriquecida pelos diferentes povos que se reuniram aqui.

A língua pode apresentar-se de dois modos: **escrita** ou **falada**. Cada língua tem um conjunto de palavras e regras de combinação dessas palavras, a fim de que os falantes possam interagir entre si e compreender-se. Essas regras podem variar conforme a situação em que utilizamos a língua escrita ou a falada.

Nos dicionários, encontramos grande parte desse conjunto de palavras e, nas gramáticas e nos manuais de linguística, as possibilidades de combinação da língua.

Dicionários e gramática de língua portuguesa.

> **ANOTE**
> **Língua** é um sistema gramatical pertencente a determinado grupo (de falantes). É por meio dela que os indivíduos desse grupo concebem o mundo que os cerca e com ele interagem.

REFLEXÃO LINGUÍSTICA Na prática

1. Observe a tira e responda às questões.

A Turma da Mônica, de Mauricio de Sousa.

a) Apesar de não haver palavras, o leitor entende a informação apresentada. Que linguagem foi usada para construir essa tira?

b) Explique o que cada personagem imaginava ao cultivar a planta.
  • Magali   • Cebolinha   • Cascão

c) Copie a(s) alternativa(s) que explica(m) a causa do humor da tira.
  • O fato de cada personagem ter um desejo diferente.
  • A oposição entre a ação e a vontade do Cascão e a ação e a vontade das duas primeiras personagens.
  • A vontade da Magali de plantar algo para comer.
  • O desejo de diversão do Cebolinha.

2. Na próxima tira, há uma linguagem bastante presente em nosso cotidiano.

A Turma da Mônica, de Mauricio de Sousa.

a) Qual é essa linguagem?
b) O que as placas indicam?
c) Reveja o segundo e o terceiro quadros. As placas salvaram o Cebolinha do perigo?

3. Indique quais elementos da fotografia ao lado se relacionam com a linguagem verbal e quais se relacionam com a não verbal.

Manifestante em passeata pela paz, Rio de Janeiro.

25

REFLEXÃO LINGUÍSTICA Na prática

4. Observe as imagens a seguir.

Agora, copie e complete a tabela com as informações pedidas sobre as situações.

	Figura A	Figura B	Figura C	Figura D
Que linguagem predomina? Verbal ou não verbal?				
Qual é a situação retratada?				

5. Imagine que você chegou a uma cidade e comprou o mapa turístico abaixo.
a) Que informações sobre a cidade você poderia encontrar nesse mapa?
b) Que linguagens foram usadas para transmitir essas informações?
c) Quais lugares da cidade você teria interesse em conhecer? Por quê?

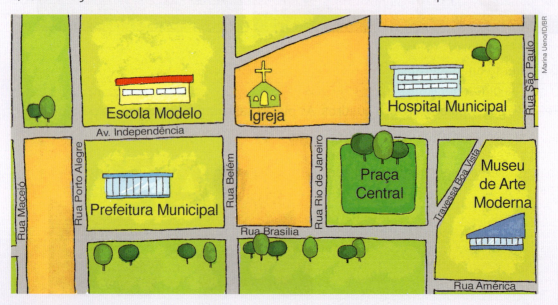

26

LÍNGUA VIVA
O diálogo entre os textos

1. Compare os dois quadros e escreva o que eles têm em comum.

As meninas, de Diego Velázquez, 1656.
Óleo sobre tela, 318 cm × 276 cm.

As meninas, de Pablo Picasso, 1957.
Óleo sobre tela, 194 cm × 260 cm.

O quadro da esquerda, *As meninas*, é de Diego Velázquez, um artista espanhol do século XVII. Ele era um dos pintores do rei Filipe IV e retratava em suas telas a vida da corte espanhola. A figura central do quadro é a infanta Margarida, filha do rei.

O quadro da direita é de Pablo Picasso, pintor espanhol do século XX, que fez uma releitura do quadro de Velázquez. Note que as duas pinturas dialogam entre si, pois Picasso retomou as ideias e a forma apresentadas anteriormente por Velázquez. No entanto, não se limitou a repeti-las. Ele, na verdade, recriou-as com uma visão diferente, de acordo com seus objetivos.

> **ANOTE**
> Quando percebemos que um texto dialoga com outro, dizemos que eles mantêm entre si uma relação de **intertextualidade**.

2. Leia o poema e, a seguir, responda às questões.

Paraíso

Se esta rua fosse minha,
eu mandava ladrilhar,
não para automóvel matar gente,
mas para criança brincar.

Se esta mata fosse minha,
eu não deixava derrubar.
Se cortarem todas as árvores,
onde é que os pássaros vão morar?

Se este rio fosse meu,
eu não deixava poluir.
Joguem esgotos noutra parte,
que os peixes moram aqui.

Se este mundo fosse meu,
eu fazia tantas mudanças
que ele seria um paraíso
de bichos, plantas e crianças.

José Paulo Paes. *Poemas para brincar*. 16. ed. São Paulo: Ática, 2000.

a) Esse poema é a recriação de uma tradicional canção infantil. Qual é essa canção?

b) A finalidade do poema "Paraíso" é a mesma do texto com o qual ele dialoga? Justifique.

c) Quais mudanças você gostaria de fazer em seu mundo? Copie os trechos do poema "Paraíso" e, a seguir, complete-o com suas ideias.

- "Se esta mata fosse minha", eu ★.
- "Se este rio fosse meu", eu ★.
- "Se este mundo fosse meu", eu ★.

27

LEITURA 2

Romance de aventura

Laura Bergallo, autora de livros infantojuvenis, roteirista de programas de TV e ganhadora do Prêmio Jabuti 2007 na categoria livro juvenil. Fotografia de 2006, Rio de Janeiro.

O texto que você vai ler foi escrito por Laura Bergallo e é um trecho do livro *A criatura*, publicado em 2005. Na obra, são explorados os conflitos que se estabelecem entre uma criatura ficcional e o seu criador.

No capítulo selecionado, você conhecerá uma personagem que enfrenta vários desafios e aventuras em cenários cada vez mais presentes no dia a dia de muitos jovens.

Leia somente os três primeiros parágrafos do texto e responda:
- Que tipo de história o texto desenvolverá?
- Que fatos e personagens você prevê para a história?

Em seguida, faça a leitura integral do texto.

A criatura

A tempestade tornava a noite ainda mais escura e assustadora. Raios riscavam o céu de chumbo e a luz azulada dos relâmpagos iluminava o vale solitário, penetrando entre as árvores da floresta espessa. Os trovões retumbavam como súbitos tiros de canhão, interrompendo o silêncio do cenário [...].

Alimentadas pela chuva insistente, as águas do rio começavam a subir e a invadir as margens, carregando tudo o que encontravam no caminho. Barrancos despencavam e árvores eram arrancadas pela força da correnteza, enquanto o rio se misturava ao resto como se tudo fosse uma coisa só.

Mas algo... ou alguém... ainda resistia.

Agarrado desesperadamente a um tronco grosso que as águas levavam rio abaixo, um garoto exausto e ferido lutava para se manter consciente e ter alguma chance de sobreviver. Volta e meia seus braços escorregavam e ele quase afundava, mas logo ganhava novas forças, erguia a cabeça e tentava inutilmente dirigir o tronco para uma das margens.

De repente, no período de silêncio que se seguia a cada trovão, ele começou a ouvir um barulho inquietante, que ficava mais e mais próximo. Uma fumaça esquisita se erguia à frente, e ele então compreendeu: era uma cachoeira! [...]

Num pulo desesperado, agarrou o ramo de uma árvore que ainda se mantinha de pé perto da margem e soltou o tronco flutuante, que seguiu seu caminho até a beira do precipício e nele mergulhou descontrolado.

A tempestade prosseguia e cegava o garoto, o rio continuava seu curso feroz e a cachoeira rosnava bem perto de onde ele estava. De repente, percebeu que a distância entre uma das margens e o galho em que se pendurava talvez pudesse ser vencida com um pulo. Deu um jeito de se livrar da camisa molhada, que colava em seu corpo e tolhia seus movimentos, e respirou fundo para tomar coragem.

Se errasse o pulo, seria engolido pela queda-d'água… mas, se acertasse, estaria a salvo. Viu que não tinha outra saída e resolveu tentar. Tomou impulso e […] conseguiu alcançar a margem. […]

Ficou de pé meio vacilante e examinou o lugar em torno, tentando decidir para que lado ir. Foi quando ouviu um rugido horrível, que parecia vir de bem perto. Correu para o lado oposto, mas não foi longe. Logo se viu encurralado em frente a um penhasco gigantesco, que barrava sua passagem. O rugido se aproximava cada vez mais.

Estava sem saída. De um lado, o penhasco intransponível; de outro, uma fera esfomeada que o cercava pronta para atacar. Então, viu um buraco no paredão de pedra e se meteu dentro dele com rapidez. A fera o seguiu até a entrada da caverna, mas foi surpreendida. Com uma pedra grande que achou na porta da gruta, o garoto golpeou a cabeça do animal com toda a força que pôde e a fera cambaleou até cair, desacordada.

Já fora da caverna, ele examinou o penhasco que teria que atravessar antes que o bicho voltasse a si. […]

Foi quando uma águia enorme passou voando bem baixo e o garoto a agarrou pelos pés, alçando voo com ela. Vendo-se no ar, olhou para baixo, horrorizado. Se caísse, não ia sobrar pedaço. Segurou com firmeza as compridas garras do pássaro e atravessou para o outro lado do penhasco.

O outro lado tinha um cenário muito diferente. Para começar, era dia, e o sol brilhava num céu sem nuvens sobre uma pista de corrida cheia de obstáculos, onde se posicionavam motocicletas devidamente montadas por pilotos de macacão e capacete, em posição de largada. Apenas em uma das motos não havia ninguém.

LEITURA 2
Romance de aventura

A águia deu um voo rasante sobre a pista, e o garoto se soltou quando ela passava bem em cima da moto desocupada. Assim que ele caiu montado, foi dado o sinal de largada.

As motos aceleraram ruidosamente e partiram em disparada, enfrentando obstáculos como rampas, buracos e lamaçais. O páreo era duro, mas a motocicleta do garoto era uma das mais velozes. Logo tomou a dianteira, seguida de perto por uma moto preta reluzente, conduzida por um piloto de aparência soturna. [...]

Inclinando o corpo um pouco mais, o garoto conseguiu acelerar sua moto e aumentou a distância entre ele e o segundo colocado. Mas o piloto misterioso tinha uma carta na manga: num golpe rápido, fez sua moto chegar por trás e, com um movimento preciso, deu uma espécie de rasteira na moto do garoto.

A motocicleta derrapou e caiu, rolando estrondosamente pelo chão da pista e levantando uma nuvem de poeira. O garoto rolou com ela e ambos se chocaram com violência contra uma montanha de terra, um dos últimos obstáculos antes da chegada.

A moto negra ganhou a corrida, sob os aplausos da multidão excitada, e o garoto ficou desmaiado no chão.

Com um sorriso vitorioso, Eugênio viu aparecer na tela as palavras *FIM DE JOGO*. Soltou o *joystick* e limpou na bermuda o suor da mão. [...]

Laura Bergallo. *A criatura*. São Paulo: SM, 2005. p. 37-44.

GLOSSÁRIO

Estrondosamente: o mesmo que *ruidosamente*.
Intransponível: que não se pode transpor, que não se pode atravessar.
Joystick: dispositivo de controle utilizado em jogos eletrônicos.
Lamaçal: lugar onde há grande quantidade de lama.
Páreo: competição, disputa.
Penhasco: rocha grande e difícil de escalar.

Rasante: voo praticado a baixa altura, muito próximo do solo.
Retumbar: ressoar, ecoar, refletir o som com estrondo.
Ruidosamente: de modo barulhento.
Soturno: assustador, sinistro.
Súbito: repentino, inesperado.
Tolher: impedir, atrapalhar, perturbar.
Vacilante: sem firmeza, trêmulo.

Estudo do texto

●●● Para entender o texto

1. O romance do qual o texto foi extraído apresenta uma história acontecendo dentro da outra.
   a) Quem pode ser considerada a personagem principal em cada história?
   b) Essas personagens principais vivem em espaços muito diferentes. Quais são esses espaços?
   c) Qual desses espaços proporciona as principais adversidades que o protagonista precisa superar ao longo da narrativa?

2. O garoto do jogo enfrentou muitos perigos. Copie e preencha a tabela a seguir, informando como ele agiu para superá-los.

Ele é arrastado pela correnteza em direção a uma cachoeira.	
Uma fera faminta o ameaça.	
Ele precisa fugir antes que a fera acorde.	

> **ANOTE**
>
> O **enredo** de uma narrativa de aventura é composto das **ações das personagens**; essas ações são organizadas em uma **sequência** de situações.
>
> Essas narrativas, em geral, apresentam a seguinte estrutura.
> - **Apresentação** ou **situação inicial**: os espaços e as personagens são apresentados em uma situação que pode ser de equilíbrio ou de tensão.
> - **Complicação**: início das adversidades ou dos conflitos em que as personagens principais serão envolvidas.
> - **Ações das personagens**: são motivadas pela complicação e pelos objetivos das personagens.
> - **Desfecho** ou **resolução**: ocorre quando a complicação é solucionada.
> - **Situação final**: uma nova situação de equilíbrio é estabelecida.

3. O início do texto descreve uma tempestade.
   a) Identifique os elementos que a caracterizam.
   b) A que outros elementos naturais o texto se refere?
   c) Como é caracterizado esse espaço inicial?

> **ANOTE**
>
> A **caracterização do espaço** compõe a ambientação do enredo da narrativa de aventura.

4. Releia o final do texto.
   a) Pela reação de Eugênio diante da mensagem na tela do computador, qual era, provavelmente, o objetivo do jogo?
   b) O garoto do jogo também parecia ter um objetivo. Qual era?
   c) Depois de o garoto do jogo ter superado tantas adversidades, que desfecho você esperava para esse trecho do romance?

Estudo do texto

●●● O texto e o leitor

1. Releia.

   > "Alimentadas pela chuva insistente, as águas do rio começavam a subir e a invadir as margens, carregando tudo o que encontravam no caminho. Barrancos despencavam e árvores eram arrancadas pela força da correnteza, enquanto o rio se misturava ao resto como se tudo fosse uma coisa só."

   Que impressões provoca no leitor essa descrição detalhada do espaço em que se desenvolverá a ação de aventura?

2. Releia.

   > "Mas algo… ou alguém… ainda resistia."

   a) Sabemos, após ler os parágrafos seguintes, que o texto se refere a uma pessoa. Então, por qual motivo a narrativa apresenta essa dúvida entre se tratar de *alguém* ou de *alguma coisa*?

   b) O protagonista do jogo surge após a caracterização detalhada do espaço, debatendo-se na correnteza do rio. O que essa sequência de imagens sugere ao leitor?

   ANOTE
   Nas narrativas de aventura, o **suspense** prende o leitor ao texto, e a caracterização do **espaço** pode contribuir para isso.

3. Releia.

   > "De repente, no período de silêncio que se seguia a cada trovão, ele começou a ouvir um barulho inquietante, que ficava mais e mais próximo. Uma fumaça esquisita se erguia à frente, e ele então compreendeu: era uma cachoeira! […]"

   a) Quais são as informações do texto que antecipam ao leitor que algo ameaçador se aproxima?

   b) Copie outro trecho do texto em que uma estratégia semelhante é utilizada para criar suspense na narrativa.

   Marcos Guilherme/ID/BR

   ANOTE
   A descrição de **sons**, **cores** e **objetos** na caracterização do espaço também contribui para a criação do suspense em uma narrativa.

4. Releia.

   > "Inclinando o corpo um pouco mais, o garoto conseguiu acelerar sua moto e aumentou a distância entre ele e o segundo colocado."

   Qual expectativa esse trecho cria no leitor?

   ANOTE
   Um texto de narrativa de aventura pode utilizar estratégias para gerar no leitor **expectativas** a respeito de fatos que poderão ocorrer. Muitas vezes, essas expectativas são levadas em conta na composição do texto, para que o leitor seja surpreendido por acontecimentos inesperados.

●●● Comparação entre os textos

Com base em dois trechos de romances de aventura, reconhecemos algumas características gerais desse gênero. Vamos agora estudar as particularidades de cada texto.

Observe o esquema a seguir, que representa a sequência narrativa do primeiro texto estudado.

Situação inicial	Complicação	Ação das personagens	Desfecho
Crusoé e Sexta-Feira preparam-se para a viagem em clima de tranquilidade.	Os selvagens chegam à ilha e Sexta-Feira e Crusoé sentem-se ameaçados.	Crusoé e Sexta-Feira atacam os selvagens.	Os selvagens são derrotados e Sexta-Feira liberta seu pai.

1. Complete o esquema representativo da segunda narrativa.

Situação inicial	Complicação	Ação	Complicação
Em um cenário sombrio, surge um garoto arrastado pela correnteza do rio.	O garoto aproxima-se da cachoeira.	3	4

Ação	Complicação	Ação	Complicação	Desfecho
O garoto consegue golpear a criatura com uma pedra.	6	7	O garoto salta sobre uma moto de corrida.	9

2. Com base nos esquemas propostos, qual diferença você pode observar entre as situações iniciais das duas narrativas?

3. Observe as complicações nas duas narrativas.
a) Qual delas apresenta o maior número de situações difíceis a serem superadas pelo protagonista?
b) Que relação pode ser feita entre um jogo eletrônico e a quantidade de complicações apresentadas na segunda narrativa?

4. Quanto aos protagonistas, que diferença existe entre os desfechos das duas narrativas?

5. Tendo em vista o desfecho do segundo texto, podemos afirmar que ele é, de fato, uma narrativa de aventura? Responda com base no que você aprendeu sobre esse gênero.

●●● Sua opinião

1. Para você, quem é o verdadeiro protagonista do segundo texto?

2. Como foi visto, todas as histórias de aventura têm como objetivo envolver o leitor. Em sua opinião, qual dos dois textos consegue fazer isso com mais êxito? Por quê?

Convivência e tecnologia

Na primeira narrativa que você leu, Robinson Crusoé, para sobreviver, busca reproduzir na ilha os recursos científicos do século XVII. Na segunda, Eugênio joga com habilidade um jogo eletrônico atual.

- Discuta com seus colegas e com o professor: de que modo as tecnologias modernas podem alterar a convivência entre as pessoas?

PRODUÇÃO DE TEXTO

Narrativa de aventura

AQUECIMENTO

Na construção de uma narrativa de aventura, é importante destacar as complicações e as ações das personagens.

- Copie o trecho a seguir e complete-o com informações sobre as complicações enfrentadas pelas personagens.

Os dois garotos andavam pela rua quando, de repente, viram muitos membros de uma gangue rival surgirem de dentro de um prédio em ruínas. Não tinham como fugir sem passar por eles, pois ★. Nem adiantaria pedir socorro: ★. A situação era difícil, mas piorou ainda mais quando ★.

••• Proposta

Na primeira parte deste capítulo, você produziu uma narrativa de aventura enfocando a caracterização das personagens. Agora, depois de estudar o enredo típico de narrativas de aventura, você escreverá outro texto em que constem todas as etapas de uma sequência narrativa.

No final da atividade, terão sido produzidas duas narrativas. Você escolherá uma delas para ser publicada em um livro com os textos dos outros alunos da classe. Esse material poderá ser doado à biblioteca de sua escola ou a uma biblioteca pública.

1. Escreva sua história com base na imagem a seguir.
   a) Observe a cena detalhadamente. Onde o menino está?
   b) O que ele está vendo?

Queensland, Austrália.

••• Planejamento e elaboração do texto

Antes de escrever, planeje seu texto com base nos aspectos a seguir.

1. Copie o quadro e preencha-o com as informações pedidas.

Características das personagens	Características do espaço	Objetivo das personagens

34

2. Imagine uma aventura com essas e outras personagens. Copie o esquema abaixo e utilize-o para planejar seu texto.

Situação inicial	Complicação	Ação das personagens	Desfecho
Apresentação das personagens e do espaço.	Qual é o conflito que existirá na história?	Quais são as ações das personagens principais?	Qual é a resolução do conflito e como termina a história?

3. Elabore seu texto, desenvolvendo os aspectos levantados no planejamento. Dê um título atrativo a sua história.

••• Avaliação e reescrita do texto

1. Copie e preencha a tabela a seguir, pois ela auxiliará você na avaliação da sua narrativa de aventura.

Elementos da narrativa de aventura	O texto apresenta	
	Sim	Não
Apresentação da personagem e do espaço		
Complicação da situação inicial		
Recursos que criam o efeito de suspense		
Desfecho		

2. Troque sua história com a de um colega para que um avalie a narrativa do outro. Escreva as respostas das perguntas abaixo.
   a) Do que eu mais gostei no texto de meu colega?
   b) Quais sugestões eu poderia dar para tornar ainda melhor o texto dele?

3. Avalie as sugestões de seu colega e, se julgar que são apropriadas, incorpore-as ao seu texto. Escolha qual das duas histórias que você escreveu será publicada no livro coletivo. Passe a limpo o texto e ilustre as cenas mais marcantes.

4. Quando o livro ficar pronto, organize, com seu professor, um dia para a apreciação das histórias e das ilustrações.

Dicas de como organizar um livro coletivo

- A classe será dividida em cinco grupos com funções específicas.
- Depois que os textos estiverem prontos e ilustrados, o **grupo 1** organizará os textos do livro.
- O **grupo 2** fará o sumário do livro, em que constarão o título das narrativas, o nome dos autores e o número das páginas correspondentes. Para organizar o livro e o sumário, os textos podem ser dispostos em ordem alfabética por autor ou título.
- O **grupo 3** será responsável pela capa. Ela conterá uma ilustração que represente o universo das narrativas de aventura. Essa ilustração será escolhida entre as produzidas pelos alunos da classe.
- O **grupo 4** ficará responsável pela montagem do livro. Sugestão: fazer dois furos nas laterais das folhas e passar fita ou cordão para amarrá-las.
- O **grupo 5** ficará encarregado do evento de apresentação do livro.

35

REFLEXÃO LINGUÍSTICA

Texto e produção de sentidos

1. Leia a tira.

Fernando Gonsales. *Níquel Náusea*: tédio no chiqueiro. São Paulo: Devir, 2006. p. 48.

a) Sobre o que conversam as personagens dessa tira?
b) Por que, provavelmente, a rata não quer ouvir o poema que o rato fez sobre seu amor por ela?

Na história do casal de ratos, pode-se reconhecer uma situação em que interlocutores se comunicam por meio de **enunciados**. O rato faz perguntas sobre a escolha de determinadas palavras; a rata ouve e responde. Com base no que ela fala, ele reúne ideias para seu poema. Em parceria, eles constroem sentidos. Da mesma forma, o leitor interage com o texto, acionando seus conhecimentos prévios para entender por que a rata não quer ouvir o poema, o que provoca o humor da tira.

> **Interlocutor** é cada um dos participantes de uma situação de comunicação. Pode ser o **falante**, aquele que diz algo, ou o **ouvinte**, aquele que escuta o que é dito e responde, por meio de palavras ou gestos, àquilo que é comunicado. Pode também ser o **autor** de um texto escrito e seu **leitor**.
> **Enunciado** é aquilo que um interlocutor diz ao outro em dada situação de comunicação.

Na tira a seguir, Hagar e o seu companheiro Eddie Sortudo são os **interlocutores**. Se observarmos apenas os enunciados e as imagens do primeiro quadrinho, temos uma ideia sobre o que Eddie está segurando em suas mãos (provavelmente um peixe).

Dick Browne. *O melhor de Hagar, o Horrível*. Porto Alegre: L&PM, 2007. v. 2. p. 114.

36

Com o acréscimo do segundo quadrinho, outros elementos aparecem no texto e percebemos que, na verdade, as duas personagens estavam se referindo a sereias e não a peixes.

Observa-se, portanto, que o sentido de um texto não fica completo se não levarmos em conta a situação em que o enunciado foi produzido. Novas informações podem modificar a leitura inicial e os sentidos do texto.

●●● O contexto de produção

Toda manifestação humana com intenção de comunicar acontece em determinado contexto, ou seja, em condições específicas.

1. Observe as pinturas abaixo.

Pintura rupestre. Parque Nacional da Serra da Capivara (PI), 2000.

Grafite. Santos (SP), 2006.

a) O que você acha que essas pinturas representam?

b) Imagine o que motivou alguém a desenhá-las.

As duas pinturas são registros de atividades do ser humano produzidas em lugares e tempos muito diferentes.

A primeira imagem é uma pintura rupestre com figuras de animais feita pelo homem pré-histórico nas paredes das cavernas.

A segunda imagem é um grafite, uma manifestação artística de moradores das grandes cidades. O grafite serve para embelezar os muros e os edifícios. Além disso, por meio dele, realizam-se protestos contra problemas sociais, além de ser um modo de registrar e divulgar o trabalho de diferentes grupos de grafiteiros.

As duas representações utilizam o desenho, que é uma linguagem não verbal, mas cada uma foi produzida em um contexto determinado, com intencionalidades muito particulares. O homem pré-histórico registrou seu cotidiano na caverna e o homem contemporâneo usou o muro para manifestar suas ideias.

Grafite × pichação

Os habitantes das grandes cidades, da mesma forma que os homens pré-históricos pintavam cavernas, também deixam suas marcas nos muros e nas fachadas de prédios.

Várias são as linguagens usadas por eles: alguns fazem grafite, outros picham os espaços públicos.

Discuta com seus colegas: qual é a importância do grafite e da pichação como forma de expressão dos moradores das cidades?

REFLEXÃO LINGUÍSTICA
Texto e produção dos sentidos

Contexto de produção são as condições em que o enunciado é produzido: quem fala, para quem, de que modo o enunciado é transmitido, em que momento e com que intencionalidade.

A **intencionalidade** indica o objetivo do interlocutor: avisar, convencer, divertir, advertir, manter contato, emocionar, etc.

••• Gêneros textuais

Para cada ato comunicativo usamos um tipo específico de texto. O importante é perceber qual será mais adequado à situação. Cada texto é produzido para um dado público e é adequado para um determinado momento.

É por essa razão que uma conversa será mais adequada para contar algo a amigos próximos do que uma carta formal. Entretanto, para um trabalho de Ciências baseado em uma experiência no laboratório, será melhor elaborar um relatório do que escrever um bilhete ou um *e-mail* para o professor.

A essas diferentes formas de organização dos enunciados damos o nome de **gênero textual**. Ao escolher um gênero, é importante saber o público que se quer atingir, o objetivo que se pretende alcançar e em que lugar e em que momento ocorrerá a comunicação.

Observe o exemplo a seguir.

Confira a previsão do tempo para esta quinta-feira

A previsão do Instituto Nacional de Meteorologia para esta quinta-feira em Pernambuco é de tempo nublado a parcialmente nublado. Chuva fraca no litoral, Mata e Agreste. Chuvas isoladas no Sertão do Pajeú. Temperatura estável, variando de 15 °C a 30 °C.

Disponível em: <www.pernambuco.com>. Acesso em: 3 jul. 2014.

Se quisermos saber as condições do tempo para determinado dia da semana, podemos consultar o jornal, na seção "Previsão do tempo". Com base nas informações, será possível saber se fará sol ou não, qual será a temperatura, etc. As informações foram organizadas para comunicar ao leitor os dados relacionados à previsão do tempo nesse veículo específico.

Gêneros textuais são formas de enunciados existentes na sociedade e que estão à disposição dos interlocutores.

São inúmeros os gêneros textuais a que o interlocutor pode recorrer, mas é importante perceber qual será adequado a cada situação e finalidade: o bate-papo, o bilhete, a notícia, o conto de fadas, as provas da escola, as tiras, as histórias em quadrinhos, os romances de aventura, os anúncios publicitários, as fábulas, as entrevistas, os seminários, as exposições orais, os artigos de opinião, entre muitos outros.

REFLEXÃO LINGUÍSTICA Na prática

1. Leia o texto ao lado, de uma etiqueta de uma blusa de seda.
   a) Qual é a informação principal desse texto?
   b) Quem você supõe ter escrito essas instruções?
   c) Quem é o possível leitor desse texto?
   d) Qual a finalidade das instruções?

2. Leia a tira.

Fernando Gonsales. *Níquel Náusea*: tédio no chiqueiro. São Paulo: Devir, 2006. p. 4.

   a) Descreva o que acontece em cada um dos quadrinhos.
   - Quadrinho 1
   - Quadrinho 2
   - Quadrinho 3
   b) Qual o significado da frase "Essa vassoura está me matando!" em cada um dos quadrinhos da tira?
   c) Explique de que forma o mesmo enunciado pode ter diferentes sentidos em cada um desses quadrinhos.

3. Leia o texto abaixo. Depois, copie e preencha a tabela.

   TURMA DA MÔNICA – UMA AVENTURA NO TEMPO

   Brasil, 2007. Direção: Mauricio de Sousa. Livre. Para recuperar os quatro elementos da natureza, Mônica, Cebolinha, Cascão e Magali se dividem e fazem viagens pelo tempo na máquina recém-criada por Franjinha. Cine Center Ribeirão, 16h. Continental 2, dom.: 11h30. Jardim Sul 6, sáb. e dom.: 12h20. Osasco Plaza 2, dom.: 11h30.

   Disponível em: <www1.folha.uol.com.br>. Acesso em: 3 jul. 2014.

O texto apresenta quais informações?	
Onde esse texto pode ter sido publicado?	
Quem é o possível leitor do texto?	
Qual a finalidade do texto?	
Qual é o gênero do texto?	

39

LÍNGUA VIVA
O contexto de produção e a linguagem

1. Leia o texto.

   No trono

   [...]

   Essa é minha mãe. Como a gente sofre com mãe, né? Elas são, sem dúvida, tudo de bom na nossa vida, sem elas não estaríamos aqui, e coisa e tal, mas chega uma hora em que o inevitável é constatado: depois que a gente faz 15 anos, ir ao cinema com elas, comprar roupa com elas, estar em lugares públicos com elas, as coisas que a gente fazia até ontem na maior naturalidade viram o maior mico do mundo. E quando mãe pega a gente na escola? Uuui.

   Já lhe pedi 375 vezes para ficar na rua de trás, mas ela ignora e fica bem na porta do colégio, pisca-pisca ligado, buzina apertada, Roberto Carlos nas alturas. Eu faço o possível para virar uma formiga e passar despercebida até o carro. Mas pensa que consigo? Ontem mesmo aconteceu uma cena que prefiro esquecer. Quando eu ainda me despedia das minhas amigas na porta da escola, ela anuncia sua mais nova aquisição aos urros, aos berros:

   – Maria de Lourdes, u-hu! Achei aquele creme importado para espinha que você vivia me pedindo! Uma fortuna, mas acho que agora essas pipocas horrendas abandonam de vez a sua cara, filhota. Na força, na fé, upalelêê!

   Upalelê!???? Fala sério!

   – Mãezinha, eu te amo, muito mesmo, mas a pior coisa do mundo é ver você me tratar em público exatamente como fazia 10 anos atrás. Já, já chega a tal da maturidade e aí voltaremos a ser amigas do tipo unha e cutícula, tá? Prometo.

   Thalita Rebouças. *Fala sério, mãe!* Rio de Janeiro: Rocco, 2004. p. 100-101.

   a) Qual é o assunto tratado no texto?
   b) Qual é a opinião da narradora a respeito das mães em geral?

2. Esse texto aborda certa situação do cotidiano de uma garota e foi veiculado, originalmente, em uma revista para adolescentes. Identifique marcas linguísticas que caracterizam esse contexto de produção.

3. Se ele fosse publicado em uma revista científica dirigida a estudiosos do comportamento humano, você acredita que esse texto apresentaria a mesma linguagem? Justifique sua resposta.

4. Escreva o significado das expressões em destaque retiradas do texto.
   a) "Já lhe pedi *375 vezes* para ficar na rua de trás [...]"
   b) "*Uma fortuna* [...]"
   c) "[...] agora essas *pipocas horrendas abandonam de vez a sua cara* [...]"
   d) "[...] voltaremos a ser amigas *do tipo unha e cutícula* [...]"

5. No texto, certas pontuações são combinadas para expressar os sentimentos de quem fala. Que sentimento foi reproduzido pela expressão "Upalelê!????"?

ANOTE

O **contexto de produção** não só determina o gênero a ser utilizado, ou seja, a organização e a estrutura do texto, mas também o registro da linguagem empregada: formal ou informal.

40

QUESTÕES DE ESCRITA
Letra e fonema

1. Observe a capa de livros escolares do começo do século XX.

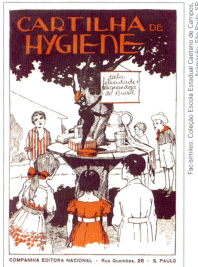

Olavo Bilac e Manoel Bomfim. *Atravez do Brazil*: livro de Leitura para o curso medio das Escolas Primarias. Pratica da Lingua Portugueza. 7. ed. revista. Rio de Janeiro: Livraria Francisco Alves, 1921.

A. de Almeida Júnior. *Cartilha de hygiene*. 10. ed. São Paulo: Companhia Editora Nacional, 1928.

a) Qual é o título de cada um dos livros?
b) Copie as palavras que chamaram sua atenção nesses títulos.
c) Por que essas palavras chamaram sua atenção?
d) Por qual motivo elas foram escritas dessa forma?
e) Como você as escreveria utilizando a grafia atual?

O registro escrito das palavras deve seguir as regras ortográficas estabelecidas pela gramática normativa.

As palavras grafadas nos livros escolares do começo do século XX obedeciam às normas da época. Mas, hoje em dia, essas normas não são mais as mesmas. A ortografia atual das palavras pode ser consultada no dicionário.

O alfabeto da língua portuguesa é composto por 26 letras.

	Letras
Maiúsculas	A B C D E F G H I J K L M N O P Q R S T U V W X Y Z
Minúsculas	a b c d e f g h i j k l m n o p q r s t u v w x y z

Até recentemente, as letras **K/k**, **W/w** e **Y/y** não faziam parte da língua portuguesa. Com o último acordo ortográfico, essas letras foram incorporadas ao nosso alfabeto. As letras k, w e y são utilizadas nos seguintes casos:

• Em abreviaturas e símbolos técnicos internacionais. Ex.: *kg* (quilograma).
• Em vocábulos derivados de nomes estrangeiros. Ex.: *shakespeariano*.
• Na grafia de nomes estrangeiros. Ex.: *Jackson, Washington*.
• Em palavras estrangeiras não aportuguesadas. Ex.: *hobby, boy, kart*.

Observe as palavras no quadro a seguir.

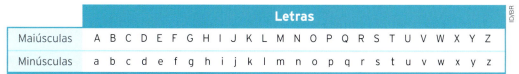

As palavras *lixo* e *lixa* são semelhantes, mas apresentam uma letra diferente. Consequentemente, seus significados também são diferentes.

A letra é a representação escrita do som que emitimos quando falamos. No caso das palavras do quadro, o que as distingue são os sons das letras *o* e *a*.

> **ANOTE**
>
> **Fonemas** são as unidades sonoras da língua capazes de estabelecer diferenças de significado entre as palavras.
>
> **Letras** são os sinais gráficos utilizados para representar os sons das palavras de nossa língua.

Observe a tabela a seguir. Leia as palavras destacando cada som.

	Número de letras	Número de fonemas
Hora	4	3
Táxi	4	5
Hospital	8	7

> **ANOTE**
>
> Um mesmo **fonema** pode ser representado graficamente por diversas letras. Uma mesma **letra** pode representar mais de um fonema.
>
> Quando temos dúvidas sobre a grafia correta de uma palavra, devemos consultar o dicionário.

2. Observe os quadros seguintes e responda.

a) Quais letras das palavras abaixo representam o mesmo som que *s* tem em *sapo*?

| caça | cebola | sela | sítio | cidra | sótão | laço |

b) Quais letras das palavras abaixo representam o mesmo som que *ã* tem em *irmã*?

| diante | amplo | maçã | andar | aliança | vilã | enquanto |

3. Leia as duas primeiras estrofes de uma canção.

Água

Da nuvem até o chão
Do chão até o bueiro
Do bueiro até o cano
Do cano até o rio
Do rio até a cachoeira

Da cachoeira até a represa
Da represa até a caixa-d'água
Da caixa-d'água até a torneira
Da torneira até o filtro
Do filtro até o copo

Paulo Tatit e Arnaldo Antunes. *Canções de brincar*. Palavra Cantada Produções Musicais, 1996.

a) Do que trata o texto?

b) Copie do texto as palavras cujas letras representam o som de *x* como em *xícara*.

c) Que relação existe entre o som dessas letras e o título da canção?

4. A letra *x* pode representar diferentes sons. Copie as palavras a seguir, agrupando-as de acordo com o som representado pela letra *x*: o mesmo som do *ch* em *chapéu*, o som de *s* em *escolher* e o som de *z* em *azeite*.

xícara	enxuto	exame	experiência
exemplo	excelente	ameixa	exagero

Entreletras

1. Leia a marchinha de Carnaval escrita pelo compositor Braguinha, em 1946.

    Pirata da perna de pau

    Eu sou o pirata da perna de pau
    Do olho de vidro, da cara de mau
    Eu sou o pirata da perna de pau
    Do olho de vidro, da cara de mau...
    Minha galera
    Dos verdes mares não teme o tufão

    Minha galera
    Só tem garotas na guarnição
    Por isso se outro pirata
    Tenta abordagem eu pego o facão
    E grito do alto da popa:
    Opa! Homem, não!

    Braguinha. *Songbook Braguinha*. Rio de Janeiro: Lumiar Discos, 2002. v. 3.

    Copie quatro palavras do texto que terminem com sons parecidos.

2. Escolha quatro palavras do quadro abaixo e faça uma lista de outras que terminem com o mesmo som.

    | mocinho | pirata | perigo | viagem | vilão | forte | corajoso |

3. Crie uma nova estrofe com algumas dessas palavras no final de cada verso, para dar rima, e apresente-a para a classe.

[PARA SABER MAIS]

Livros

Perdido na Amazônia 1, de Toni Brandão. Edições SM.
Robinson Crusoé, de Daniel Defoe. Editora Scipione.
Histórias de aventuras. Editora Ática (Coleção Para Gostar de Ler, 25).

Filmes

Quadrilogia Indiana Jones. Direção de Steven Spielberg. EUA, 1981/2008.
Trilogia Piratas do Caribe. Direção de Gore Verbinski. EUA, 2004/2007.

QUESTÕES GLOBAIS

1. Observe a capa do livro e responda às questões.

   a) Que informações a linguagem verbal expressa nessa imagem?
   b) Quais informações sobre a história aparecem nessa capa?
   c) Quais linguagens foram usadas para informar o leitor sobre o conteúdo do livro?
   d) A história contada nesse livro é uma narrativa de aventura? Justifique com as informações que aparecem na capa.

2. Leia a mensagem do ginasta Mosiah Rodrigues publicada em seu *blog*, na época dos Jogos Pan-Americanos de 2007, ocorridos no Rio de Janeiro.

   > Quarta-feira, 4 de julho de 2007.
   >
   > **Cheguei na Vila Pan-Americana!!**
   >
   > Oi pessoal! Tudo bem?!
   >
   > Hoje chegamos à Vila Pan-Americana. Nós fomos os primeiros a chegar. Aqui é muito lindo, olha que já participei de três Pan e essa certamente é a melhor vila. Por enquanto tá parecendo uma "cidade fantasma", porque tem pouca gente. Hehe.
   >
   > Ficam duas pessoas em cada quarto, eu estou dividindo o quarto com o ginasta Vitor Rosa. Hoje à tarde começarei os treinos por aqui.
   >
   > Amanhã conto mais.
   >
   > Galera!! Tá chegando a hora!! Torçam por nós!!
   >
   > Um abração!!
   >
   > Postado por Mosiah Rodrigues, às 16h24, horário de Brasília.
   >
   > Disponível em: <wp.clicrbs.com.br>. Acesso em: 3 jul. 2014.

   Mosiah Rodrigues, medalha de ouro na barra horizontal masculina, Rio de Janeiro, 2007.

   a) Identifique o contexto de produção do enunciado.
   - Quem o produz?
   - A quem é dirigido o texto?
   - Onde o enunciado foi postado?
   - Em que momento foi enviado?
   - Qual é a finalidade do enunciado?

   b) Observe a linguagem do texto.
   - Que expressões no texto representam as emoções do ginasta ao chegar à Vila Pan-Americana?
   - Que registro da linguagem foi usado para informar o leitor sobre os fatos ocorridos na Vila Pan-Americana? Formal ou informal?
   - Copie trechos do texto que sejam exemplos desse registro.
   - A quem se refere a expressão *galera*?
   - Qual é a função do título da mensagem do ginasta e dos pontos de exclamação que ele utilizou?

●●● O que você aprendeu neste capítulo

Narrativas de aventura
- Apresentam ações extraordinárias.
- Envolvem emocionalmente o leitor.
- A linguagem e o cenário contribuem para criar a emoção e o suspense do texto.
- **Personagens principais:** protagonista e antagonista.
- **Personagens secundários:** coadjuvantes e figurantes.
- **Sequência narrativa:** situação inicial, complicação, desfecho, situação final.

Língua e linguagem
- **Linguagem:** atividade de interação social pela qual as pessoas se comunicam, constroem sentidos e agem umas sobre as outras.
- **Linguagem verbal:** utiliza palavras escritas ou faladas.
- **Linguagem não verbal:** utiliza outros sinais, como gestos, sons, imagens, etc.
- **Língua:** sistema gramatical pertencente a determinado grupo de falantes.

Produção de sentidos
- **Interlocutor:** cada uma das pessoas que participam de uma situação de comunicação.
- **Enunciado:** aquilo que um interlocutor diz a outro em dada situação de comunicação.
- **Contexto de produção:** condições de produção do enunciado, ou seja, quem fala, para quem, em que momento, com que intencionalidade e de que modo o enunciado é transmitido.
- **Gêneros textuais:** formas de enunciado existentes na sociedade e que estão à disposição dos interlocutores.

Letra e fonema
- **Fonemas:** unidades sonoras da língua capazes de estabelecer diferenças de significado entre as palavras.
- **Letras:** sinais gráficos utilizados para representar os sons das palavras de nossa língua.

Autoavaliação ●●●

Para fazer sua autoavaliação, releia o quadro *O que você aprendeu neste capítulo*.
- Entre os assuntos tratados neste capítulo, o que você mais gostou de estudar?
- Quais foram suas principais dificuldades?
- O que você acha que precisa estudar mais?
- Você participou de todas as discussões propostas? Em caso negativo, por quê?
- Como você avalia sua participação nessas discussões?

45

ORALIDADE

Parlenda

1. Quando somos crianças, muitos de nossos familiares, professores ou amigos nos ensinam brincadeiras com palavras. Você se lembra de alguma que tenham lhe ensinado?
Uma muito conhecida é esta:

> Hoje é domingo
> Pede cachimbo
> Cachimbo é de barro
> Bate no jarro
> O jarro é de ouro
> Bate no touro
> O touro é valente
> Chifra a gente
> A gente é fraco
>
> Cai no buraco
> O buraco é fundo
> Acabou o mundo
>
> Domínio público

2. Esses textos orais são chamados de **parlendas**, versos curtos que as crianças declamam para se divertir, para escolher quem começa um jogo, etc.
Os temas das parlendas são, em geral, inspirados em brincadeiras infantis e as rimas são usadas para ajudar a sua memorização.
Veja outra versão da parlenda acima:

> Amanhã é domingo
> Pede cachimbo
> Galo montês
> Pica na rês
> A rês é miúda
> Pica na tumba
> A tumba é de barro
> Pica no adro
> O adro é fino
>
> Pica no sino
> O sino é de ouro
> Pica no touro
> O touro é bravo
> Arrebita o rabo
> Mete-se a corte
> Já está arranjado
>
> Domínio público

GLOSSÁRIO

Adro: pátio exterior descoberto de um templo.
Montês: que vive em um monte ou montanha.
Rês: um animal com quatro patas e que pode ser usado na alimentação humana, como a vaca.
Tumba: túmulo.

Produção de texto: parlenda
O que você vai fazer

Vocês devem se dividir em grupos de quatro pessoas e preparar um jogo de amarelinha para ser partilhado com alunos do primeiro ano de sua escola. Na preparação da atividade, vocês devem incluir a recitação de uma parlenda no final de cada jogo, para que todos os participantes comemorem o término de cada percurso desenhado no chão.

Preparação da atividade

3. Procure o professor da sala para a qual estão preparando a atividade.
   a) Combine dia e hora mais adequados para a sua aplicação.
   b) Veja com o professor com quais alunos o seu grupo vai trabalhar.

c) Peça que ele os ajude a explicar o que vai acontecer e quais as regras do jogo.

d) Anote em seu caderno quais as parlendas que podem ser ensinadas aos alunos.

4. Em sua casa, pesquise outras parlendas para que a atividade seja mais divertida.

a) Pergunte a seus familiares e amigos adultos se conhecem outras parlendas.

b) Procure-as em livros da biblioteca de sua escola ou da biblioteca pública mais próxima de sua casa.

c) Busque na internet parlendas divertidas para as crianças com as quais vai trabalhar.

d) Escolha textos com tamanho adequado à situação proposta.

e) Não se esqueça de decorar os textos de que você mais gostou. Procure brincar com seus amigos e familiares, ensinando-os a declamar com você.

Logo vai perceber que a brincadeira se estabelece na repetição ritmada dos versos e na tentativa de não errar nenhum deles quando todos estão falando ao mesmo tempo!

Por isso, você deve:

f) Pronunciar corretamente as palavras.

g) Usar de volume adequado para que todos ouçam sem muito esforço. Cuidado para não gritar, pois isso pode sugerir que a parlenda seja gritada e não recitada ou cantada.

h) Estabelecer tempo adequado ao dizer cada verso.

i) Organize a maneira como vai sugerir que todos recomecem, caso algum participante não consiga cumprir toda a parlenda. É preciso ter delicadeza na direção da atividade.

O dia do jogo de amarelinha

5. No dia e hora combinados, siga as instruções do professor para o começo do jogo de amarelinha. No final de cada percurso cumprido, ensine a parlenda aos participantes e ajude-os a recitá-la.

6. Você deve dizer a parlenda duas ou três vezes. Se perceber que ainda não decoraram, pode dizer um verso de cada vez e pedir que o repitam com você. Somente depois disso, peça que repitam com você o texto todo.

- Lembre-se de que seu objetivo é brincar com as rimas e o ritmo do texto para que todos aprendam a parlenda que você quer ensinar.

Avaliação

- Após o término da atividade, faça uma reflexão a respeito dos seguintes aspectos:

a) Você decorou previamente a parlenda escolhida?

b) Ela tinha tamanho adequado para a situação?

c) Pronunciou bem as palavras?

d) Estabeleceu ritmo adequado no momento da recitação para que todos conseguissem acompanhá-lo?

e) Estimulou a participação de todos com repetições dos versos?

> Os jogos de palavras ficam mais divertidos quando todos conseguem falar juntos. Por isso, colabore para que o grupo decore a parlenda e, depois disso, estabeleça mais rapidez ao jogo. Isso potencializa a atenção de todos e promove mais interação do grupo.

47

Conto popular

Lucia Buccini. *Festa junina sob o luar*, 2006. 60 cm × 80 cm.

O QUE VOCÊ VAI APRENDER

- Características principais do conto popular
- Tempo e espaço
- Variedades linguísticas
- Encontro consonantal e dígrafo

CAPÍTULO 2

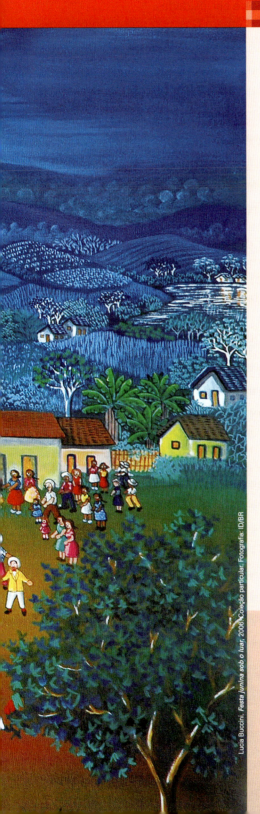

Lucia Buccini. *Festa junina sob o luar*, 2006. Coleção particular. Fotografia: ID/BR

CONVERSE COM OS COLEGAS

1. A imagem ao lado tem como título *Festa junina sob o luar*.
   a) Que elementos na pintura representam essa festa?
   b) Descreva o espaço onde ela acontece.
   c) As cores utilizadas na pintura produzem que efeito?

2. Além dos elementos que aparecem na imagem, a festa junina apresenta muitas outras tradições. Cite alguns exemplos relacionados com a dança, a comida, os jogos e as brincadeiras.

3. Leia a letra de uma música tradicional das festas juninas.

> **Capelinha de melão**
>
> Capelinha de melão
> É de São João,
> É de cravo, é de rosa,
> É de manjericão.
>
> São João está dormindo,
> Não me ouve não,
> Acordai, acordai,
> Acordai, João.
>
> Domínio público.

Você conhece outras músicas tradicionais dessas festas? Cite algumas delas.

4. As festas populares existem em todas as regiões do Brasil. Quais são as mais famosas em sua região?

5. Além das festas e das músicas, há outras manifestações populares que representam a cultura de um povo, como as lendas e as histórias que ele conta. Você conhece histórias como essas? Se conhece, cite algumas.

Cada povo manifesta seus costumes, suas crenças e seus valores por diversos meios: danças, músicas, festas típicas, artesanato, formas de falar, gestos, narrativas populares.

As narrativas que foram criadas por uma coletividade são conhecidas como **contos populares**, porque nessas histórias são retratados vários aspectos da cultura de um grupo.

Neste capítulo serão estudadas as principais características desse gênero textual.

LEITURA 1

Conto popular

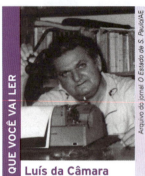

Luís da Câmara Cascudo (1898-1986), folclorista, historiador e antropólogo. Fotografia de 1958, São Paulo.

Em viagens por todo o Nordeste brasileiro, o escritor Luís da Câmara Cascudo recolheu contos populares, transmitidos de geração em geração pela oralidade popular.

Os contadores de história, de quem essas narrativas foram ouvidas, são agricultores, cozinheiras, estudantes, jardineiros, com idades entre 12 e 75 anos. Eles apresentam um Brasil cheio de mistérios e curiosidades.

Ao registrar por escrito essas histórias, Câmara Cascudo preocupou-se em não modificar a linguagem utilizada pelos contadores, de forma que mantivesse a originalidade e a tradição oral do conto.

É comum haver contos populares semelhantes em locais bastante distantes. Câmara Cascudo menciona vários casos no livro *Contos tradicionais do Brasil*, como o conto "O marido da Mãe-d'Água", do Rio Grande do Norte, que tem versões africanas e europeias. Isso demonstra que os contos tradicionais, mesmo tendo características locais, abordam questões universais, de amplo interesse coletivo.

O marido da Mãe-d'Água

Era uma vez um moço pescador muito destemido e bom que lutava com as maiores dificuldades para viver. Ultimamente o vento mudara e quase não havia peixe. Passava horas e horas na praia, com a pindaíba na mão e os peixes fugiam dele como o Diabo da cruz. O rapaz estava mesmo desanimado e dormia com fome, mais das vezes.

Numa noite de luar estava ele querendo pescar e o peixe escapulindo depois de comer a isca. A noite foi avançando, avançando, o luar ficando alvo como a prata e caindo mesmo a friagem. O rapaz não queria voltar para sua casinha sem levar nem que fosse um peixinho para matar a fome.

Já ia ficando desanimado quando começou a ouvir umas vozes cantando tão bonito que era de encantar. As vozes foram chegando para mais perto, mais perto, e o rapaz principiou a olhar em redor para ver quem estava cantando daquele jeito. Numa ponta de pedra apareceu uma moça bonita como um anjo do céu, cabelo louro, olhos azuis e branca como uma estrangeira. Ficou com o corpo meio fora d'água cantando, cantando, os cabelos espalhados, brilhando como ouro.

O pescador ficou todo arrepiado – mas criou coragem e disse:

– Que desejais de um cristão, alma penada?

A moça respondeu:

– Não sou alma penada, cristão! Sou a Mãe-d'Água! Nunca uma pessoa me perguntou alguma cousa e sempre eu dei, e jamais me ofereceram auxílio. Tens coragem?

– Tenho – declarou o rapaz.

– Queres pegar peixe?

– Quero!

– Pois sacode o anzol onde eu estou. Deves vir todas as noites até o quarto minguante e só pescar de meia-noite até o quebrar da barra.

Abanou a mão e mergulhou, sumindo-se.

O rapaz fez o que ela tinha aconselhado e pegou tanto peixe que amanheceu o dia e não podia carregar tudo para casa.

Nunca mais viu a Mãe-d'Água, mas, no tempo da Lua, vinha pescar e foi ficando mais aliviado da pobreza. Os meses iam passando e ele ficando com saudade daquela formosura. Uma noite de luar, estando na pesca, ouviu o canto da Mãe-d'Água e largando tudo correu na confrontação da cantiga. Quando a Mãe-d'Água botou as mãos em cima da pedra, o rapaz chegou para junto e, assim que ela se calou, o pescador agradeceu o benefício recebido e perguntou como pagaria tanta bondade.

– Quer casar comigo? – disse a Mãe-d'Água.

O rapaz nem titubeou:

– Quero muito!

A Mãe-d'Água deu uma risada e continuou:

– Então vamos casar. Na noite da quinta para sexta-feira, na outra Lua, venha me buscar. Traga roupa para mim. Só traga roupa de cor branca, azul, ou verde. [...] Só tenho uma condição para fazer. Nunca arrenegue de mim nem dos entes que vivem no mar. Promete?

O rapaz, que estava enamorado por demais, prometeu tudo e deixou a Mãe-d'Água, que desapareceu nas ondas e cantou até sumir.

Na noite citada o pescador compareceu ao lugar, trazendo roupa branca, [...]. Antes de o galo cantar, a Mãe-d'Água saiu do mar. O rapaz estava com um lençol bem grande, todo aberto. A Mãe-d'Água era uma moça tão bonita que os olhos do rapaz ficaram encandeados. Enrolou-a no lençol e foi para casa com ela.

Viveram como Deus com os Santos. A casa ficou uma beleza de arrumada, com um-tudo, roupa, mobília, dinheiro. Comida, água, nada faltava. O rapaz ficou rico da noite para o dia. O povo vivia assombrado com aquela felicidade que parecia milagre.

Passou-se um ano, dois anos, três anos. O rapaz gostava muito da Mãe-d'Água, mas de umas coisas ia se aborrecendo. A moça não tinha falta, mas, na noite da quinta para a sexta-feira, sendo luar, ficava até o quebrar da barra na janela, olhando o mar. Às vezes cantava baixinho – que fazia saudade até às pedras e aos bichos do mato. Às vezes chorava devagarinho. O rapaz

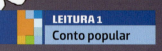

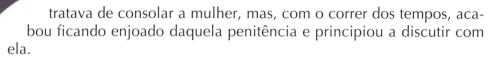

LEITURA 1
Conto popular

tratava de consolar a mulher, mas, com o correr dos tempos, acabou ficando enjoado daquela penitência e principiou a discutir com ela.

— Deixe essa janela, mulher! Venha dormir! Deixe de fazer assombração!

A Mãe-d'Água nem respondia, chorando, cantando ou suspirando, na sina que Deus lhe dera.

Todo mês sucedia o mesmo. O rapaz ia ficando de mal a pior.

— Venha logo dormir, mulher presepeira! Que quizila idiota é essa? Largue essa mania de cantiga e choro virada para o mar! Você é gente ou é peixe?

[...]

Numa noite o rapaz foi a um baile e ficou a noite inteira dançando, animado como se fosse solteiro. Nem se lembrava da beleza que esperava por ele em casa.

Só voltou de manhã e foi logo gritando pelo café, leite, bolos e mais coisas para comer. A Mãe-d'Água, com paciência, começou fazendo mais que depressa o que ele dissera, mas não vinha na rapidez do corisco.

O mal-agradecido, sentando-se numa cadeira, de cara franzida, não tendo o que dizer, começou a resmungar:

— Bem feito! Quem me mandou casar com mulher do mar em vez de gente da terra? Bem feito. É tudo misterioso, cheio de histórias. Coisas do mar... hi... eu te arrenego!

Logo que disse essas palavras, a Mãe-d'Água deu um gemido comprido e ficou da cor da cal da parede. Levantou as duas mãos e as águas do mar avançaram como um castigo, numa onda grande, coberta de espuma, roncando como um bicho feroz. O rapaz, morrendo de medo, deu uma carreira de veado, subindo um monte perto da casa. Lá de cima se virou para ver. Casa, varanda, cercado, animais, tudo desaparecera. No lugar estava uma lagoa muito calma, pegada a um braço de mar. Ao longe ouviu uma cantiga triste, triste como quem está se despedindo do mundo.

Nunca mais viu a Mãe-d'Água.

Luís da Câmara Cascudo. *Contos tradicionais do Brasil*.
Rio de Janeiro: Ediouro, 2001. p. 76-78.

GLOSSÁRIO

Alvo: branco; claro.
Arrenegar: renegar; rejeitar; amaldiçoar.
Cal: pó branco usado para pintar paredes.
Carreira de veado: corrida muito rápida.
Confrontação: ato de pôr-se diante de algo.
Corisco: faísca elétrica que se vê no céu; raio.
Enamorado: que se apaixonou.
Encandeado: deslumbrado; fascinado.
Ente: ser; indivíduo.

Friagem: temperatura baixa.
Pindaíba: vara de pescar.
Presepeira: escandalosa; inconveniente.
Quarto minguante: fase da Lua em que metade da sua circunferência, à esquerda, fica iluminada.
Quebrar da barra: período pouco antes do amanhecer.
Quizila: alguma ação que chateia ou aborrece.
Sina: fatalidade; destino.
Titubear: ter dúvidas; hesitar; vacilar; falar sem convicção ou certeza.

Estudo do texto

●●● Para entender o texto

1. Em que lugar ocorre a história que você leu? Copie trechos do texto que justifiquem sua resposta.

2. O conto fala de um pescador que estava pobre e triste e ficou rico e feliz pela interferência da Mãe-d'Água.
   a) Copie do texto o trecho que descreve as características da moça.
   b) As características da Mãe-d'Água têm uma função no enredo, ou seja, elas provocam alguns dos acontecimentos da história. Que acontecimento as características da Mãe-d'Água provocam nesse conto?
   c) O conto diz que a moça era "branca como uma estrangeira". O que isso faz supor sobre as moças que habitavam o lugar?
   d) Em uma noite de luar, o pescador pergunta como pagaria o benefício recebido da Mãe-d'Água. Qual foi a resposta dada por ela?
   e) Quais exigências a Mãe-d'Água faz para casar-se com o pescador?

3. Depois de algum tempo de casados, o comportamento da Mãe-d'Água e do pescador mudou.
   a) Que mudanças o texto aponta em cada um?
   b) Por que essas mudanças ocorreram?

4. O canto da Mãe-d'Água também muda ao longo da narrativa.
   a) Descreva como era o canto da Mãe-d'Água no início do conto.
   b) E depois do casamento, o canto continuou o mesmo?
   c) A transformação do canto da Mãe-d'Água acompanha o comportamento das personagens. Que efeito esse recurso produz na história?

5. Releia o seguinte trecho.

   > "O mal-agradecido, sentando-se numa cadeira, de cara franzida, não tendo o que dizer, começou a resmungar:
   > – Bem feito! Quem me mandou casar com mulher de mar em vez de gente da terra? Bem feito. É tudo misterioso, cheio de histórias. Coisas do mar ... hi ... eu te arrenego!"

   a) O que aconteceu após o pescador dizer essas palavras?
   b) Em sua opinião, os acontecimentos e as personagens da história poderiam fazer parte do "mundo real"? Explique.

ANOTE

Os **contos populares** são narrativas de tradição oral que expressam costumes, ideias e julgamentos de um povo ou de determinada cultura.

Uma característica frequente nos contos populares é a presença de seres com poderes sobrenaturais, palavras mágicas, feitiços, encantos e crendices.

6. O que você supõe ter acontecido com a Mãe-d'Água após abandonar o pescador?

Estudo do texto

O tempo narrativo

1. O que a expressão "Era uma vez..." indica sobre a narrativa?
2. Quanto tempo duraram os fatos narrados na história?

> **ANOTE**
>
> Nos contos populares não é especificado o **momento histórico** em que o fato aconteceu. Da mesma forma que os contos de fadas e as lendas, muitos contos populares começam com expressões como "Era uma vez...".
>
> Essas expressões remetem o leitor a um **tempo do imaginário**, e não ao tempo real.

3. Quais outras expressões de tempo aparecem no texto?
4. Que efeito a ausência dessas expressões causaria na narrativa?

> **ANOTE**
>
> É muito importante que haja nas narrativas **marcadores de tempo** que indiquem o **tempo narrativo**, apresentando ao leitor a ordem em que os fatos acontecem no texto.
>
> Geralmente, o tempo narrativo segue uma **ordem linear** ou **cronológica** (passado – presente – futuro).
>
> No entanto, nem toda história segue a cronologia. Os acontecimentos podem ser apresentados em outra ordem, a **não linear**. Quando isso acontece, em geral há alguma intenção por parte do narrador: criar suspense ou alguma expectativa no leitor, por exemplo.

●●● O contexto de produção

1. Leia o seguinte trecho de um texto escrito por Câmara Cascudo.

> O velho Antônio Alves, um dos mais antigos pescadores de Natal, contou esse conto, dizendo-o conhecido em todo o litoral. J. de Silva Campos [...] recolheu dois episódios na Bahia [...]. Ao contrário da minha versão, a Mãe-d'Água provoca a cólera do marido, fazendo-o quebrar o juramento de não arrenegar os habitantes das águas. Conseguem livrar-se e retornam à vida anterior nos rios e lagoas. [...] A tradição brasileira da Mãe-d'Água é diversa. É a sedução pela beleza e pela irresistível atração do canto. [...]
>
> Luís da Câmara Cascudo. *Contos tradicionais do Brasil*. Rio de Janeiro: Ediouro, 2001. p. 79.

a) Quem contou a história da Mãe-d'Água para Câmara Cascudo?
b) Quem é seu autor? Explique.

> **ANOTE**
>
> Os **contos populares** são textos que têm relação com a **memória** e com a **cultura** de uma comunidade. Não há como determinar onde essas histórias surgiram, nem quem foram seus criadores. Muitas vezes, os contos populares são criações coletivas, em que há modificações por parte de quem os reconta.
>
> Os contos populares são, em geral, contados **oralmente** em **situações informais**, por exemplo, em uma reunião de familiares e amigos.

2. Agora leia a lenda a seguir.

A perigosa Yara

Ao cair de todas as tardes, a Yara, que mora no fundo das águas, surge de dentro delas, magnífica. Com flores aquáticas enfeita então os cabelos negros e brinca com os peixinhos de escapole-escapole. Mas no mês de maio ela aparece ao pôr do sol para arranjar noivo.

As mães se preocupam com seus filhos varões, sabedoras de que a Yara quer noivos. Mas para os filhos, Yara é a tentação da aventura, pois há rapazes que gostam de perigo. À medida que a Yara canta, mais inquietos e atraídos ficam os moços, que, no entanto, não ousam se arriscar.

Sim, mas houve um dia um Tapuia sonhador e arrojado. Pensativamente estava pescando e esqueceu-se de que o dia estava acabando e que as águas já se amansavam. Foi quando pensou: acho que estou tendo uma ilusão. Porque a morena Yara, de olhos pretos e faiscantes, erguera-se das águas. O Tapuia teve o medo que todo o mundo tem das sereias arriscadas – largou a canoa e correu a abrigar-se na taba.

Mas de que adiantava fugir, se o feitiço da Flor das Águas já o envelara todo? Lembrava-se do fascínio de seu cantarolar e sofria de saudade.

A mãe do Tapuia adivinhara o que acontecia com o filho: examinava-o e via nos seus olhos a marca da fingida sereia.

Enquanto isso, Yara, confiante no seu encanto, esperava que o índio tivesse coragem de casar-se com ela. Pois – ainda nesse mês de florido e perfumado maio – o índio fugiu da taba e de seu povo, entrou de canoa no rio. E ficou esperando de coração trêmulo. Então – então a Yara veio vindo devagar, devagar, abriu os lábios úmidos e cantou suave a sua vitória, pois já sabia que arrastaria o Tapuia para o fundo do rio.

Os dois mergulharam e adivinha-se que houve festa no profundo das águas. As águas estavam de superfície tranquila como se nada tivesse acontecido. De tardinha, aparecia a morena das águas a se enfeitar com rosas e jasmins. Porque um só noivo, ao que parece, não lhe bastava.

Esta história não admite brincadeiras. Que se cuidem certos homens.

Clarice Lispector. *Como nasceram as estrelas*: doze lendas brasileiras.
Rio de Janeiro: Record, 2000. p. 6-8.

Copie o quadro e complete-o com informações dos textos.

	"O marido da Mãe-d'Água"	"A perigosa Yara"
Características da personagem feminina		
Onde vive essa personagem		
O que ela faz para encantar os pescadores		
Quando aparece a personagem		

ANOTE

A Yara é uma personagem bastante semelhante às sereias, figuras mitológicas europeias. Em algumas comunidades, elas são reconhecidas como protetoras das águas e da pesca. A personagem Mãe-d'Água tem muitas semelhanças com a personagem Yara e com as sereias. Essas semelhanças indicam que os contos populares brasileiros trazem **influências de diversas culturas**, principalmente das culturas indígena, africana e europeia.

55

Estudo do texto

3. O conto popular não relata um fato marcado com exatidão no tempo. No entanto, há marcas temporais na lenda "A perigosa Yara".
   a) Retire do texto expressões relacionadas ao tempo.
   b) Qual é a função dessas marcas na lenda?

4. Nos dois textos, há uma advertência a alguém.
   a) A quem é dirigida a advertência em cada um dos textos?
   b) Quais são as advertências que aparecem em cada um?
   c) O que existe de comum nos dois textos em relação ao comportamento das mulheres?

5. Câmara Cascudo e Clarice Lispector basearam-se na mesma história para criar seus textos.
   a) Quais são as diferenças entre a linguagem dos dois textos?
   b) Por que existe essa diferença?

●●● A linguagem do texto

1. Releia as seguintes frases do conto "O marido da Mãe-d'Água".

   I. "O rapaz estava mesmo desanimado e dormia com fome, **mais das vezes**."

   II. "Já ia ficando desanimado quando começou a ouvir umas vozes cantando tão bonito que **era de encantar**."

   III. "Nunca mais viu a Mãe-d'Água, mas, no tempo da Lua, vinha pescar e foi ficando mais **aliviado da pobreza**."

   a) Qual é o significado das expressões em negrito nas frases?
   b) Qual foi, provavelmente, a intenção de Câmara Cascudo ao empregar essas expressões na fala do narrador do conto?

2. Leia em voz alta os seguintes trechos do conto.
   I. "Ao longe ouviu uma cantiga **triste**, **triste** como quem está se despedindo do mundo."
   II. "Ficou com o corpo meio fora d'água, **cantando**, **cantando**, os cabelos espalhados, brilhando como ouro."
   Que efeitos de sentido as repetições destacadas produzem?

> **ANOTE**
> Os contos populares, mesmo quando apresentados na forma escrita, podem manter características do modo de falar das populações das regiões e comunidades de que se originam e do tempo em que foram coletados.

EXPRESSÕES POPULARES PARA HORAS DO DIA

No conto "O marido da Mãe-d'Água", aparece a expressão popular "quebrar da barra", que é muito usada em regiões litorâneas brasileiras para se referir ao horário das 5 horas. Há expressões orais como essas para cada hora do dia. Algumas delas são:
- "Primeiro canto do galo": uma hora da madrugada;
- "Segundo cantar do galo": duas horas da madrugada;
- "Madrugadinha ou amiudar do galo": quatro horas;
- "Sol fora": seis horas;
- "Pino" ou "pingo do meio-dia": doze horas;
- "Pender do sol": treze horas;
- "Roda do sol para se pôr": dezessete horas;
- "Aos cafuis": dezenove horas;
- "Boca da noite": vinte horas;
- "Hora de visagem": vinte e duas horas.

56

3. Releia agora as seguintes frases.

> I. "Passava horas e horas na praia, com a pindaíba na mão e os peixes fugiam dele **como o Diabo da cruz**."

> II. "Viveram **como Deus com os Santos**."

> III. "A Mãe-d'Água, com paciência, começou fazendo mais que depressa o que ele dissera, mas não vinha **na rapidez do corisco**."

a) Há muitas formas de expressar as mesmas ideias. Quais palavras do quadro têm o sentido equivalente às expressões em destaque nas frases acima?

| em harmonia | apavorados | imediatamente |

b) Quando usamos as palavras do quadro acima no lugar das expressões populares, que tipo de mudança ocorre na linguagem do texto?

4. Releia.

> "A noite foi avançando, avançando, o luar ficando alvo **como** a prata e caindo mesmo a friagem."

A palavra *como*, destacada no trecho acima, expressa comparação. O que está sendo comparado?

5. Agora, observe o uso da palavra *como* no seguinte trecho.

> "[…] o pescador agradeceu o benefício recebido e perguntou **como** pagaria tanta bondade."

Por quais expressões a palavra *como* pode ser substituída nessa frase sem alterar o sentido?

Histórias semelhantes em espaços e tempos distantes

Sabemos que muitos contos populares apresentam diferentes versões, e que, certas vezes, histórias semelhantes são contadas em locais e países muito distantes. Um exemplo disso é o caso da personagem Nasrudin, um herói popular esperto e bem-humorado, que aparece em vários lugares do mundo. No Brasil, temos um equivalente dele como o astuto Pedro Malasartes, que nos faz rir com suas malandragens.

Converse com seus colegas e o professor e reflita sobre as seguintes questões.

I. Por que histórias parecidas são contadas em locais tão diferentes e distantes?

II. O que a leitura ou a escuta de diferentes versões de uma mesma história pode nos ensinar?

PRODUÇÃO DE TEXTO

Conto popular

O trecho a seguir é de um conto popular indiano. Ao transcrever o trecho do conto, foram retiradas algumas palavras e expressões que indicam o tempo e localizam lugares onde os fatos acontecem.

- Copie o trecho do conto e complete as lacunas com as palavras do quadro.

| daquele lugar | bem naquele momento |
| num certo país | numa bela manhã de sol |

★ bem distante daqui havia um costume que era considerado como uma lei para os habitantes ★: ninguém podia passar na frente de uma pessoa se ela estivesse rezando. Não se sabe a origem ou causa de tal proibição, mas isso não vem ao caso na nossa história, que começa ★, em uma praça bem no meio de uma importante cidade daquele país.

Um homem religioso sentou-se num canto da praça e preparou-se para começar suas orações. ★, uma jovem surgiu na praça caminhando apressadamente na direção do santo homem, e acabou passando diante dele, distraída, com a respiração ofegante.

O religioso ficou indignado.

"Que ousadia", ele pensou consigo mesmo. "Vou esperar essa jovem voltar e lhe dar uma lição."

Regina Machado. *O violino cigano e outros contos de mulheres sábias*. São Paulo: Companhia das Letras, 2004. p. 93.

●●● Proposta

Você vai escrever uma narrativa com características de conto popular. Após a produção do texto, será feita uma contação de histórias, que será apresentada em um evento para os pais a ser realizado na escola.

Os pais que quiserem também poderão contar histórias da tradição popular. Essa troca entre pais e filhos é importante, pois mantém uma das características do conto popular, que é a transmissão oral das histórias.

Observe atentamente a imagem abaixo. Ela servirá de material para a redação de seu texto.

Isa Hiray. *Descanso*, 2006. 30 cm x 40 cm.

●●● Planejamento e elaboração do texto

1. Copie o quadro abaixo e preencha-o com informações sobre as personagens de sua narrativa.

Quem serão as personagens de seu conto?	
Qual o conflito a ser enfrentado por essas personagens?	
Qual será a solução para esse conflito?	
Como é o local em que se passará a história?	
Que encantamentos haverá em seu conto?	

2. Com base no planejamento, elabore seu texto. Você deverá empregar uma linguagem mais informal, com marcas de oralidade que caracterizem as personagens.

●●● Avaliação e reescrita do texto

1. Copie a tabela, pois ela auxiliará na avaliação de seu conto.

2. Troque de caderno com um colega e faça a leitura do conto por ele elaborado. Em seguida, avalie os seguintes itens.

Características do conto popular	Sim	Não
O espaço das ações está bem caracterizado?		
Os marcadores de tempo deixam clara a sequência dos fatos?		
O tempo segue uma ordem cronológica?		
A história apresenta um conflito?		
Há presença de elementos de encantamento?		
O conflito foi solucionado?		

3. Mostre a avaliação para o seu colega e explique cada um dos itens avaliados.

4. Leia os comentários da avaliação que seu colega fez de seu conto e reescreva o texto, fazendo as modificações que achar necessárias.

5. Quando tudo estiver pronto, cada aluno deverá preparar sua história para ser contada na apresentação. Para isso, é importante ter domínio sobre a trama, prestar atenção à entonação e à utilização da voz.

6. Depois de ouvir as histórias contadas por seus colegas, comente qual foi o conto de que você mais gostou e por quê.

Como fazer a contação de histórias

- Antes da apresentação, leia silenciosamente várias vezes a história que você escreveu para ter domínio sobre ela.
- Quando for ler em voz alta, preste atenção na entonação e na postura do corpo.
- Você também poderá utilizar outros recursos para ajudar a contar a história, como objetos, roupas e acessórios.

REFLEXÃO LINGUÍSTICA

Variação linguística: variedades regionais

●●● Variedades regionais

1. Leia a letra de uma canção folclórica intitulada "Cuitelinho".

> Cheguei na beira do porto
> onde as ondas se espaia.
> As garça dá meia-volta
> e senta na beira da praia.
> E o cuitelinho não gosta
> que o botão de rosa caia, ai, ai.
>
> Ai quando eu vim
> da minha terra
> despedi da parentaia.
> Eu entrei no Mato Grosso
> dei em terras paraguaia.
> Lá tinha revolução,
> enfrentei fortes bataia, ai, ai.
>
> A tua saudade corta
> como aço de navaia.
> O coração fica aflito,
> bate uma, a outra faia.
> E os oio se enche d'água
> que até a vista se atrapaia, ai.

Autor anônimo. Cuitelinho. Em: *Música popular do Centro-Oeste/Sudeste* 4. Marcus Pereira, 1974.

a) Identifique as palavras do texto escritas de um modo diferente do dicionário. Por que você supõe terem sido registradas dessa forma?

b) O verso "As garça dá meia-volta" reproduz um modo de falar comum em seu cotidiano? Como você o escreveria em uma redação escolar?

Os brasileiros se expressam em língua portuguesa, mas o Brasil apresenta diferentes falares. As línguas são dinâmicas e podem mudar em razão de características de seus falantes e da situação de uso. Esses fatores produzem as variedades linguísticas.

> **Variação linguística** é a propriedade das línguas de se modificarem em razão da situação de uso e das características do falante, como faixa etária, região, classe social, entre outras.
>
> **Variedades linguísticas** são os modos de se falar e escrever uma língua, de acordo com as possibilidades de variação de seus elementos.

A letra de "Cuitelinho" faz o registro escrito de uma linguagem tipicamente oral, falada nos estados de Mato Grosso e Mato Grosso do Sul.

> **Variedade regional** corresponde à fala ou ao modo de dizer dos habitantes de determinada região.

As variedades representam possibilidades expressivas do idioma e somam recursos que podem enriquecer os textos. Não há uma variedade melhor do que outra. De acordo com a situação de comunicação e das finalidades do texto – falado ou escrito –, o falante escolherá aquela que for mais adequada.

A referência para a comunicação escrita costuma ser a **norma-padrão**.

> A **norma-padrão** é aquela associada à variedade da classe de maior prestígio social, utilizada, geralmente, em textos oficiais, jornalísticos e acadêmicos. Seus usos são registrados nas gramáticas normativas e nos dicionários.

REFLEXÃO LINGUÍSTICA Na prática

1. Leia o trecho da letra da música "Vaca Estrela e Boi Fubá".

   > Eu sou filho do Nordeste, não nego meu naturá
   > Mas uma seca medonha me tangeu de lá pra cá
   > Lá eu tinha o meu gadinho, num é bom nem imaginar,
   >
   > Minha Vaca Estrela e o meu belo Boi Fubá
   > Quando era de tardezinha eu começava a aboiar
   >
   > Aquela seca medonha fez tudo se atrapalhar,
   > Não nasceu capim no campo para o gado sustentar
   > O sertão esturricou, fez os açude secar
   > Morreu minha Vaca Estrela, já acabou meu Boi Fubá
   > Perdi tudo quanto tinha, nunca mais pude aboiar

   Patativa do Assaré. Vaca Estrela e Boi Fubá. Em: *A Terra é naturá*. Epic/CBS, 1980.

   a) Há nessa letra elementos que indicam o espaço retratado na música. Quais são eles?

   b) Que sentimento é expresso em relação a esse lugar?

   c) Qual foi o motivo que alterou o modo de vida do boiadeiro?

2. Leia esta notícia publicada em um jornal de Portugal.

   > **Idoso anda 12 km em contramão**
   >
   > Ao que o *Correio da Manhã* (*CM*) apurou, o idoso terá saído de casa pelas 08h30, com a intenção de se deslocar a Arruda dos Vinhos. Ao volante do seu automóvel, entrou na Auto-estrada do Norte (A1), de onde saiu no nó do Carregado.
   >
   > Aqui, a qualquer **condutor**, deparam-se três soluções. "Ou reentrar na A1, em direção ao Norte, ou entrar na Ponte das Lezírias, a caminho de Benavente, ou seguir por uma estrada nacional até Arruda dos Vinhos", disse ao *CM* fonte policial.
   >
   > Apesar de ter como destino Arruda dos Vinhos, o idoso direcionou a **viatura** no sentido da Ponte das Lezírias (A10), onde entrou pelas 08h50, junto ao quilómetro 18.
   >
   > Só ao fim de um quilómetro de marcha, é que o condutor se terá apercebido de que não estava a tomar o sentido que pretendia. Foi então que o inesperado aconteceu.
   >
   > "Ele simplesmente fez inversão de marcha, e recomeçou a conduzir no sentido oposto", acrescentou o mesmo **informador**.
   >
   > Durante doze quilómetros de marcha, o automóvel conduzido pelo idoso não se deparou com nenhuma outra viatura. [...]

   Disponível em: <www.cmjornal.xl.pt>. Acesso em: 3 jul. 2014.

   a) As variedades linguísticas apresentam maneiras diferentes de dizer a mesma coisa. Que palavras da variedade do português do Brasil poderiam substituir os termos destacados?

   b) Além das diferenças de vocabulário, as frases também podem ter uma forma diferente de organização das palavras. Como seria falado e escrito no português do Brasil o trecho a seguir?

   > "Só ao fim de um quilómetro de marcha, é que o condutor se terá apercebido de que não estava a tomar o sentido que pretendia."

61

LÍNGUA VIVA

A variação linguística e a caracterização de personagens

Você já sabe o que é variação linguística. Veja agora como uma variedade pode participar da caracterização de personagens em um texto literário.

1. Leia o trecho abaixo, observando atentamente a linguagem utilizada.

   ### Trezentas onças

   – Pois, amigo! Não lhe conto nada! Quando botei o pé em terra na ramada da estância, ao tempo que dava as – boas-tardes! – ao dono da casa, aguentei um tirão seco no coração... não senti na cintura o peso da guaiaca!

   Tinha perdido trezentas onças de ouro que levava, para pagamento de gados que ia levantar.

   E logo passou-me pelos olhos um clarão de cegar, depois uns coriscos tirante a roxo... depois tudo me ficou cinzento, para escuro...

   Eu era mui pobre – e ainda hoje, é como vancê sabe... –; estava começando a vida, e o dinheiro era do meu patrão, um charqueador, sujeito de contas mui limpas e brabo como uma manga de pedras...

   Assim, de meio assombrado me fui repondo quando ouvi que indagavam:

   – Então, patrício? está doente?

   – Obrigado! Não senhor, respondi, não é doença; é que sucedeu-me uma desgraça: perdi uma dinheirama do meu patrão...

   – A la fresca!...

   – É verdade... antes morresse, que isto! Que vai ele pensar agora de mim!...

   – É uma dos diabos, é...; mas não se acoquine, homem!

   Nisto o cusco brasino deu uns pulos ao focinho do cavalo, como querendo lambê-lo, e logo correu para a estrada, aos latidos. E olhava-me, e vinha e ia, e tornava a latir...

   Ah!... E num repente lembrei-me bem de tudo.

   Parecia que estava vendo o lugar da sesteada, o banho, a arrumação das roupas nuns galhos de sarandi, e, em cima de uma pedra, a guaiaca e por cima dela o cinto das armas, e até uma ponta de cigarro de que tirei uma última tragada, antes de entrar na água, e que deixei espetada num espinho, ainda fumegando, soltando uma fitinha de fumaça azul, que subia, fininha e direita, no ar sem vento...; tudo, vi tudo.

   Estava lá, na beirada do passo, a guaiaca. E o remédio era um só: tocar a meia rédea, antes que outros andantes passassem.

   João Simões Lopes Neto. Disponível em: <www.ufpel.tche.br>. Acesso em: 3 jul. 2014.

   Provavelmente você não entendeu algumas palavras do texto. Suponha um possível significado para elas com base no contexto.

2. O conto está em primeira pessoa. Quem narra é o protagonista.
   a) Como ele pode ser caracterizado? Transcreva no caderno o trecho do texto que justifique sua resposta.
   b) Qual deve ser sua profissão?
   c) Em que região do país você supõe que ele viva? Que pistas e elementos possibilitam chegar a essa conclusão?
   d) O que aconteceu com ele?

62

3. Releia.

> "Quando botei o pé em terra na ramada da estância, ao tempo que dava as – boas-tardes! – ao dono da casa, aguentei um tirão seco no coração... não senti na cintura o peso da guaiaca!"

   a) O trecho procura representar a maneira como a personagem fala. Que recursos são utilizados para isso?
   b) A expressão "tirão seco no coração" é o que chamamos de uma figura de linguagem: não significa que a personagem levou um tiro, mas que teve um sobressalto, uma sensação de dor no peito porque se deu conta de que havia perdido o dinheiro do patrão. Essa expressão sugere determinado contexto que parece familiar à personagem. Qual é ele?

ANOTE

O registro de determinada **variedade linguística** pode ter uma importante função no texto literário quando corresponde à fala de uma personagem: ajudar a compor suas **características** e apresentar **informações** sobre o grupo ao qual essa personagem pertence.

4. Que recurso o narrador utiliza para que o leitor possa visualizar a cena final? Justifique sua resposta com elementos do texto.

5. Releia.

> "Nisto o cusco brasino deu uns pulos ao focinho do cavalo, como querendo lambê-lo, e logo correu para a estrada, aos latidos. E olhava-me, e vinha e ia, e tornava a latir...
>
> Ah!... E num repente lembrei-me bem de tudo."

   a) Nesse trecho, o narrador descreve as ações do "cusco brasino". Essa expressão se refere a que animal?
   b) Que palavras do texto permitem chegar à conclusão de que a expressão citada se refere a esse animal?
   c) Qual foi a principal ação do "cusco brasino" no texto?

6. Leia este trecho, extraído do conto integral e que não foi reproduzido no texto da página anterior.

> Ah!... esqueci de dizer-lhe que andava comigo [...] um cusco mui esperto e boa vigia. Era das crianças, mas às vezes dava-lhe para acompanhar-me, e depois de sair a porteira, nem por nada fazia cara-volta, a não ser comigo. E nas viagens dormia sempre ao meu lado, sobre a ponta da carona, na cabeceira dos arreios.
>
> João Simões Lopes Neto. Disponível em: <www.ufpel.tche.br>. Acesso em: 3 jul. 2014.

   a) Como o animal é descrito?
   b) Que ações caracterizam o animal no texto?
   c) A palavra *cusco* pode ser considerada um exemplo de variedade linguística regional? Explique.
   d) Que outras palavras desse trecho podem ser tomadas como exemplos de variedade linguística regional?

63

LEITURA 2

Conto popular

Yves Pinguilly (1944), escritor francês. Foto de 2000.

Yves Pinguilly coletou narrativas populares africanas que foram reunidas na coletânea *Contos e lendas da África*. Além de revelarem muito do povo africano, nelas é possível identificar temas comuns em contos populares de outros países, o que pode significar um parentesco entre todas essas narrativas.

O conto a seguir foi coletado no Chade, um país da região central da África.

A moça que pegou a serpente

Sia era a mais bonita da aldeia. Era tão alta que nem precisava ficar na ponta dos pés para o azul do céu lhe afagar a cabeça. Suas formas eram tão redondas que se poderia pensar que ela tinha nascido da semente mágica de uma cabaça.

Todos os rapazes da aldeia sonhavam se casar com ela. Todos haviam oferecido ao pai de Sia dinheiro, caules açucarados de sorgo, amendoins, inhames, milhete, *voandzu*... Mas Sia nunca escolhia: nenhum dos rapazes lhe agradava o bastante...

Como todos os anos, chegou a chuva das mangas, e os homens foram cuidar da sua lavoura. A tia de Sia lhe disse:

— Vamos passear na selva que fica em volta das nossas roças. Se encontrarmos um rapaz que queira lutar com você, como é o costume, aceite. Se ele conseguir deitar você no chão, como uma esposa, então você terá de se casar com ele.

Elas foram passear, a tia cantando:

*Sia vem pra rir
e vai rir
Quem vai conseguir
derrubar Sia?*

Largando a daba, os rapazes vieram um depois do outro tentar derrubá-la no chão. Nenhum conseguiu derrotar a bela Sia. Ou era comprida demais para os braços deles, ou redonda demais para as mãos deles.

Numa roça havia um rapaz lindo, lindíssimo, mas que escondia sua boniteza sob uma pele de leproso. O rapaz parecia estar coberto de lepra, da ponta dos dedos das mãos à ponta dos dedos dos pés. Ele tinha acabado de despertar de um cochilo quando Sia se aproximou com a tia. O rapaz disse a ela:

— *Lapya*, Sia. Sabe, tenho vontade de te pegar, como um galo tem vontade de pegar um grão de milhete!

— Para que ela seja sua, você tem que ser mais forte que ela e conseguir deitá-la de costas no chão — respondeu a tia. — Se for capaz, ela será sua esposa.

O rapaz levou Sia à sombra de uma palmeira-de-leque, cuja folhagem eriçada e crespa murmurava sacudida pela brisa. Sia e o leproso se engalfinharam, e o rapaz ganhou. Estendeu Sia por inteiro na sombra que a palmeira fazia no chão.

— Você venceu porque minha roupa me atrapalhou. Espere aí, vamos lutar de novo.

64

Ela tirou a blusa comprida e o *pagne*. Eles voltaram a lutar, e o rapaz outra vez deitou Sia de costas no chão.

– Você ganhou por causa dos meus enfeites que me atrapalharam. Espere aí, vamos lutar de novo.

Ela tirou as pulseiras dos pulsos e dos tornozelos, assim como seus colares de contas brancas e o cinto de contas vermelhas. Voltaram a lutar, e pela terceira vez foi o rapaz leproso que venceu. Sia chorou tanto, que alguém até pensaria que as lágrimas escorriam não só dos olhos, mas também das orelhas, da boca, do nariz e do coração.

– O que está feito, feito está. Este leproso será seu esposo.

A tia voltou sozinha para a concessão e, pouco depois, Sia voltou à aldeia acompanhada do rapaz leproso, seu marido.

O tempo passou, mas nenhuma noite Sia quis dormir junto do marido. Todas as noites ela punha entre sua esteira e a dele uma porção de cabaças cheias d'água. Assim separada, ela podia dormir e sonhar.

Quando preparava a comida ela fazia, para ela e para algumas vizinhas, com farinha bem branca um lindo bolinho, bem volumoso, com um belo buraco no meio para o molho. Para o marido, ela cozinhava mais farelo que farinha, e servia numa cabaça rachada.

O marido leproso não dizia nada.

No dia da festa da aldeia, o marido de Sia resolveu que tinha chegado a hora. Foi à tulha atrás da casa, tirou a pele de leproso e escondeu-a debaixo dos grãos de milhete. Feito isso, esgueirou-se até um canto da selva que conhecia bem. Lá chegando, acendeu uma bela fogueira. As chamas num instante ficaram altas e ardentes. Então ele jogou no fogo uma pedra que tinha escolhido, e logo a pedra se transformou num lindo cavalo.

O marido de Sia foi então até um pé de farroba, trepou na árvore e sacudiu os galhos. Várias farrobas caíram e, ao tocarem o chão, transformaram-se em jovens guerreiros, de zagaia em punho e nádegas cobertas por uma bela pele de cabrito.

Sia, que tinha deixado a festa da aldeia para dar um breve passeio na selva, tropeçou num toco de pau.

– Ai! Ui! Toco, por que você machucou meu pé? Espere só, vou pegar um machado e vou te rachar no meio.

– Não faça isso! Sente aqui e escute bem. Sou um toco velho, não comprei minha sabedoria, aprendi tudo o que sei com a minha longa vida.

Sia sentou-se e escutou.

– Se você espiar na tulha do seu marido, vai ver uma coisa que te deixará de boca aberta.

Sia foi correndo ver. Descobriu a pele de leproso! Sem pensar duas vezes, correu para o meio da aldeia e atirou a pele na fogueira da festa. Foi então que reconheceu o marido. Ele dançava, mais lindo que o mais lindo dos lindos, no meio de uma roda de moças. Diante dele, seus guerreiros tomavam conta do seu cavalo. Ela o viu dançar de braço colado, de ombro colado, de corpo colado, com as mais bonitas moças da aldeia. Com os olhos arregalados de espanto, contemplou demoradamente a cena; depois, sem dizer nada a ninguém, voltou para casa, para socar milhete e preparar uma farinha bem branquinha. Neste instante o marido, que continuava dançando, sentiu um punhado de cinzas bater em seu rosto. Eram as cinzas da sua pele de leproso, que tinha queimado. Bateu palmas para chamar seus guerreiros e seu cavalo.

– Vamos embora, conheço essas cinzas.

LEITURA 2
Conto popular

Montou no cavalo e jogou seus guerreiros no ar. Eles caíram no pé de farroba e viraram de novo belas farrobas. Chegando à sua casa, deixou o cavalo ir embora, oferecendo-lhe a liberdade de virar pedra de novo. Entrou em casa.

– Sia, minha mulher, estou com calor e com sede.

Sem demora ela lhe serviu uma água bem fresquinha numa magnífica cabaça, toda envernizada e entalhada.

– Ué, agora você me serve água fresca numa bonita cabaça?

Ele bebeu e indagou:

– Tem alguma coisa para comer aqui?

Sia lhe ofereceu um delicioso bolo de mel e o bolinho de milhete numa cabaça novinha.

– Sua beleza não mudou, Sia, mas seus modos agora são outros.

Uma estação das águas e uma estação da seca passaram.

O marido de Sia, que era o mais bonito homem de todos os homens bonitos desde que tinha se livrado da pele de leproso, disse-lhe um belo dia:

– Agora vou aceitar o que você me pede há duas estações; como você mantém seus novos modos, vou aceitar ser um verdadeiro marido, com o qual você vai dormir todas as noites para ter filhos. Assim, nunca vão botar na sua cabeça e nos seus ombros as pedras brancas reservadas às mulheres cuja barriga não cresce. Mas...

– Mas?

– Tem uma condição. Primeiro você vai ter de ir na selva pegar uma cobra nova e botar na cabaça em que serve meu bolinho de milhete. É essa a sua prova!

No dia seguinte, Sia foi para a selva, depois de preparar um bolo doce que carregou na cabeça, numa cesta. Não demorou a avistar, debaixo de uma pedra chata, uma bela cobra. A cobra estava sem dúvida de tocaia, esperando que algum rato do alagado se aventurasse por ali. De longe, Sia atirou um pedaço de bolo para a serpente. A serpente saboreou o pedaço inteiro. Como parecia gostar, Sia atirou o resto, e a cobra comeu tudo com prazer. Pouco depois a serpente dormia, acariciada pelo sol.

Pé ante pé, Sia se aproximou. Enfiou cuidadosamente a mão debaixo da pedra chata e pegou a cobra, que era um pouco menos comprida e menos grossa que seu braço. Botou a cobra adormecida na cesta e voltou para casa, de modo a chegar antes do anoitecer.

De noite, ela pôs a cobra na cabaça do marido. Quando o bolo e o molho ficaram prontos, ela cobriu com eles a cobra e, logo em seguida, seu marido jantou.

Desde aquela noite, eles viveram perfeitamente unidos. Logo, logo, a barriga de Sia inchou, como para imitar o redondo do Sol; logo, logo um lindo menino saiu da barriga para descobrir o Céu e a Terra.

– Meu marido, você me causou muitos sofrimentos e muito medo, quando quis que eu pegasse uma cobra para a sua cabaça. Agora é você que tem de me escutar...

– Sim?

– Pegue a zagaia e mate um búfalo. Vamos comer a carne, e nosso filho vai dormir no couro bem seco do bicho. Se você fizer o que peço, nós dois vamos comer melhor o bolinho de lágrimas.

O marido de Sia matou um búfalo, e o que Sia quis foi feito.

Ela disse e redisse então às moças da aldeia:

– Mesmo se vocês acharem seu marido feio, nunca devem desprezá-lo.

Yves Pinguilly. *Contos e lendas da África*. São Paulo: Companhia das Letras, 2005. p. 177-187.

GLOSSÁRIO

Chuva das mangas: em muitos países africanos, é a primeira chuva da estação das águas.
Concessão: ato de pôr à disposição, de entregar.
De tocaia: de vigia.
Engalfinhar-se: pegar-se, atracar-se em uma luta.
Esgueirar-se: mover-se com cautela para não ser visto.
Farelo: a parte mais grossa, menos moída, da farinha.
Farroba: árvore que dá vagens comestíveis.

Estudo do texto

●●● Para entender o texto

1. Qual é o problema de Sia no começo da história?

2. Para que Sia se case, sua tia a orienta a seguir um costume da aldeia.
   a) Qual é esse costume?
   b) Por que um dos pretendentes precisou repetir o ritual (o costume) três vezes?

3. No conto há três situações importantes em que as personagens fazem exigências. Copie o quadro a seguir e complete-o com essas informações.

Ação	Exigência
Sia se casará com quem...	
Para Sia ter o belo rapaz como marido, ela terá de...	
Para que Sia e o marido vivam bem, ela pede a ele que...	

> **ANOTE**
>
> A **repetição de desafios e ações** é frequente em contos populares. Esse recurso é utilizado para manter a atenção do leitor. Além disso, pelo fato de os contos populares tradicionais, em sua origem, serem transmitidos oralmente, essas repetições tornavam a memorização das histórias mais fácil.

4. O rapaz que consegue se casar com Sia apresenta algumas características comuns às personagens de contos populares. Que características são essas?

5. Quais ações do rapaz demonstram que ele tem poderes especiais?

6. A narrativa se passa em uma aldeia próxima a plantações e a uma floresta na África. Transcreva um trecho em que se pode perceber isso.

7. Releia os seguintes marcadores de tempo presentes no conto lido.

   > "Como todos os anos, **chegou a chuva das mangas** [...]."
   >
   > "**Uma estação de águas e uma estação da seca** passaram [...]."

   Que informações esses marcadores fornecem a respeito do espaço em que fica a aldeia? Consulte o glossário para responder à questão.

8. Leia o significado destas palavras:

   > **cabaça:** fruto da cabaceira que serve de recipiente para alimentos e água.
   > **lapya:** expressão equivalente a "bom dia!".
   > **milhete:** tipo de cereal.
   > **pagne:** pedaço de tecido que se amarra à cintura, canga.
   > **sorgo:** planta parecida com o milho.
   > **tulha:** depósito de cereais.
   > **voandzu:** alimento parecido com o amendoim.
   > **zagaia:** azagaia, lança de madeira.

   Como essas palavras ajudam a caracterizar o espaço onde se passa a história?

67

Estudo do texto

 As palavras e expressões utilizadas nos contos populares auxiliam na **caracterização dos espaços e dos aspectos culturais** de um determinado povo: a culinária típica, o modo de as pessoas se vestirem, seus costumes, etc.

●●● O texto e o leitor

1. Ao final do conto, há um ensinamento de Sia.
   a) Qual é esse ensinamento e a quem é dirigido?
   b) O que levou Sia a chegar a essa conclusão?
   c) Você conhece outras histórias que também trazem algum ensinamento? Cite uma.

 Muitos contos populares buscam **transmitir um ensinamento** por meio da história que é narrada. São conhecidos como **contos de exemplo**, pois procuram passar uma lição exemplar para o leitor.

CONTOS POPULARES FAMOSOS

Muitos contos de origem popular ficaram conhecidos no mundo inteiro. Após serem transmitidos oralmente, de geração em geração, foram registrados por escrito, e hoje chegam a nós por meio de livros e filmes.

Contos de fadas, como *Branca de Neve* ou *Rapunzel*, lendas e mitos, como a da Yara e do Curupira, entre outros, ou contos como os que você leu neste capítulo são exemplos de narrativas de origem popular transmitidas oralmente e depois registradas por escrito.

2. Há alguma relação entre o ensinamento do conto "A moça que pegou a serpente" e o cotidiano que você vive? Justifique sua resposta.

3. Leia o seguinte comentário escrito por Yves Pinguilly a respeito das histórias que reuniu no livro *Contos e lendas da África*.

   > A África negra e suas sociedades orais chegam até nós atualmente também pela escrita. De fato, é a escrita que hoje pode tornar os ancestrais mais visíveis num mundo tradicional cada vez mais perecível.
   >
   > Neste livro, dou a ler o que meus olhos leram em algumas páginas inacabadas e o que meus ouvidos e meu coração escutaram à sombra de uma árvore, dentro de um casebre de barro, numa tenda ou num desses *tukuls* de fibra trançada do povo somali, em que o homem e a mulher trocam palavras e gestos de seda.
   >
   > Yves Pinguilly. *Contos e lendas da África*.
   > São Paulo: Companhia das Letras, 2005. p. 250-251.

   Esse trecho do livro de Yves Pinguilly descreve as etapas pelas quais o conto "A moça que pegou a serpente" passou para chegar até nós. Quais são essas etapas?

 No início, os **contos populares** eram transmitidos de geração em geração por meio da **oralidade**. Com o tempo, estudiosos e pesquisadores passaram a divulgar esses contos orais utilizando outro tipo de registro, o **escrito**.

●●● Comparação entre os textos

1. Com base na lista de elementos característicos de contos populares a seguir, identifique como cada um deles aparece nos contos deste capítulo.
   a) Uma pessoa comum tem contato com um ser com poderes sobrenaturais.
   b) Benefícios são oferecidos em razão desse contato.
   c) Uma condição ou prova é imposta.
   d) O ser com poderes naturais se transforma ao longo da narrativa.

2. Que diferença há entre os desfechos dos dois contos?

3. Identifique em cada um dos trechos abaixo a que personagem uma virtude está relacionada.

> **O marido da Mãe-d'Água**
>
> "– Não sou alma penada, cristão! Sou a Mãe-d'Água! Nunca uma pessoa me perguntou alguma cousa e sempre eu dei, e jamais me ofereceram auxílio. Tens coragem?"

> **A moça que pegou a serpente**
>
> "– Tem uma condição. Primeiro você vai ter de ir na selva pegar uma cobra nova e botar na cabaça em que serve meu bolinho de milhete. É essa a sua prova!"

4. Releia estes outros trechos.

> **O marido da Mãe-d'Água**
>
> "Nunca mais viu a Mãe-d'Água, mas, no tempo da Lua, vinha pescar e foi ficando mais aliviado da pobreza. **Os meses iam passando** e ele ficando com saudade daquela formosura."

> **A moça que pegou a serpente**
>
> "– Agora vou aceitar o que você me pede **há duas estações**; como você mantém seus novos modos, vou aceitar ser um verdadeiro marido, com o qual você vai dormir todas as noites para ter filhos."

   a) Outro elemento característico dos contos populares em que ocorrem transformações está destacado nesses trechos. Qual é ele?
   b) No segundo trecho, que virtude é testada por esse elemento?

●●● Sua opinião

1. Como vimos neste capítulo, os contos populares têm relação com a cultura e a identidade de um povo. Além disso, eles procuram levar ensinamentos aos leitores ou aos ouvintes. Em sua opinião, as histórias lidas aqui conseguiram atingir esse objetivo? Por quê?

Contadores de história e sociedade de informação

Nas sociedades atuais, a informação circula cada vez mais por meios eletrônicos, como a internet e a TV. Converse com os colegas e o professor sobre a importância de contar, atualmente, histórias que resgatem as tradições populares.

PRODUÇÃO DE TEXTO

Conto popular

AQUECIMENTO

Vimos neste capítulo que as palavras e as expressões ajudam a caracterizar o espaço e mostram os aspectos culturais de determinado povo: a culinária típica, o modo de as pessoas se vestirem, seus costumes, etc.

- Reescreva o trecho a seguir, acrescentando palavras ou expressões que caracterizem o espaço retratado e indiquem ao leitor alguns aspectos da cultura desse lugar.

O lugar era muito famoso por suas histórias de assombração. Aquela noite era uma data muito especial, pois os moradores estavam preparando a festa mais importante da cidade.
Era uma noite sem luar.
A moça da casa amarela fazia a comida que seria servida aos visitantes; as crianças brincavam na praça, enquanto suas mães preparavam a decoração. Todos estavam esperando a festa começar.
Ao longe, ouvia-se uma voz de mulher cantando uma canção de amor.

••• Proposta

Você vai escrever um conto e depois, com seus colegas, vai organizar um livro ilustrado da classe.

O ponto de partida de seu conto será a fotografia a seguir. Recorde as principais características do conto popular estudadas no capítulo e imagine o que poderia acontecer no espaço sugerido pela fotografia.

França, Paris, 2005.

••• Planejamento e elaboração do texto

1. Antes de escrever seu conto, planeje os itens a seguir. Copie o quadro e preencha-o com as informações solicitadas.

Quem serão as personagens de seu conto?	
Qual será o desafio que aparecerá mais de uma vez no texto?	
Como o espaço será caracterizado?	
Como o tempo será caracterizado?	
De que maneira o desafio será vencido e por quem?	

Escreva sua história, prestando atenção aos itens do planejamento. Não se esqueça do título.

••• Avaliação e reescrita do texto

1. Depois que o texto estiver pronto, a classe será dividida em grupos de quatro alunos.

2. Cada aluno lerá sua história para o grupo, e os colegas farão comentários sobre o conto, considerando os itens a seguir.
   a) A história apresenta um conflito?
   b) Na história aparece a repetição de desafios para manter a atenção do leitor?
   c) As palavras e as expressões ajudam a caracterizar o espaço?
   d) As palavras e as expressões ajudam a caracterizar o tempo?
   e) O conflito é resolvido?
   f) O desfecho é favorável ou desfavorável às personagens?

3. Os colegas podem fazer sugestões sobre os itens que foram avaliados.

4. O professor pode fazer comentários gerais sobre a produção dos alunos, seguindo os itens que foram avaliados.

5. Depois dos comentários dos colegas e do professor, cada aluno fará as modificações necessárias em seu conto e deverá ilustrá-lo.

6. Um grupo ficará responsável por fazer a ilustração da capa. Outro grupo será responsável pela organização do livro.

Dicas de como ilustrar o conto

- Ao ler seu conto, veja qual é o aspecto central de sua história: a personagem, o espaço onde se desenvolve a narrativa, o elemento de encantamento, o momento do conflito, etc.
- Selecione dois momentos da história para ilustrar.
- Imagine como você poderia representar esses momentos: com desenho, recortes, pintura.
- O título de seu conto pode ser escrito com letras coloridas e/ou de estilos diferentes.

REFLEXÃO LINGUÍSTICA

Variação linguística: variedades sociais e situacionais

Na primeira parte do capítulo, vimos que há várias formas de os falantes se expressarem na língua portuguesa. Dependendo da região onde moram ou da situação de comunicação em que se encontram, as pessoas variam as maneiras de falar. Há outras situações em que podemos reconhecer as variedades linguísticas.

●●● Variedades sociais

Em uma mesma época e no mesmo lugar convivem pessoas de diferentes gerações. Cada geração apresenta características particulares, que a distinguem das demais no modo de se vestir, no comportamento, na mentalidade, nos gostos, etc.

Podemos observar também essa diferenciação na linguagem. Os jovens, por exemplo, não se comunicam do mesmo modo que seus pais ou avós. Os falantes, em geral, utilizam gírias, expressões e construções linguísticas que caracterizam a fala das pessoas de sua geração.

> **ANOTE**
>
> A **gíria** é o conjunto de elementos linguísticos usados por determinado grupo social, profissional ou de diferentes faixas etárias, em que palavras, expressões e frases convencionais são substituídas por outras próprias desse grupo de pessoas.

1. Leia o trecho de uma crônica de Luis Fernando Verissimo.

   ### A História, mais ou menos

   Negócio seguinte. Três reis magrinhos ouviram um plá de que tinha nascido um Guri. Viram o cometa no Oriente e tal e se flagraram que o Guri tinha pintado por lá. Os profetas, que não eram de dar cascata, já tinham dicado o troço: em Belém da Judeia vai nascer o Salvador, e tá falado. Os três magrinhos se mandaram. Mas deram o maior fora. Em vez de irem direto para Belém, como mandava o catálogo, resolveram dar uma incerta no velho Herodes, em Jerusalém. Pra quê! Chegaram lá de boca aberta e entregaram toda a trama. Perguntaram: *Onde está o rei que acaba de nascer? Vimos a sua estrela no Oriente e viemos adorá-lo.* Quer dizer, pegou mal. Muito mal. [...]

   Luis Fernando Verissimo. *O nariz & outras crônicas.* 11. ed. São Paulo: Ática, 2005. p. 30. © by Luis Fernando Verissimo.

   a) Nesse trecho, o autor narra uma história conhecida mundialmente. Que história é essa?
   b) Qual é o tipo de linguagem utilizada no texto?
   c) De acordo com a sua resposta anterior, aponte quatro trechos que exemplifiquem essa linguagem.
   d) Por que você acha que o autor escolheu esse tipo de linguagem?

Leia o texto.

Lavagem das mãos e infecção nos hospitais

A meta de redução da infecção no hospital depende do ato simples de lavagem das mãos, da motivação e orientação dos profissionais da equipe de Saúde. O sabão comumente usado possui ação detergente, age mecanicamente e sem atividade bactericida. Os antissépticos são formulações germicidas, sendo utilizados para reduzir o número de micróbios sobre a superfície da pele, e padronizados pelo *Food and Drug Administration* (FDA, 1978), quando foram definidas sete categorias de produtos. [...] Existe comercialmente uma diversidade de produtos para esta finalidade, como os álcoois que são considerados simultaneamente desinfetantes e antissépticos, e possuem excelente atividade contra todos os grupos de microrganismos [...].

Disponível em: <http://ram.uol.com.br>. Acesso em: 26 jul. 2011.

Esse texto foi publicado na *Revista de Atualização Médica* e é dirigido a um público determinado: os profissionais da área da saúde. A notícia trata de um tema importante para quem trabalha em hospitais, e o vocabulário utilizado no texto é específico da área.

Há variações de usos da língua de acordo com as situações em que cada discurso é enunciado. No caso desse texto, a linguagem utilizada é dirigida aos leitores que exercem profissões relacionadas à área de saúde.

A variação no uso da língua, que pode ser observada em um grupo de falantes que compartilham as mesmas características socioculturais (classe socioeconômica, nível cultural, profissão, idade, interesses, *hobbies*, etc.), recebe o nome de **variedade social**.

●●● Variedade situacional

Observe a tira a seguir.

Recruta Zero, de Greg e Mort Walker.

O texto nos balões representa a maneira como as personagens falam. A tira mostra uma situação de comunicação formal, em virtude da relação hierárquica existente entre o cozinheiro Cuca e o General Dureza.

REFLEXÃO LINGUÍSTICA
Variação linguística: variedades sociais e situacionais

Quando escrevemos ou falamos, é muito importante adequarmos nossa linguagem à **situação de comunicação** em que estamos e ao gênero de texto que queremos produzir.

Na linguagem utilizada para registrar a fala do cozinheiro na tira da página anterior, é possível perceber características de **formalidade** que são adequadas à situação em que as personagens estão. O cozinheiro Cuca está servindo a seu superior. Ele respeita a hierarquia e usa um tratamento mais formal para dirigir-se ao General Dureza.

As marcas de formalidade dessa tira aparecem nos pronomes utilizados. Por exemplo: *senhor* é um pronome de tratamento que indica respeito, hierarquia.

Outra marca de formalidade é o uso do pronome colocado depois do verbo, como aparece na tira: recebê-**lo**.

Observe outra situação de comunicação.

Mort Walker. Recruta Zero. *O Globo*, Rio de Janeiro, 28 nov. 2005.

Nessa tira, observa-se novamente uma cena no refeitório do quartel. Dessa vez, porém, o cozinheiro Cuca está servindo o Sargento Tainha, militar de patente muito inferior à do General Dureza.

1. Compare as duas tiras do Recruta Zero. O tipo de linguagem utilizada é a mesma? Justifique sua resposta e aponte trechos das falas que a exemplifiquem.

Geralmente, quando nos comunicamos com pessoas com as quais temos intimidade, em situações de descontração ou informalidade, podemos usar a língua de um modo mais livre, espontâneo e **informal**. Já em situações mais formais, ou quando nos dirigimos a pessoas que têm alguma autoridade, utilizamos uma linguagem mais **formal**.

> **ANOTE**
>
> A variação no uso da língua que pode ser observada na fala de um mesmo indivíduo conforme as diferentes situações comunicativas de seu dia a dia recebe o nome de **variedade situacional**.
>
> Dependendo da situação de comunicação, um mesmo indivíduo pode utilizar diferentes registros da linguagem.
> - **Registro informal:** adequado a situações mais descontraídas. Em geral, a fala não é tão planejada e a linguagem permite o emprego de gírias e de um vocabulário pessoal e afetivo. Ex.: conversa entre amigos.
> - **Registro formal:** adequado a situações de maior formalidade. Os falantes costumam refletir mais sobre sua produção linguística e apresentar um vocabulário mais técnico, impessoal e objetivo. Ex.: apresentação de um seminário escolar.

REFLEXÃO LINGUÍSTICA Na prática

1. Observe as imagens a seguir.

Imagine que os dois grupos representados nas imagens estejam conversando sobre o mesmo assunto. Associe as frases a seguir ao grupo 1 ou ao grupo 2, avaliando quais são as mais adequadas a cada situação de comunicação representada.
a) O melhor a fazer é aproveitar a vida. / O lance é curtir a vida.
b) As pessoas se animaram muito com a partida. / A galera vibrou com o jogo!
c) Cada dia que passa, rola um clima maior. / A cada dia o romance aumenta.
d) A gente tem que saber maneirar, né? / Precisamos ter equilíbrio, não é verdade?
e) A festa estava muito boa! / A balada tava animal!
f) O busão demorou pra passar. / O ônibus demorou a chegar.
g) Ele saiu do trabalho e foi passear um pouco. / Ele saiu do trampo e foi dar um rolê.

2. Observe novamente as imagens do exercício 1.
   a) Que tipo de variação linguística se pode perceber entre as falas do grupo 1 e do grupo 2?
   b) Por que ocorre essa variação no uso da linguagem?

3. Imagine um encontro entre dois surfistas. Crie um diálogo realizado por eles, procurando caracterizar a linguagem com palavras ou expressões usualmente utilizadas por pessoas desse grupo.

   Antes de escrever, imagine em que situação poderia ocorrer esse diálogo.
   a) Onde os surfistas vão se encontrar?
   b) Quais são as características de cada um deles?
   c) Qual será o assunto principal da conversa?
   Consulte o quadro a seguir para escrever o diálogo.

Dicionário do surfista			
Big rider	surfista que gosta de e sabe pegar ondas grandes	Kaô	"conversa fiada"; "papo furado"
Cabuloso	perigoso; esquisito	Marrento	pessoa que busca se impor; "que se acha"
Casca grossa	surfista muito bom em determinadas manobras; uma situação difícil	*Point*	qualquer local ou lugar; lugar badalado
Crowd	cheio de gente	*Trip*	viagem para praticar surfe, geralmente para um lugar com altas ondas
Drop	ato de descer a onda (dropar)	Vaca	tombo; queda na onda

75

REFLEXÃO LINGUÍSTICA Na prática

4. Leia o texto a seguir.

> ### O que são *vírus* de computador?
>
> São programas desenvolvidos para alterar nociva e clandestinamente *softwares* instalados em um computador. Eles têm comportamento semelhante ao do *vírus* biológico: multiplicam-se, precisam de um hospedeiro, esperam o momento certo para o ataque e tentam esconder-se para não serem exterminados.
>
> Os *vírus* de computador podem anexar-se a quase todos os tipos de arquivo e espalhar-se com arquivos copiados e enviados de usuário para usuário. [...]
>
> Disponível em: <http://tecnologia.uol.com.br>. Acesso em: 3 jul. 2014.

a) Por que os programas que alteram os *softwares* são chamados de *vírus*?

b) Observe onde esse texto foi publicado. Quem é o seu possível leitor?

5. Leia o texto.

> ### Virando-se com os *vírus*
>
> Todo mundo já ouviu falar em *vírus* de computador. Dá pra imaginar? Um computador gripado? Pois eles são uns programinhas safados que invadem o computador e aterrorizam a máquina toda, devorando arquivos, confundindo o processamento ou deixando o micro abobalhado, lento e esquecido. Como alguém que, na vida real, tenha mesmo pegado gripe. [...]
>
> Ziraldo. *Livro de informática do Menino Maluquinho*. 9. ed. São Paulo: Melhoramentos, 2009. p. 62.

a) Explique a expressão "computador gripado".

b) Onde esse texto foi publicado? Quem é seu possível leitor?

6. Depois de ler os textos "O que são *vírus* de computador" e "Virando-se com os *vírus*", responda às questões a seguir.

a) Que diferença se pode perceber entre os dois textos quanto à linguagem utilizada?

b) Por que os dois textos utilizam linguagens diferentes, apesar de tratarem do mesmo assunto?

c) Copie duas expressões de cada texto que exemplifiquem a diferença de linguagem.

d) Os dois textos, para descrever os *vírus* que atingem os computadores, comparam a ação deles com os *vírus* biológicos que infectam os seres humanos. Em qual deles a comparação é mais desenvolvida? Explique sua resposta.

7. Imagine as situações a seguir.
   I. Um encontro entre dois especialistas em informática em uma reunião de negócios.
   II. Um encontro entre dois jovens que usam computador.

a) Escolha uma das situações e crie um diálogo entre as personagens. Preste atenção se a linguagem utilizada pelos falantes é adequada à situação proposta.

b) Compare o diálogo que você criou com o de um colega que escolheu outra situação. Quais são as principais diferenças na fala das personagens?

LÍNGUA VIVA

Linguagem e adequação à situação discursiva

1. Leia um trecho do texto "Carta a uma senhora", escrito em 1966 por Carlos Drummond de Andrade.

   > A garotinha fez esta redação no ginásio:
   >
   > "Mammy, hoje é dia das Mães e eu desejo-lhe milhões de felicidades e tudo mais que a Sra. sabe. Sendo hoje o dia das Mães, data sublime conforme a professora explicou o sacrifício de ser Mãe que a gente não está na idade de entender mas um dia estaremos, resolvi lhe oferecer um presente bem bacaninha e fui ver as vitrinas e li as revistas. Pensei em dar à Sra. o radiofono *Hi-Fi* de som estereofônico e caixa acústica de 2 alto-falantes amplificador e transformador mas fiquei na dúvida se não era preferível uma TV legal de cinescópio multirreacionário som frontal, antena telescópica embutida, mas o nosso apartamento é um ovo de tico-tico, talvez a Sra. adorasse o transistor de 3 faixas de ondas e 4 pilhas de lanterna bem simplesinho, levava para a cozinha e se divertia enquanto faz comida. Mas a Sra. se queixa tanto de barulho e dor de cabeça, desisti desse projeto musical, é uma pena, enfim trata-se de um modesto sacrifício de sua filhinha em intenção da melhor Mãe do Brasil. [...] "
   >
   > Carlos Drummond de Andrade. *Crônicas 5*. 14. ed. São Paulo: Ática, 2002. p. 14 (Coleção Para gostar de ler). Carlos Drummond de Andrade © Graña Drummond. www.carlosdrummond.com.br

   a) No começo da carta, a menina usou a palavra *Mammy* para se referir a sua interlocutora. Que tipo de relação entre a menina e sua mãe o uso dessa palavra revela?

   b) Por que no título do texto a mãe da menina é tratada como "senhora"?

2. Apesar de o texto ser escrito em forma de carta para a mãe, provavelmente ela não será a primeira a lê-lo. Quem você supõe que lerá o texto antes dela? Explique.

3. A linguagem usada no texto está de acordo com a situação de comunicação? Por quê?

4. Que sentidos você atribui às palavras e expressões destacadas nos trechos transcritos abaixo?
   a) "[...] resolvi lhe oferecer um *presente bem bacaninha* [...]."
   b) "[...] talvez a Sra. adorasse o transistor de 3 faixas de ondas e 4 pilhas de lanterna *bem simplesinho* [...]."
   c) "[...] trata-se de um *modesto sacrifício de sua filhinha* em intenção da melhor Mãe do Brasil".

5. O texto que você leu foi escrito em 1966. Que presentes, hoje, seriam correspondentes aos que a menina gostaria de ter comprado para a mãe dela? Copie e complete a tabela.

Radiofono *Hi-Fi*	
TV de cinescópio	
Transistor de 3 faixas de ondas e 4 pilhas de lanterna	

> **ANOTE**
>
> Um mesmo falante faz **adequações** de sua linguagem – oral ou escrita – às diferentes **situações discursivas**, de acordo com o **contexto de produção**: interlocutores, finalidade, intencionalidade, o meio de transmissão do enunciado e o momento em que é produzido.

QUESTÕES DE ESCRITA
Encontro consonantal e dígrafo

Os trava-línguas fazem parte da cultura oral de vários povos. Leia a seguir dois exemplos de trava-línguas da língua portuguesa.

[...]
Três tigres tristes para três pratos de trigo.

[...]
Três pratos de trigo para três tigres tristes.

Observe que, na maioria das palavras que compõem esses trava-línguas, a consoante **r** é acompanhada das consoantes **t**, **g** ou **p**, formando as seguintes sílabas: **tr**e, **tr**i, **gr**e e **pr**a.

> **ANOTE**
>
> O agrupamento de consoantes em uma mesma palavra é chamado de **encontro consonantal**.
>
> Os encontros consonantais podem ocorrer:
> - na mesma sílaba. Ex.: **tr**ês, ti-**gr**es, **tr**is-tes, **cl**a-ri-da-de, **cl**i-ma, in-**gl**ês.
> - em sílabas diferentes. Ex.: ri**t-m**o, a**p-t**o, a**b-s**o-lu-to.
>
> Nos encontros consonantais, é possível perceber o som de cada uma das consoantes.

Leia mais dois trava-línguas e observe as consoantes em destaque.

A **ch**ave do **ch**efe **Ch**aves está no **ch**aveiro.

Quico **qu**er ca**qu**i.
Que ca**qu**i **qu**e o **Qu**ico **qu**er?
O **Qu**ico **qu**er **qu**al**qu**er ca**qu**i.

A palavra *chave* é composta de cinco letras, mas o número de sons pronunciados não é o mesmo. As letras **ch** são pronunciadas com um som único. O mesmo ocorre com as letras **qu** na palavra *Quico*. A esse conjunto de letras que representam um único som damos o nome de **dígrafo**.

> **ANOTE**
>
> A combinação de duas letras para indicar um **único som** é chamada de **dígrafo**.
>
> Ex.: **ch**ato, gui**tarr**a, **qu**ero, gali**nh**a, pa**lh**a, ca**rr**o, pá**ss**aro, pi**sc**ina, e**xc**esso.
>
> As combinações **qu** e **gu** só serão dígrafos se seguidas de **e** ou **i**.
>
> Ex.: **gu**erra, **qu**erido, **gu**ichê, **qu**itute. As palavras *quase, quarto, guardanapo* e *guarita* não contêm dígrafos, já que nelas o **u** é pronunciado.
>
> As combinações de vogal com as letras **m** e **n** são chamadas de **dígrafos vocálicos**.
>
> Ex.: c**am**po, c**an**to, it**em**, **en**te, **ím**peto, **ín**dio, s**om**, c**on**de, ch**um**bo, m**un**do.

78

1. Leia este título de notícia e responda às questões.

   > **Cresce clientela que divide prato maior por economia**
   >
   > Disponível em: http://www1.folha.uol.com.br/colunas/mercadoaberto/2016/02/1741332-cresce-clientela-que-divide-prato-maior-por-economia.shtml>. Acesso em: 16 mar. 2016.

   a) Copie os encontros consonantais que ocorrem no título da notícia.
   b) Transcreva as palavras em que ocorre dígrafo, destacando-os.

2. Observe o quadro abaixo com palavras que contêm o grupo **qu**.

   | quase | querida | quimera | Equador |

   a) Transcreva as palavras em que o grupo **qu** é dígrafo.
   b) Por que o grupo **qu** das palavras restantes não é dígrafo?

3. Transcreva as palavras do quadro abaixo que apresentam encontros consonantais.

   | vassoura | produção | bilheteria | chão | chá | brincadeira |
   | chinelo | incolor | bruxa | carruagem | trave | prometer |

Entreletras

Adivinhas

As adivinhas também são manifestações da cultura de um povo. Leia as seguintes adivinhas e tente descobrir as respostas.

Qual o pássaro que
em gaiola não se prende,
só se prende quando se solta,
por mais alto que ele voe
preso vai e preso volta?

O que é, o que é:
Tem barba
mas não é homem,
tem dente
mas não é gente.

PARA SABER MAIS

Livros

Contos populares chineses, do Instituto de Línguas Estrangeiras de Pequim. Editora Landy.

Contos tradicionais do Brasil para jovens, de Luís da Câmara Cascudo. Editora Global.

Volta ao mundo dos contos: nas asas de um pássaro, de Catherine Gendrin. Edições SM.

Sites

<http://www.almanaquebrasil.com.br>
<http://www.jangadabrasil.com.br>
Acessos em: 5 jan. 2012.

Filme

O coronel e o lobisomem. Direção de Mauricio Farias. Brasil, 2005.

QUESTÕES GLOBAIS

1. Leia a letra de música a seguir.

> **As mina de Sampa**
> [...]
> As mina de Sampa são modernas, eternas dondocas!
> Mas pra sambar no pé tem que nascer carioca.
> Tem mina de Sampa que é discreta, concreta, uma *lady*!
> Nas rêivi ela é véri, véri krêizi.
> Eu gosto às pampa das mina de Sampa!
> As mina de Sampa estão na moda, na roda, no *rock*, no enfoque!
> É do Paraguai a grife *made in* Nova Iorque.
> As mina de Sampa dizem mortandeila, berinjeila, apartameintu!
> Sotaque do bixiga, nena, cem pur ceintu.
> [...]
>
> Rita Lee e Roberto de Carvalho. As mina de Sampa. Intérprete: Rita Lee.
> Em: *Balacobaco*. Som Livre, 2003.

a) Na letra dessa música, Rita Lee faz uma brincadeira com o modo de falar que caracteriza um grupo de pessoas de uma região do Brasil. De onde é esse grupo?

b) Identifique na letra da música exemplos de expressões utilizadas pelos jovens.

c) Para registrar as palavras *mortadela*, *berinjela* e *apartamento* o texto utiliza as grafias *mortandeila*, *berinjeila* e *apartameintu*. Por que essas palavras foram registradas dessa maneira?

d) A palavra *mina* refere-se a uma mulher jovem. Você conhece outras gírias com o mesmo significado?

2. Observe o anúncio publicitário a seguir.

Correio da Manhã, Rio de Janeiro, 2 nov. 1918. Disponível em: <www.letras.ufrj.br>. Acesso em: 3 jul. 2014.

a) Esse anúncio foi escrito em 1918. Copie palavras do texto que são diferentes das que você usaria hoje, se estivesse escrevendo esse mesmo anúncio.

b) Quem era, provavelmente, o leitor alvo dessa propaganda?

c) Como você anunciaria esse produto hoje? Reescreva o anúncio, modificando a linguagem utilizada.

●●● O que você aprendeu neste capítulo

Contos populares
- São produções coletivas, conservadas na memória e na tradição oral de um povo.
- Revelam a visão de mundo, os valores e o imaginário desse povo.
- São utilizados **marcadores de tempo** que não indicam com exatidão quando ocorreram os fatos.
- Uma característica nos contos populares é a presença de seres com poderes sobrenaturais, palavras mágicas, feitiços, encantos e crendices.
- As palavras ou expressões auxiliam a caracterizar os espaços da narrativa e podem representar parte da cultura do povo retratado.
- Os contos populares muitas vezes apresentam várias versões de uma mesma história, de acordo com o lugar e o tempo em que é contada.

Variação linguística
- **Variação linguística:** propriedade das línguas de se modificarem de acordo com a situação de uso e as características do falante.
- **Variedade regional:** modo de falar dos habitantes de uma determinada região.
- **Variedade social:** modo de falar de um grupo de falantes que compartilham as mesmas características socioculturais (classe econômica, nível cultural, idade, profissão, etc.).
- **Variedade situacional:** modo de falar de um indivíduo de acordo com as situações comunicativas do seu cotidiano.

Linguagem
- **Linguagem formal:** adequada a situações mais sérias ou de maior formalidade. Nesse tipo de linguagem, há a preocupação com o uso da norma-padrão.
- **Linguagem informal:** adequada a situações mais descontraídas. É utilizada, geralmente, entre pessoas com mais intimidade, que se sentem à vontade umas com as outras.

Autoavaliação ●●●

Para fazer sua autoavaliação, releia o quadro *O que você aprendeu neste capítulo*.
- Que aspectos sobre os contos populares você mais gostou de conhecer? Por quê?
- Quais foram suas principais dificuldades ao produzir os contos populares?
- Sobre os assuntos vistos neste capítulo, o que você precisa estudar mais?
- Como você avalia sua apresentação oral dos contos populares? Por quê?

ORALIDADE

Relato de história familiar

1. Você sabia que parte dos textos que circulam em nosso cotidiano veio da tradição oral? É o caso de muitos contos de fadas, das cantigas, dos provérbios, das parlendas, entre outros tipos de registros escritos.

   Assim como as histórias correram e ainda correm de boca em boca, por várias gerações, os relatos de vida também são transmitidos de pai para filho, de avós para netos e circulam entre as pessoas por fazerem parte da história pessoal e coletiva de cada grupo familiar.

   Ouvir histórias de família pode ser um momento de partilhar experiências de vida e ensinamentos daqueles que já viveram mais do que nós. Essas histórias são importantes para preservar a memória coletiva e enriquecer nossos conhecimentos sobre as diferentes culturas e seus modos de viver.

Produção de texto: relato

O que você vai fazer

O trabalho de pesquisa que você realizará vai ajudá-lo a descobrir mais sobre as pessoas que convivem com você em sua casa. Com o auxílio do gravador de voz de um celular, por exemplo, você entrevistará uma pessoa de sua família e registrará uma história que ela julgue importante na vida dela. Tal experiência será recontada por você em uma roda de relatos para os colegas de sua classe.

Preparação da entrevista

2. Organize com antecedência as perguntas que você vai fazer na entrevista. Antes de pedir ao entrevistado que conte uma história, procure conhecer sua vida e ajudá-lo, aos poucos, a se lembrar de fatos marcantes, conforme modelo abaixo.

3. Elabore um roteiro de entrevista. Ele servirá como guia, mas você deverá fazer outras perguntas que julgar convenientes de acordo com o rumo da conversa.

Sugestão de roteiro para a entrevista

4. Dados do entrevistado: nome, profissão, ano de nascimento e grau de parentesco.
   a) Qual é seu local de nascimento?
   b) Em que outros locais você viveu?
   c) Qual foi o mais marcante?
   d) Entre as pessoas que conheceu nesse(s) lugar(es), alguma foi muito importante para você?
   e) O que você gostava de fazer em sua infância?
   f) Como era a escola na época de sua infância?
   g) Houve algum dia especial, do qual se lembre com carinho? O que aconteceu?
   h) Das viagens que fez, qual foi a mais marcante? Por quê?
   i) Houve em sua vida uma situação muito engraçada? Qual foi ela?
   j) Quantos anos você tinha quando se apaixonou pela primeira vez? Você se declarou? Seu amor foi correspondido?
   k) Qual foi a maior aventura que você já viveu?

5. Escolha algumas das situações citadas pelo entrevistado e peça a ele que detalhe o ocorrido. Faça perguntas específicas sobre quais pessoas estavam presentes, quais foram suas reações, como tudo aconteceu, como ele se sentiu, se ele aprendeu algo com essa experiência, etc.

Organização do relato

6. Após a entrevista, prepare-se para contar em uma roda de relatos o fato que você coletou. Ouça a gravação e escreva uma lista com os principais tópicos da história que pretende narrar, para que, no momento do relato, você não se esqueça de informações e acontecimentos importantes. Escolha as principais informações fornecidas pelo entrevistado para que seu relato não fique extenso demais.

> **Sugestão de tópicos para o relato**
> - Fato a ser relatado.
> - Onde ocorreu.
> - Quando ocorreu.
> - Quais pessoas estavam envolvidas.
> - Os pontos principais e a ordem em que ocorreram.
> - Os sentimentos e as impressões do entrevistado sobre o fato.

Depois que você escolheu as informações a serem usadas em seu relato oral, transcreva-as resumidamente para ser consultado no momento de sua apresentação.

Roda de relatos

7. Combine com o professor o dia e o horário para fazer a roda de relatos sobre sua família e ouvir a história da família dos colegas.
8. Antes da apresentação, ensaie seu relato. Preste atenção à velocidade de sua fala, à entonação, ao volume da voz. Se possível, grave seu relato e ouça-o depois, procurando verificar o que pode ser melhorado. Ou então, peça a um amigo ou familiar que escute seu relato e dê dicas de como melhorá-lo.
9. Na hora de contar a história de sua família na sala de aula, utilize a lista de tópicos preparada, pois ela ajudará você a relatar a história coletada. Procure também mostrar a seus colegas o quanto essa história é importante para você e seus familiares.
10. Lembre-se de que os fatos alegres ou tristes, sérios ou divertidos, contados por seus colegas, precisam ser respeitados por todos. Portanto, ouça com muita atenção quando o colega estiver falando, mantendo uma postura de respeito em relação àquilo que ele diz.

Avaliação

- Após a roda de relatos, avalie sua participação na atividade. Reflita sobre os seguintes aspectos.
    a) A entrevista prévia foi proveitosa? Você tinha todas as informações necessárias para fazer seu relato?
    b) Sua fala foi clara? Seus colegas compreenderam a sequência dos acontecimentos?
    c) O volume da voz e a entonação estavam adequados? Você conseguiu atrair e manter a atenção da classe?
    d) Você ouviu com respeito o relato de seus colegas?
    e) Você conseguiu conhecer e valorizar mais a história de sua família depois desta atividade?

História em quadrinhos

O QUE VOCÊ VAI APRENDER

- Características principais da história em quadrinhos
- A relação entre o texto e a imagem
- Substantivo: definição, classificação e flexões
- Separação de sílabas

CAPÍTULO 3

 CONVERSE COM OS COLEGAS

1. Ao lado, contada por meio de quadrinhos, temos a história de um adolescente indeciso quanto à profissão que vai escolher.
   a) Como é representado o diálogo entre o pai e o filho?
   b) Os balões de fala do pai se tornam ausentes nos últimos quadrinhos. Por que ele deixa de falar com entusiasmo ao filho?

2. No quinto quadrinho, a seta do balão é diferente das demais. O que as palavras desse balão representam e por que sua seta é diferente?

3. Todas as ações das personagens ocorrem no mesmo dia ou levam mais tempo? Como você chegou a essa conclusão?

4. Algumas palavras aparecem com destaque nos balões. Quais são e o que elas representam?

5. A linguagem que o garoto usa para se comunicar com o pai é formal ou informal? Copie um trecho que justifique a sua resposta.

6. O último quadrinho é maior que os demais.
   a) Qual é a razão desse formato diferenciado?
   b) Existe uma surpresa para o leitor nesse último quadrinho. O que acontece?

7. Cite outras histórias em quadrinhos que você conhece.

Adão Iturrusgarai

Os autores de histórias em quadrinhos usam vários elementos para criar suas histórias.

Neste capítulo, estudaremos a linguagem dos **quadrinhos**, as relações entre imagem e texto e os recursos gráficos utilizados nesse gênero.

85

LEITURA 1

História em quadrinhos

O QUE VOCÊ VAI LER

Antonio Luiz Ramos Cedraz (1945), cartunista baiano.

O autor Antonio Luiz Ramos Cedraz nasceu em uma fazenda na cidade de Miguel Calmon, na Bahia, em 1945. Conheceu as histórias em quadrinhos aos 10 anos de idade. Desde que começou a desenhar, criou várias personagens, cujas tirinhas foram publicadas em jornais de muitos estados do Brasil. Já ganhou os mais importantes prêmios de histórias em quadrinhos do país, como o HQ MIX e o Prêmio Ângelo Agostini.

Sua criação mais famosa é a Turma do Xaxado, que apareceu pela primeira vez nas tiras de histórias em quadrinhos do jornal *A Tarde*, de Salvador, em 1968. Para criar as histórias, Cedraz utiliza suas experiências de infância e seus conhecimentos da vida no interior do Brasil, sempre procurando retratar elementos da cultura brasileira, principalmente da Região Nordeste.

A personagem principal da turma, o Xaxado, é neto de um famoso cangaceiro que vivia com o bando de Lampião. Ele e seus amigos vivem no campo; são crianças tipicamente brasileiras no seu jeito de falar, brincar, aproveitar a natureza e lidar com os problemas da vida no interior (como a seca).

LAMPIÃO E O XAXADO

Lampião foi como ficou conhecido **Virgulino Ferreira da Silva** (1898-1938), o mais famoso cangaceiro, chamado pela população de "O Rei do Cangaço". Os cangaceiros eram grupos armados formados inicialmente por coronéis para protegê--los e que depois constituíram os seus próprios bandos com regras próprias. Eram muito violentos e promoviam constantemente assaltos e saques. O cangaço durou entre o fim do século XIX e meados dos anos 1930.

O **xaxado** é uma dança típica do sertão do estado de Pernambuco, muito praticada pelos cangaceiros para comemorar suas vitórias. O nome da dança vem do barulho que as sandálias de couro faziam quando arrastavam pelo chão de areia seca da região da Caatinga.

Reprodução da página 20 ("Zé Pequeno Voluntário") da Revistinha *Xaxado e sua turma*. n. 3.

Estudo do texto

●●● Para entender o texto

1. Quem são as personagens que dialogam na história?
2. As falas das personagens aparecem dentro dos balões. Reproduza as falas do primeiro quadrinho. Lembre-se de colocar a pontuação que indica o diálogo em um texto.
3. Uma personagem pode ser identificada por diferentes características.
   a) Descreva Xaxado e Zé Pequeno. Considere os detalhes físicos, suas fisionomias e o modo como eles se vestem.
   b) Observe como os quadrinhos representam as atitudes de Xaxado e Zé Pequeno. O que eles sugerem sobre suas personalidades?

> **ANOTE**
> No universo dos quadrinhos, há uma infinidade de personagens que são reconhecidas por suas **características físicas**, por seu **comportamento** e por suas **atitudes**.

4. Observe o desenho de Xaxado.
   a) Que objetos o autor usou para caracterizar a personagem?
   b) Em que parte do corpo o desenho concentra a representação dos sentimentos de Xaxado?
   c) Que diferentes sentimentos ou emoções Xaxado expressa nos quadrinhos 1, 4 e 5?

> **ANOTE**
> As **personagens de quadrinhos** quase sempre são desenhadas com **traços simples** e **estilizados**.
> O desenho do rosto pode expressar a personalidade de uma personagem e também seus sentimentos e suas emoções.

5. Observe as expressões do Pato Donald, personagem criada por Walt Disney. Quais sentimentos ou emoções podemos perceber em suas expressões?

Revista *Pato Donald*, São Paulo, Abril, n. 2 015, 1993. p. 13.

TIPOS DE PERSONAGENS

Há vários tipos de personagens de histórias em quadrinhos. Calvin, assim como Zé Pequeno, é uma personagem de **quadrinhos de humor**. Personagens de **histórias de aventura** podem percorrer o mundo e se meter em muitas confusões. Personagens de **histórias de super-heróis** geralmente têm superpoderes e costumam enfrentar terríveis vilões.

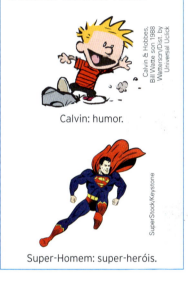

Calvin: humor.

Super-Homem: super-heróis.

Estudo do texto

6. Observe a sequência de quadrinhos na história de Zé Pequeno.
   a) O que muda nos desenhos de um quadrinho para outro? Descreva as mudanças.
   b) Qual a finalidade da mudança desses elementos?

> **ANOTE**
> As histórias em quadrinhos são **narrativas sequenciais**. Embora cada quadrinho seja estático, a sequência deles cria um efeito temporal, como se conseguíssemos ver a passagem do tempo e a movimentação das personagens de uma cena para outra.

7. Na história que você leu, o autor utiliza o suspense (pois até o final não sabemos qual será o desfecho do diálogo entre Xaxado e Zé Pequeno) e o humor (o final é engraçado).
   a) Qual acontecimento é revelado ao leitor no fim da história?
   b) Por que esse acontecimento é humorístico?

> **ANOTE**
> O **suspense** e o **humor** são dois recursos poderosos dos quadrinhos. O suspense mantém o leitor em permanente estado de alerta, esperando os acontecimentos que vêm a seguir. Numa tira ou história em quadrinhos de humor, ao longo da narrativa ou em seu desfecho geralmente aparecem *gags* (falas ou situações inesperadas) ou piadas.

A relação entre o texto e a imagem

1. Observe que as falas de Xaxado e Zé Pequeno aparecem em balões. Agora, veja essa tira:

Laerte. *Suriá contra o dono do circo.* São Paulo: Devir-Jacarandá, 2003. p. 55.

   a) Que diferença há entre os balões das falas nos dois primeiros quadrinhos?
   b) O que essa diferença indica quanto às falas das personagens?

2. As falas das personagens aparecem dentro de balões, mas eles também servem para expressar suas atitudes. Observe a tira da Suriá e responda: O que expressa o balão do terceiro quadrinho?

> **ANOTE**
> Os **balões** são recursos gráficos que servem para indicar ao leitor **falas**, **pensamentos** e **sentimentos** das personagens. De acordo com a situação, os balões podem ter vários formatos.

3. No primeiro quadrinho da tira de Suriá, as falas das personagens são mostradas com as letras em destaque. Como as letras foram destacadas? Com que finalidade o autor utilizou esse recurso?

4. Observe a tira a seguir.

Dick Browne. *O melhor de Hagar, o Horrível*. Porto Alegre: L&PM, 2006. v. 1. p. 31.

a) Que palavras estão em destaque na fala das personagens?
b) Como elas foram destacadas?
c) Que novos sentidos as palavras destacadas adquirem na fala da personagem?

> Outro recurso usado para tornar **mais expressiva** a fala das personagens é o **destaque de palavras**. Podem-se usar o negrito, diversos tamanhos, formatos e cores das letras para expressar emoções, atitudes, entonação e outras características da fala.

5. Nesta história da Magali, de Mauricio de Sousa, podemos observar que os três quadrinhos utilizam apenas imagens, sem recorrer às palavras.

Turma da Mônica, de Mauricio de Sousa.

a) Observe o primeiro quadrinho e responda: O que Magali parece sentir?
b) Que recursos foram utilizados no primeiro quadrinho para expressar o que Magali está sentindo?
c) Que recursos gráficos o autor usou para criar os movimentos em cada um dos quadrinhos?

> Nos quadrinhos, os traços, as setas e as linhas variadas são **recursos gráficos** que podem indicar os **movimentos** corporais das personagens (como vemos na tira acima).
> Os autores também utilizam símbolos, como bolinhas para indicar que alguém está com sono, gotas para indicar lágrimas ou suor, corações para mostrar que a personagem está apaixonada, entre outros recursos.

89

Estudo do texto

●●● O contexto de produção

1. Para responder às questões seguintes, considere o quadro *O que você vai ler* da página 86.
   a) Quem é o autor da história que você leu?
   b) Qual a intenção do autor com as histórias da Turma do Xaxado?
   c) Quando e onde as histórias da Turma do Xaxado começaram a ser publicadas?
   d) A que público se destinam as suas histórias?

> **ANOTE**
> Várias histórias em quadrinhos nasceram nas **tiras publicadas em jornais e revistas**. Depois, muitas personagens passaram a ter os próprios gibis, e suas histórias ficaram maiores. Os quadrinhos foram também se sofisticando ao longo do tempo.
>
> Hoje há livros de histórias em quadrinhos, com desenhos primorosos, dirigidos principalmente a adultos, chamados *graphic novels*, as novelas gráficas.

●●● A linguagem do texto

1. Observe as falas das personagens Zé Pequeno e Xaxado na história em quadrinhos que você leu.
   a) Que tipo de linguagem Zé Pequeno e Xaxado utilizam?
   b) Esse tipo de linguagem é adequado às personagens e à situação em que elas se encontram? Justifique sua resposta.

2. Compare a linguagem utilizada por Zé Pequeno à linguagem utilizada por Xaxado.
   a) O que se destaca no modo de falar de Zé Pequeno?
   b) Qual seria a intenção do autor ao destacar essa maneira de falar de Zé Pequeno?

3. A maneira como são escritas as falas de Zé Pequeno não obedece às regras de ortografia da norma culta da língua portuguesa. Em sua opinião, por que o autor resolveu escrevê-las assim? Você acha que essa foi uma boa opção?

> **ANOTE**
> As falas das personagens de histórias em quadrinhos, em geral, procuram reproduzir a **informalidade** característica da linguagem oral. Além disso, o tipo de linguagem utilizado nas falas também caracteriza as personagens.

4. Entre as marcas da linguagem informal está o uso de interjeições e locuções interjetivas (palavras e expressões que indicam emoções e sentimentos). Que locuções interjetivas aparecem na história de Zé Pequeno e Xaxado? O que elas indicam?

REVISTA *O TICO-TICO*

Luiz Sá criou, na década de 1930, as personagens Reco-Reco, Bolão e Azeitona.

Os três garotos bagunceiros ficaram famosos e suas histórias foram publicadas na primeira revista em quadrinhos do Brasil, *O Tico-Tico*.

Esta tira mostra a personagem Azeitona metida em uma de suas confusões.

Apesar da chuva e da forte ventania que fazia, Azeitona, munido de um guarda-chuva, e com uma bolsa no braço, saiu para fazer as compras.

No meio do caminho uma rajada de vento mais forte cahiu de cheio em cima delle. Azeitona quiz resistir, fez "finca-pé" no chão, mas... infelizmente foi...

... arrebatado pelos ares, como se fosse um balão. [...] Segurou-se firme no guarda-chuva. Subia cada vez mais e lá em baixo as casas pareciam brinquedinhos.

A Revista no Brasil. São Paulo: Abril, 2000. p. 147.

> Recebem o nome de **interjeições** (ou **locuções interjetivas**) as palavras ou as pequenas frases que são usadas para expressar emoções ou sentimentos em determinadas situações. Ex.: *Oba!*, *Ah!*, *Oh!*, *Ufa!*, *Puxa vida! Oh, não!*

5. Observe como o som é representado em outras situações.

Que palavras foram usadas para representar os sons em cada um dos quadrinhos? Que sons as palavras representam?

> Muitas palavras são usadas em quadrinhos para representar diversos tipos de sons: o latido de um cachorro, o toque do telefone, alguma coisa que se quebra, água pingando, etc. Esse recurso linguístico é chamado **onomatopeia**.

6. Observe como o diálogo entre Zé Pequeno e Xaxado se constrói como um jogo: eles perguntam, respondem, afirmam, negam e se espantam alternadamente, interagindo um com o outro.

Reproduza o diálogo entre Zé Pequeno e Xaxado em voz alta, formando uma dupla com um colega de classe.

> O **ponto de exclamação** (!) é associado a frases que indicam emoções como surpresa, alegria, entusiasmo, dor e nervosismo.
>
> O **ponto de interrogação** (?) expressa geralmente dúvida, suspense e indecisão.
>
> Muitas vezes, o ponto de exclamação é combinado com o ponto de interrogação, indicando dúvida e surpresa ao mesmo tempo.
>
> As **reticências** (...) podem indicar interrupção do pensamento, hesitação, surpresa, dúvida ou timidez.

O cotidiano e o humor

Os quadrinhos que você leu mostram um lado engraçado do cotidiano. O humor pode facilitar a convivência em família, na escola e nas relações sociais. Pode também tornar mais leves as situações difíceis ou as tarefas complicadas.

- Converse com seus colegas e o professor sobre as seguintes questões: o humor pode ajudar as pessoas a viverem melhor? Como tratar as situações com humor sem desrespeitar o outro?

PRODUÇÃO DE TEXTO

História em quadrinhos

AQUECIMENTO

- Veja os seguintes balões.

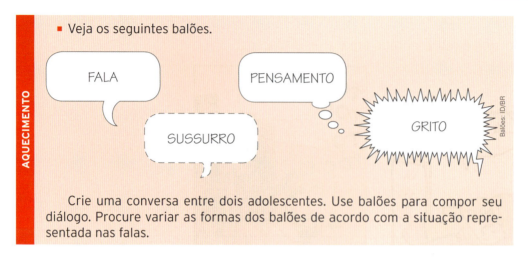

Crie uma conversa entre dois adolescentes. Use balões para compor seu diálogo. Procure variar as formas dos balões de acordo com a situação representada nas falas.

●●● Proposta

Agora, você vai criar uma história em quadrinhos baseada em um super-herói. Quando a história ficar pronta, a classe produzirá um "gibizão". Suponha que ele vai ficar na biblioteca do bairro e ser lido pelos moradores da região; por isso, capriche em sua criação.

1. Leia como o *Dicionário Houaiss da língua portuguesa* define a palavra *super-herói*.

   > **super-herói** *substantivo masculino* **1** personagem fictício, geralmente dotado de poderes sobre-humanos, que defende o bem e combate incansavelmente o mal, ajuda os fracos e desprotegidos, procura livrar a sociedade dos criminosos [...].
   >
   > Antônio Houaiss e Mauro de Salles Villar. *Dicionário Houaiss da língua portuguesa*. Rio de Janeiro: Objetiva, 2004. p. 2641.

2. Observe os seguintes objetos. Eles serão importantes na criação de sua personagem. Escolha um deles para compor seu super-herói.

••• Planejamento e elaboração do texto

1. Copie a tabela e planeje os seguintes elementos do texto.

Tempo e espaço em que a história acontece		
Personagem principal	Nome e características físicas	
	Objeto mágico	
	Poderes mágicos	
	Ponto fraco	
	Características do principal inimigo	
Sequência narrativa	Onde a personagem está?	
	Com quem vai se encontrar?	
	Que conflito terá de enfrentar?	
	Como o conflito será resolvido?	

2. Escreva um resumo da história.
3. Divida a história em partes. Cada uma será desenhada num quadrinho.
4. Continue a desenhar sua história em quadrinhos, criando as falas e os balões. O desenho não precisa ser exato. Você pode fazer as personagens de modo esquemático, com figuras geométricas ou com colagens.
5. Lembre-se de usar onomatopeias e destacar palavras nos balões.
6. A história em quadrinhos pode ser desenhada em papel sulfite. Depois, as histórias serão reunidas em um "gibizão".

••• Avaliação e reescrita do texto

1. Leia com atenção a história em quadrinhos que você criou. Use o roteiro abaixo para avaliar sua produção. Responda às perguntas.
   a) Características de personagem
   - A personagem principal é um super-herói?
   - É possível observar seus poderes mágicos?
   - As características do inimigo estão destacadas?
   b) Sequência narrativa
   - Os quadrinhos obedecem a uma sequência temporal?
   - Há um conflito a ser resolvido?
   c) Recursos
   - As falas dos balões estão adequadas às atitudes das personagens?
   - Foram usados adequadamente recursos visuais (onomatopeias e palavras destacadas) para representar os sons e expressar os sentimentos das personagens?
   - A linguagem está adequada à personagem?

2. Depois dessa análise, se necessário, reescreva sua história em quadrinhos, e monte o gibi da classe com seus colegas.

3. Quando o material estiver organizado, um grupo ficará responsável por encadernar as histórias em quadrinhos para montar o "gibizão".

REFLEXÃO LINGUÍSTICA

Substantivo

1. Leia a letra de música a seguir.

> **Diariamente**
>
> Para calar a boca: rícino
> [...]
> Para viagem longa: jato
> Para difíceis contas: calculadora
> Para o pneu na lona: jacaré
> Para a pantalona: nesga
> Para pular a onda: litoral
> Para lápis ter ponta: apontador
> Para o Pará e o Amazonas: látex
> Para parar na Pamplona: Assis
>
> Para trazer à tona: homem-rã
> Para a melhor azeitona: Ibéria
> Para o presente da noiva: marzipã
> [...]
> Para o outono a folha: exclusão
> Para embaixo da sombra: guarda-sol
> Para todas as coisas: dicionário
> [...]
> Para você o que você gosta: diariamente
>
> Nando Reis. Diariamente. Intérprete: Marisa Monte. Em: *Mais*. EMI, 1991.

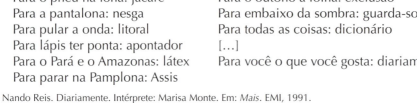

a) Entre todas as palavras que compõem a letra dessa música, identifique o que se pede.
   - Cinco palavras que nomeiam coisas ou objetos.
   - Três palavras que nomeiam lugares específicos.
b) Por que essa música tem como título a palavra *diariamente*?

Várias das palavras apresentadas no final de cada verso dessa música servem para nomear elementos que fazem parte do dia a dia de muitas pessoas.

As palavras que têm a função de nomear os seres em geral recebem o nome de **substantivos**.

> **Substantivos** são palavras que usamos para nomear seres, lugares, instituições, ações, ideias, qualidades, sensações e sentimentos, tanto reais como imaginários.

●●● Classificação dos substantivos

No estudo da gramática da língua portuguesa, os substantivos podem ser classificados de diferentes modos, conforme veremos a seguir.

Substantivos próprios e comuns

Observe a tira de Suriá.

Laerte. *Suriá, a garota do circo*. São Paulo: Devir, 2000. p. 9.

1. No segundo quadrinho, faria diferença se Suriá se dirigisse ao amigo como "camelo" em vez de "Gaspar"? Explique sua resposta.

Os nomes que identificam os seres individualizados são chamados **substantivos próprios**. Os substantivos próprios nomeiam não apenas pessoas, mas também lugares, títulos de livros e filmes.

Quando as palavras se referem a um ser em sentido genérico, sem que ele seja individualizado, recebem o nome de **substantivos comuns**. Na tira, por exemplo, a palavra *poesia* é um substantivo comum.

> **Substantivos próprios** dão nome a seres em particular. São iniciados com letras maiúsculas. Ex.: Rio de Janeiro, Suriá, Tietê.
>
> **Substantivos comuns** nomeiam todos os seres de uma espécie ou todos os elementos de um grupo. São iniciados com letras minúsculas. Ex.: cidade, pessoa, nariz.

Substantivos concretos e abstratos

Observe as capas destes livros.

Dionisio Jacob. *O Príncipe, a Princesa, o Dragão e o Mágico*. São Paulo: Edições SM, 2006.

Fernando Pessoa. *Comboio, saudades, caracóis*. São Paulo: FTD, 1996.

2. Os títulos dos livros trazem substantivos: um deles, *saudades*, apresenta uma diferença em relação aos demais substantivos, quanto ao tipo de coisa que nomeia. Converse com seus colegas e tente encontrar essa diferença.

Os substantivos que nomeiam os seres em geral (pessoas, animais, vegetais, lugares e coisas) recebem o nome de **substantivos concretos**. Um exemplo, nas capas dos livros, são os substantivos *Príncipe, Princesa, Dragão, Mágico, comboio, caracóis*.

Substantivos que nomeiam ações, estados e qualidades recebem o nome de **substantivos abstratos**.

> **Substantivos concretos** nomeiam seres de existência própria, coisas e fenômenos reais ou imaginários. Ex.: Mafalda, pé, terra.
>
> **Substantivos abstratos** nomeiam ações, estados, qualidades e sentimentos. Ex.: diversão, alegria, decepção.

REFLEXÃO LINGUÍSTICA
Substantivo

Substantivos simples e compostos

Leia o poema a seguir.

> **Mistério de amor**
>
> É o beija-flor ou é a flor
> que beija a flor que beija o beija-flor?

José Paulo Paes. *Olha o bicho*. 11. ed. São Paulo: Ática, 2000. p. 12-13.

Observe que o mistério de amor proposto por esse poema gira em torno do substantivo *beija-flor*, formado pelas palavras *beija* e *flor*. Essas duas palavras, ligadas por um hífen, compõem o substantivo que nomeia o pássaro, descrevendo a ação pela qual ele se tornou conhecido.

A maioria dos substantivos é constituída de uma única palavra: *mistério, amor, flor*. São os **substantivos simples**. Mas há aqueles formados por mais de uma palavra, como *beija-flor*. São os **substantivos compostos**. Alguns substantivos compostos não apresentam hífen, como ocorre com o substantivo *girassol*.

> **ANOTE**
>
> **Substantivos simples** são constituídos por apenas uma palavra. Ex.: tempo, sabiá, chuva.
>
> **Substantivos compostos** são formados por mais de uma palavra. Ex.: passatempo, couve-flor, guarda-chuva.

Substantivos primitivos e derivados

3. Leia a tira a seguir.

Garfield, de Jim Davis.

a) Descreva a expressão facial de Jon, dono do Garfield. Qual o motivo para ele estar assim?

b) Na sua opinião, qual a origem das palavras *torradeira* e *eletricista*?

Os substantivos que se originam de outras palavras são denominados **derivados**. Aqueles que não se originam de outras palavras são chamados **substantivos primitivos**.

> **ANOTE**
>
> **Substantivos primitivos** não são originados de outras palavras. Ex.: jornal, flor, cozinha.
>
> **Substantivos derivados** são originados de outras palavras. Ex.: jornalista, floricultura, cozinheiro.

Substantivos coletivos

4. Observe a palavra em destaque na tira de Suriá.

Laerte. *Suriá, a garota do circo*. São Paulo: Devir, 2000. p. 33.

a) O substantivo *gangue* é usado na tira para nomear o quê?

b) Que outros substantivos poderiam ser usados no lugar de *gangue*?

Quando um substantivo nomeia um conjunto de seres ou de coisas, ele é denominado **substantivo coletivo**.

> **Substantivo coletivo** é aquele que, mesmo no singular, indica um conjunto de seres ou coisas da mesma espécie. Ex.: cacho, turma, ramalhete.

Leia outros substantivos coletivos no quadro a seguir.

Coletivo	Grupo de	Coletivo	Grupo de
álbum	fotografias, figurinhas ou selos	fauna	animais de uma região
arquipélago	ilhas	flora	plantas de uma região
batalhão	soldados, pessoas	galeria	quadros
câmara	deputados, vereadores	júri	juízes ou jurados
caravana	viajantes	matilha	cães
cardume	peixes	multidão	pessoas
elenco	atores	quadrilha	assaltantes
enxame	abelhas	vocabulário	palavras

97

REFLEXÃO LINGUÍSTICA Na prática

1. Leia o poema a seguir, de Arnaldo Antunes.

   Imagem

palavra	lê
paisagem	contempla
cinema	assiste
cena	vê
cor	enxerga
corpo	observa
luz	vislumbra
vulto	avista
alvo	mira
céu	admira
célula	examina
detalhe	nota
imagem	fita
olho	olha

   Arnaldo Antunes e Péricles Cavalcanti. Imagem. Intérprete: Arnaldo Antunes. Em: *Nome*. BMG, 1993.

   a) O que indicam as palavras da coluna da direita do poema?
   b) Quanto ao significado, o que há de comum entre todas as palavras dessa coluna?
   c) O que indicam as palavras da coluna da esquerda do poema?
   d) Que relações de sentido há entre as palavras das duas colunas?
   e) Classifique as palavras da primeira coluna.

2. Leia a conversa entre Miguelito e Filipe na tira a seguir.

   Quino. *O mundo da Mafalda*. São Paulo: Martins Fontes, 1999. p. 45.

   a) Miguelito faz uma enumeração das coisas de que ele gosta. Essas coisas fazem parte de qual fase da vida?
   b) Quais dessas coisas são substantivos comuns e concretos?
   c) Cite, dessa enumeração de coisas, um substantivo derivado.
   d) No primeiro quadrinho, temos um substantivo próprio. Qual é ele?
   e) Faça uma lista de dez coisas de que você gosta muito, usando apenas substantivos comuns e concretos.
   f) No último quadrinho, Miguelito resume seu sentimento utilizando o substantivo *desperdício*. Por que ele usa essa palavra?
   g) Classifique o substantivo *desperdício*.

3. Leia a seguir um trecho da letra de "Aquarela", de Toquinho, M. Fabrizio, G. Morra e Vinicius de Moraes.

> **Aquarela**
>
> Numa folha qualquer eu desenho um sol amarelo
> E com cinco ou seis retas é fácil fazer um castelo.
> Corro o lápis em torno da mão e me dou uma luva,
> E se faço chover, com dois riscos tenho um guarda-chuva.
>
> Se um pinguinho de tinta cai num pedacinho azul do papel,
> Num instante imagino uma linda gaivota a voar no céu.
> Vai voando, contornando a imensa curva Norte e Sul,
> Vou com ela, viajando, Havaí, Pequim ou Istambul.
> Pinto um barco a vela branco, navegando,
> é tanto céu e mar num beijo azul.
>
> Entre as nuvens vem surgindo um lindo avião rosa e grená.
> Tudo em volta colorindo, com suas luzes a piscar.
> Basta imaginar e ele está partindo, sereno, indo,
> E se a gente quiser ele vai pousar.
> [...]

Toquinho, Maurizio Fabrizio, Guido Morra, Vinicius de Moraes. Intérprete: Toquinho. Em: *Aquarela*. Ariola, 1983.

a) A palavra *aquarela* nomeia um tipo de pigmento e também as pinturas feitas com base nele. A qual desses significados você supõe que o título da canção se refira? A que capacidade humana o texto relaciona essa aquarela?

b) As palavras que indicam o que se desenha e o que se imagina são substantivos. Transcreva-os.

c) Observe os desenhos a que a canção se refere na primeira estrofe. Há alguma relação entre eles?

d) Transcreva do texto os substantivos próprios que indicam lugares.

4. Releia os versos a seguir.

> "[...] Tudo em volta colorindo, com suas luzes a piscar.
> Basta imaginar e ele está partindo, sereno, indo [...]"

a) A que se refere o adjetivo *sereno*?

b) Transforme o adjetivo *sereno* em um substantivo e classifique-o em: comum ou próprio, simples ou composto, concreto ou abstrato, primitivo ou derivado.

5. Reescreva cada uma das frases a seguir, substituindo a expressão destacada por um substantivo coletivo. Para isso, faça as adaptações necessárias.

a) Um *grupo de cães* acompanhava os viajantes.

b) Um *grupo de músicos* tocou enquanto os *grupos de atletas* se apresentavam para a competição.

c) Um *conjunto de jurados* escolheu o *grupo de atores* vencedor do concurso.

d) Nos mares daquele *conjunto de ilhas* há muitos *grupos de peixes*.

e) Um *grupo de vereadores* aprovou o projeto de lei.

99

REFLEXÃO LINGUÍSTICA Na prática

6. Leia o texto a seguir.

> **Circuito fechado (1)**
>
> Chinelos, vaso, descarga. Pia, sabonete. Água. Escova, creme dental, água, espuma, creme de barbear, pincel, espuma, gilete, água, cortina, sabonete, água fria, água quente, toalha. Creme para cabelo, pente. Cueca, camisa, abotoaduras, calça, meias, sapatos, gravata, paletó. Carteira, níqueis, documentos, caneta, chaves, lenço, relógio [...]. Jornal. Mesa, cadeiras, xícara e pires, prato, bule, talheres, guardanapo. Quadros. Pasta, carro. [...] Mesa e poltrona, cadeira, cinzeiro, papéis, telefone, agenda, copo com lápis, canetas, bloco de notas, espátula, pastas, caixa de entrada, de saída, vaso com plantas, quadros, papéis [...]. Bandeja, xícara pequena. [...] Papéis, telefone, relatórios, cartas, notas, vales, cheques, memorandos, bilhetes, telefone, papéis. Relógio. Mesa, cavalete, cinzeiros, cadeiras, esboços de anúncios, fotos, [...] bloco de papel, caneta, projetor de filmes, xícara, cartaz, lápis, [...] quadro-negro, giz, papel. Mictório, pia, água. Táxi. Mesa, toalha, cadeiras, copos, pratos, talheres, garrafa, guardanapo, xícara. [...] Escova de dentes, pasta, água. Mesa e poltrona, papéis, telefone, revista, copo de papel, cigarro, fósforo, telefone interno, externo, papéis, prova de anúncio, caneta e papel, relógio, papel, pasta, [...] papel e caneta, telefone, caneta e papel, telefone, papéis, folheto, xícara, jornal, [...], papel e caneta. Carro. [...] Paletó, gravata. Poltrona, copo, revista. Quadros. Mesa, cadeiras, pratos, talheres, copos, guardanapos. Xícaras. [...] Poltrona, livro. [...] Televisor, poltrona. [...] Abotoaduras, camisa, sapatos, meias, calça, cueca, pijama, [...] espuma, água. Chinelos. Coberta, cama, travesseiro.
>
> Ricardo Ramos. *Melhores contos de Ricardo Ramos*. 2. ed. São Paulo: Global, 2001. p. 59-60.
> © by herdeiros de Ricardo Ramos.

A sequência de substantivos no texto cria um efeito de sentido. Que efeito é esse?

7. A sequência dos substantivos a seguir sugere que alguém está realizando ações.

> "Chinelos, vaso, descarga. Pia, Sabonete. Água."

a) Quais são essas ações?
b) Em que espaço ocorrem essas ações?
c) Quando elas ocorrem?

8. Releia.

> "Escova, creme dental, água, espuma, creme de barbear, pincel, espuma, gilete, água, cortina, sabonete, água fria, água quente, toalha."

Pela sequência dos substantivos acima, é possível dizer se a personagem é homem ou mulher? Justifique.

9. O texto foi todo construído a partir de uma sequência de substantivos que nos dão a ideia da rotina da personagem. Diga qual é a rotina dela.

10. É possível imaginar a profissão da personagem pelo encadeamento dos substantivos. Que tipo de atividade provavelmente ela exerce?

11. Que relação é possível fazer entre o título e o modo como o texto inicia e termina?

12. Escreva um parágrafo sobre sua rotina, empregando apenas substantivos concretos. Não se esqueça de atribuir um título a seu texto.

LÍNGUA VIVA
O substantivo em classificados e poemas

1. Leia o poema.

   ### Cidadezinha qualquer

   Casas entre bananeiras
   mulheres entre laranjeiras
   pomar amor cantar.

   Um homem vai devagar.
   Um cachorro vai devagar.
   Um burro vai devagar.

   Devagar... as janelas olham.
   Eta vida besta, meu Deus...

   Carlos Drummond de Andrade. *Alguma poesia*.
   Rio de Janeiro: Record, 2001.
   Carlos Drummond de Andrade © Graña Drummond
   www.carlosdrummond.com.br

   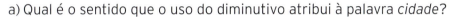

   a) Qual é o sentido que o uso do diminutivo atribui à palavra *cidade*?
   b) Ao acrescentar a palavra *qualquer* ao título, a cidadezinha ganha um novo significado. Qual é ele?
   c) Releia a primeira estrofe do poema. Qual é a função dos substantivos para a construção da imagem da cidadezinha?
   d) Copie o verso do poema em que um ser inanimado tem uma atitude humana.
   e) Leia o último verso. Como o poeta vê a vida na cidadezinha?

2. Leia o classificado.
   a) A quem se dirige um classificado de imóveis?
   b) Que tipo de informação é importante haver em um classificado para venda de uma casa?
   c) Qual é a função dos substantivos nos classificados de imóveis?

   Vende-se: Guarujá
   Casa, 4 quartos, 2 suítes, vista para o mar,
   área para churrasco, piscina aquecida
   e sauna, garagem para 2 carros.
   Contato MAURÍCIO: tel. (0xx13) 3232 0000.

3. Leia este poema de Vinicius de Moraes.

   ### O elefantinho

   Onde vais, elefantinho
   Correndo pelo caminho
   Assim tão desconsolado?
   Andas perdido, bichinho

   Espetaste o pé no espinho
   Que sentes, pobre coitado?

   – Estou com um medo danado
   Encontrei um passarinho!

   Vinicius de Moraes. *Poesia completa e prosa de Vinicius de Moraes*.
   Rio de Janeiro: Nova Aguilar, 2004.

   a) O que o poeta pensou ter acontecido com o elefantinho?
   b) Por que o elefantinho estava correndo desconsolado?
   c) O texto faz parte de um conjunto de poemas feito para crianças. Que relação podemos fazer entre o uso do diminutivo e o leitor a que o poema se dirige?

   ANOTE

   O substantivo **nomeia** os objetos e as coisas que constituem o mundo.
   Entre suas funções, pode **condensar as informações principais** de um texto, por exemplo, nos títulos das notícias. Pode **descrever** e **caracterizar lugares** e **pessoas**, como nos **poemas** e nos **classificados**.

LEITURA 2

História em quadrinhos

Hergé (1907-1983), cartunista belga. Fotografia de 1979, Paris.

Em 1929, Georges Remi, mais conhecido como Hergé, criou duas famosas personagens de histórias em quadrinhos: Tintim e seu inseparável cachorrinho Milu. Tintim é uma espécie de repórter-detetive que se envolve em aventuras extraordinárias em diversas regiões do mundo.

O trecho a seguir faz parte de uma história em quadrinhos intitulada *A estrela misteriosa*. Nela, Tintim fica intrigado com o crescimento rápido de uma estrela. É uma história longa, que ocupa um livro de mais de 60 páginas.

A ESTRELA MISTERIOSA

Hergé. *Tintim*: a estrela misteriosa. São Paulo: Companhia das Letras, 2006. p. 1-2.

Estudo do texto

●●● Para entender o texto

1. Nos quadrinhos, podemos observar algumas características de Tintim e Milu. Descreva os aspectos físicos e o jeito de ser das duas personagens.

2. Qual acontecimento desperta a atenção de Tintim?

3. A história pode ser dividida em três sequências de ações. Indique quais são essas ações e em que espaços elas se desenrolam.

ANOTE

Nas histórias em quadrinhos, as personagens e a ação podem, muitas vezes, estar ambientadas em **cenários** mais elaborados e cheios de detalhes.

Veja ao lado a cena de uma história de Asterix, personagem criada pelos franceses René Goscinny e Albert Uderzo. As aventuras são ambientadas na Gália, no ano 50 a.C. Observe a riqueza de detalhes do cenário.

René Goscinny e Albert Uderzo. Asterix: a grande travessia. Rio de Janeiro: Record, 2001. p. 61. Autorizado pela Ipress.

4. Quando Tintim pergunta a Milu se ele está vendo a estrela, o cachorrinho diz: "Qual delas?". A que Milu está se referindo?

5. O autor dos quadrinhos utiliza recursos gráficos para expressar o que as personagens sentem. Cite dois desses recursos empregados nos quadrinhos e explique o que eles representam.

6. No sétimo quadrinho aparecem duas personagens andando na calçada em segundo plano. Como são essas personagens?

7. Qual é o papel delas na história?

●●● O texto e o leitor

1. Na história de Tintim aparecem vários elementos de suspense que buscam prender a atenção do leitor.
   a) Que efeito as palavras do título provocam no leitor?
   b) Reproduza as falas de Tintim que indicam a presença de um acontecimento misterioso e seu desejo de descobrir o mistério.
   c) A última imagem da sequência mostra uma silhueta. O que ela representa?
   d) Qual é a função dessa imagem na história?

2. A história se passa à noite. Que relação pode ser feita entre o horário em que se passa a ação e o mistério apresentado na história?

> **ANOTE**
>
> Nas **histórias de aventura e mistério**, a personagem principal enfrenta **desafios** para chegar a seu objetivo. A narrativa é cheia de suspense, que é representado nas emoções e nos sentimentos expressos nas falas das personagens e também nas descrições dos cenários da história.

3. O leitor da história de Tintim torce para que ele descubra o mistério da estrela, mas sabe que ele vai enfrentar muitos obstáculos. Que fato mostra que Tintim terá de enfrentar problemas para descobrir o mistério?

4. O que você imagina que estaria causando o calor intenso?

5. Depois de investigar o mistério, Tintim descobrirá o segredo da estrela. Qual você imagina que seja esse segredo?

●●● Comparação entre os textos

1. O primeiro texto principal do capítulo é uma história de humor da *Turma do Xaxado*, de Cedraz. O segundo é uma história de aventura com Tintim e seu amigo Milu, criada por Hergé. Em que aspectos as duas histórias se assemelham?

2. Aponte algumas diferenças entre as duas histórias em quadrinhos que você leu.

3. Você conheceu neste capítulo duas personagens de história em quadrinhos: Zé Pequeno e Tintim.
   a) Quais são as semelhanças entre eles?
   b) E as diferenças?

●●● Sua opinião

1. As histórias em quadrinhos podem tratar de humor, de aventura, de super-heróis. Qual das histórias apresenta assuntos mais próximos do seu cotidiano? Explique.

2. Os quadrinhos mostram situações próximas da realidade cotidiana e também podem remeter a um mundo imaginário. Em qual tipo de história você gostaria de ser personagem? Por quê?

3. Se você criasse um herói para viver em uma cidade como a sua, que características ele deveria ter? Ele deveria ser parecido com que personagem de quadrinhos? Ozzy, Tintim, Super-Homem? Por quê?

> **Somos todos heróis?**
>
> Os heróis enfrentam obstáculos e usam suas melhores qualidades para vencê-los. De certa forma, eles refletem os nossos desejos e fantasias. Que capacidade mágica você gostaria de ter: possuir uma força extraordinária, ficar invisível ou voar e se ver livre para fazer o que quiser? Por meio da fantasia, é possível enfrentar o medo, os perigos e outros vilões.
> Discuta com seus colegas de classe e o professor as seguintes questões:
> I. Será que os super-heróis podem nos ajudar a nos conhecermos melhor?
> II. Como fazer para desenvolver nossas próprias capacidades e poderes?

PRODUÇÃO DE TEXTO

História em quadrinhos

AQUECIMENTO

A descrição do espaço onde a história se passa pode ser determinante para criar o suspense.

- Imagine uma cena em cada um dos espaços a seguir. Como você descreveria esses lugares de modo a criar um clima de suspense para a ação das personagens? Lembre-se das cores e dos objetos que podem produzir o suspense.

    a) Uma casa no campo
    b) Um hotel na praia
    c) Um apartamento na cidade

- Escolha um dos lugares descritos e faça um desenho da cena que você criou.

●●● Proposta

Você vai criar uma história em quadrinhos de aventura e mistério. Ela será feita em duas partes e distribuída entre os alunos de outras classes da escola. A primeira parte deverá terminar com uma cena de suspense e a segunda trará a resolução do mistério. A criação da história pode ser feita em duplas.

Leia o bilhete a seguir. Ele traz um mistério que precisa ser desvendado.

> Júlio
>
> Encontrei uma caixa na garagem da minha casa com um livro de fotografias e uma carta endereçada a você. Não sei do que se trata, nem quem poderia ser o autor da mensagem.
>
> Gostaria de encontrá-lo para entregar o material.
>
> Poderia ser perto de casa. Há uma praça tranquila ao lado do hospital.
>
> Qual seria o melhor dia para o encontro?
>
> Aguardo a sua resposta.
>
> Lucas

●●● Planejamento e elaboração do texto

1. Em duplas, observe com um colega os seguintes itens para criar uma história em quadrinhos.

    a) Quem serão as personagens da história?
    b) Em que espaços a história acontecerá?
    c) O que acontecerá no encontro?
    d) Qual é o mistério a ser revelado?
    e) Como o suspense será representado no cenário?
    f) A história deve ser dividida em duas partes. Qual é o suspense que encerrará a primeira parte?
    g) Como o mistério será resolvido?

2. Escreva com seu colega um resumo da história.

3. Dividam a história em duas partes. Lembrem-se de que a primeira deve terminar com um suspense.

4. Para produzir sua história em quadrinhos, é importante organizar as partes da história. Discuta com seu colega os detalhes da narrativa.

Primeira parte da história	
Personagens	Quais são suas características?
Ação	O que as personagens vão fazer?
Mistério	Descrições da caixa e motivo pelo qual estava na garagem de Lucas. Elementos do bilhete.
Suspense	Descrição da praça e criação de um clima de suspense para o encontro das personagens.

Segunda parte da história	
O encontro	As ações das personagens devem contribuir para o clima de suspense.
Revelação do segredo	
Resolução do suspense	

5. Desenhem sua história. Se preferirem, podem usar colagens.

6. Deem um título que sugira o mistério da história.

••• Avaliação e reescrita do texto

1. Para avaliar a sua produção de texto, observem os aspectos a seguir.
   a) Há um mistério a ser revelado?
   b) O mistério foi solucionado de um modo convincente para o leitor?
   c) O título despertou curiosidade no leitor?
   d) Foram usados recursos gráficos para enfatizar as emoções ou os movimentos das personagens?
   e) Os espaços e o texto apresentam elementos que criam suspense e mistério?

2. Após avaliar a história em quadrinhos, façam as alterações necessárias.

3. Depois de pronta, a primeira parte da história será distribuída em uma data combinada com o professor. Após alguns dias, a segunda parte será entregue e os leitores descobrirão o segredo da história.

Dicas de como distribuir as histórias em quadrinhos entre os colegas

- Cada dupla deverá passar a limpo a sua história em uma folha de papel sulfite.
- Lembrem-se de colocar uma capa na história e indicar que haverá a continuação da aventura em outra parte.
- Combinem o dia da distribuição dos quadrinhos com o professor.
- Avisem a data da entrega da segunda parte da história para os alunos que receberam a primeira parte.

107

REFLEXÃO LINGUÍSTICA

O substantivo e suas flexões

●●● Flexão de gênero

1. Leia com atenção a tira a seguir.

Charles M. Schulz. *A vida é um jogo*. São Paulo: Conrad, 2004. p. 113.

Charlie Brown e Lucy estão jogando beisebol, mas repentinamente a partida é interrompida.

a) Por que Lucy deixa a bola cair no momento decisivo da partida?

b) O que ela explica a Charlie Brown?

c) Você considera que a fala de Lucy no último quadrinho foi adequada? O que você teria feito no lugar dela?

Quando escolhemos colocar uma palavra no masculino ou no feminino, estamos fazendo uma flexão de gênero.

> **ANOTE**
>
> Na língua portuguesa, os substantivos admitem dois gêneros: **masculino** e **feminino**.
>
> Pertencem ao gênero masculino os substantivos que podem ser antecedidos pela palavra **o**. Ex.: **o** jogo, **o** menino, **o** boné.
>
> Pertencem ao gênero feminino os substantivos que podem ser antecedidos pela palavra **a**. Ex.: **a** menina, **a** luva, **a** bola.

Substantivos **biformes** são aqueles que apresentam uma forma para o masculino e outra para o feminino, como ocorre nos exemplos a seguir.

Masculino	Feminino
o homem	a mulher
o garoto	a garota
o ator	a atriz

Substantivos **uniformes** são aqueles que podem designar tanto o gênero masculino como o feminino. Veja como eles podem ser classificados.

- **Epicenos**: substantivos que nomeiam animais, havendo um só gênero para indicar um e outro sexo. Ex.: o peixe, o passarinho, a borboleta, a cobra. Quando há necessidade de especificar o sexo, juntam-se as palavras *macho* ou *fêmea*, após o substantivo, como nos exemplos a seguir.

Masculino	Feminino
o rouxinol macho	o rouxinol fêmea
a tartaruga macho	a tartaruga fêmea

- **Sobrecomuns**: substantivos que designam tanto a pessoa de sexo masculino como a pessoa de sexo feminino. Ex.: a criança, a vítima, a pessoa, o ser, o indivíduo, o carrasco.
- **Comuns de dois gêneros**: substantivos que apresentam uma única forma tanto para o masculino como para o feminino. Ex.: o/a adolescente, o/a turista, o/a dentista, o/a paciente.

Observe o título e o parágrafo inicial de uma notícia em que se comenta o recente interesse de jovens pela carreira circense em oposição a profissões consolidadas.

> **Sonho de carreira circense faz jovens buscarem profissionalização**
>
> *Ficou no passado a ideia de que para ser artista era preciso pertencer a uma família tradicional de circo*
>
> Toda criança já pensou em ser ou advogado, jogador de futebol, modelo, astronauta, jornalista ou professor. Mas será que alguém sonhou em ser um artista circense? Pelo visto sim. É cada vez maior a procura de jovens interessados em se profissionalizar nesta área. E pensar que até pouco tempo essa era uma profissão restrita à tradição familiar, passada de pai pra filho. [...]
>
> Juliana Portugal. *O Estado de S. Paulo*, 28 out. 2007.

2. O quadro abaixo apresenta uma série de substantivos retirados do texto. Copie-o e complete-o indicando a forma dos substantivos no feminino e sua classificação quanto ao gênero:

Masculino	Feminino	Classificação
o artista		
o advogado		
o jogador		
o modelo		
o astronauta		
o jornalista		
o professor		
o pai		
o filho		

109

REFLEXÃO LINGUÍSTICA
O substantivo e suas flexões

●●● Flexão de número

Quanto ao número, os substantivos podem ser flexionados de dois modos.
- No **singular**, quando indicam um único ser ou um conjunto de seres, como cidade, estação, ramalhete, povo, monumento, ave, torcida.
- No **plural**, quando indicam mais de um ser ou mais de um conjunto de seres, como cidades, estações, ramalhetes, povos, monumentos, aves, torcidas.

A formação do plural ocorre, em geral, com o acréscimo da letra **s** ao final dos substantivos. Alguns substantivos, porém, formam o plural de diferentes maneiras, de acordo com a terminação da palavra.

Plural dos substantivos

- Substantivos terminados em **-r**, **-s**, **-z** formam o plural acrescentando-se **-es**.
    - colhe**r** → colher**es**   paí**s** → país**es**   cru**z** → cruz**es**

- Substantivos terminados em **-al**, **-el**, **-ol**, **-ul** formam o plural substituindo-se **-l** por **-is**.
    - vendava**l** → vendava**is**   pap**el** → pap**éis**
    - lenç**ol** → lenç**óis**   az**ul** → az**uis**

- Substantivos oxítonos terminados em **-il** formam o plural substituindo-se **-l** por **-s**.
    - barr**il** → barr**is**   fun**il** → fun**is**

- Substantivos paroxítonos terminados em **-il** formam o plural substituindo-se **-il** por **-eis**.
    - répt**il** → répt**eis**   míss**il** → míss**eis**

- Substantivos terminados em **-m** formam o plural substituindo-se **-m** por **-ns**:
    - home**m** → home**ns**   refé**m** → refé**ns**

- Substantivos terminados em **-ão** formam o plural de três maneiras:
    a) acrescentando-se **-s**.
        - ch**ão** → ch**ãos**   cidad**ão** → cidad**ãos**
    b) substituindo-se **-ão** por **-ães**.
        - p**ão** → p**ães**   alem**ão** → alem**ães**
    c) substituindo-se **-ão** por **-ões**.
        - bal**ão** → bal**ões**   tubar**ão** → tubar**ões**

- Substantivos terminados em **-zinho**: os dois elementos que formam a palavra vão para o plural, desaparecendo o **s** plural do substantivo.
    - animalzinho = animal + **zinho** → animaizinho**s**
    - papelzinho = papel + **zinho** → papeizinho**s**

- Substantivos paroxítonos ou proparoxítonos terminados em **-s** ou **-x** são invariáveis no plural.
    - **o** ônibus → **os** ônibus   **o** lápis → **os** lápis   **o** tórax → **os** tórax

110

●●● Flexão de grau

1. Observe a tira a seguir de Calvin e Haroldo:

Calvin, de Bill Watterson.

a) Em que grau estão os substantivos *dodoizão* e *dedinho*?
b) Flexione o substantivo *dodói* no diminutivo e *dedinho* no aumentativo.
c) Por que a mãe de Calvin não deu atenção à queixa do filho?
d) As palavras *dodoizão* e *dedinho* têm um sentido literal quando usadas por Calvin na história em quadrinhos? Explique sua resposta.

A flexão de grau ocorre quando são assinaladas as variações de tamanho dos seres. Os substantivos apresentam-se em três graus.

- Grau normal: bola, peixe, cachorro.
- Grau aumentativo: bolona, peixão, cachorrão.
- Grau diminutivo: bolinha, peixinho, cachorrinho.

Em geral, para assinalar o grau diminutivo, acrescentam-se aos substantivos as terminações **-inho/-inha** ou **-zinho/-zinha**. Para marcar o aumentativo, na maioria das vezes, acrescenta-se a terminação **-ão/-ona**. No entanto, a flexão de grau dos substantivos pode ser também indicada de outras formas. Observe o trecho do conto "Boa de garfo".

> [...] A fera, que estava junto ao homem, era um cachorro fila, rajado, de um tamanho que eu nunca tinha visto na vida: um cachorro enorme. A gente ficava frio só de olhar para ele – aquela cabeçona com as beiçorras dependuradas. [...]
>
> Luiz Vilela. *Boa de garfo e outros contos*. São Paulo: Saraiva, 2000.

No texto é descrito um cachorro de tamanho enorme, que assustava com sua grande cabeça – *cabeçona* – e seus grandes beiços – *beiçorras*. Veja outros exemplos.

Grau normal	Grau diminutivo	Grau aumentativo
forno	forn**inho**	forn**alha**
casa	cas**inha**, cas**ebre**	cas**ão**, cas**arão**
pedra	pedr**inha**, pedr**isco**	pedr**egão**

Podemos também assinalar o grau aumentativo ou diminutivo de substantivo, conforme os exemplos a seguir.

Grau normal	Grau diminutivo	Grau aumentativo
peixe	peixe **pequeno**	peixe **grande**
bola	bola **pequena**	bola **grande**

111

REFLEXÃO LINGUÍSTICA Na prática

1. Sabemos que os traços das personagens dos quadrinhos às vezes são bem exagerados.

   a) Observe a figura de Ozzy e escreva os substantivos do quadro que descrevem bem o seu rosto.

narizinho	boca	narigão
bocarra	cabelinhos	nariz
boquinha	cabelos	cabelões

   b) Indique a flexão de grau dos substantivos que você escolheu.

2. Leia a tira.

   Garfield, de Jim Davis.

   Observe que, no primeiro quadrinho, Jon se refere aos biscoitos como "homenzinhos de pão de gengibre".

   a) Quais são os substantivos presentes nessa expressão?
   b) Indique as flexões de gênero, de número e de grau do substantivo *homenzinhos*.
   c) Que palavra foi usada para fazer referência aos biscoitos no segundo quadrinho? O que ela indica sobre a atitude de Jon em relação aos biscoitos?
   d) Garfield compartilha da opinião de Jon? Explique.

3. Leia o texto e responda.

   > Nos **desenhos** animados, as **miragens** sempre são **visões** elaboradas de oásis tropicais cheios de **palmeiras** e lindas **piscinas**. Elas aparecem no deserto seco de repente e, então, desaparecem no momento exato em que o herói, já castigado pelo Sol, iria dar um mergulho. Esse tipo de ilusão não tem nada de real, claro, mas as miragens existem sim, e podem fazê-lo ver água onde ela não existe. Em **locais** quentes, você as vê pela estrada o tempo todo.
   >
   > [...]

   Tom Harris. Disponível em: <http://ciencia.hsw.uol.com.br>. Acesso em: 3 jul. 2014.

   Miragem no deserto, Namíbia.

   a) O texto fala de dois tipos de miragem. Indique quais são eles.
   b) Observe os substantivos em destaque no texto e agrupe-os de acordo com a regra que eles seguem para a formação no plural. Indique quais são essas regras.
   c) Agrupe os substantivos masculinos e os femininos.

LÍNGUA VIVA
O valor semântico da flexão dos substantivos

1. Leia a tira.

Fernando Gonsales. *Níquel Náusea*: botando os bofes de fora. São Paulo: Devir, 2002. p. 26.

   a) Qual era a expectativa do homem ao fazer o pedido ao cachorro?
   b) No segundo quadrinho, há uma onomatopeia. O que ela representa?
   c) A palavra *obediente*, que acompanha o substantivo *cachorrinho*, caracteriza adequadamente a ação realizada pelo cachorro? Explique.

2. Que ideia o uso do diminutivo *patinha* expressa no primeiro quadrinho?

3. Releia o terceiro quadrinho. Que diferença de sentido há entre o uso do diminutivo nos substantivos *patinha* e *cachorrinho*?

4. Observe a exclamação de Tintim neste quadrinho de *A estrela misteriosa*.

   a) Que palavra da fala de Tintim está no grau aumentativo?
   b) Que sentido o uso do aumentativo acrescenta a esse substantivo?

5. Crie diálogos utilizando os substantivos abaixo. Observe que eles devem expressar emoções e sentimentos.
   a) amigão
   b) comidinha
   c) timeco
   d) gentinha
   e) sujeitinho

ANOTE

Nem sempre o grau dos substantivos indica variação de tamanho. Os substantivos no **grau aumentativo** e no **grau diminutivo**, quando usados em contextos específicos, podem expressar afeto, carinho, desprezo, zombaria, ironia ou outros tipos de emoção e sentimento.

Dizer que as pessoas dão um *jeitinho* para obter benefícios ou que em determinado lugar só havia *gentalha*, por exemplo, é uma maneira de falar que demonstra um sentimento de desprezo e que não tem nenhuma relação com tamanho.

QUESTÕES DE ESCRITA
Separação de sílabas

1. Leia a seguir o início do capítulo de um livro que trata da adolescência.

   Labirinto

   Sábado. Dia de ligar pros amigos e combinar de sair, ver algum filme no cinema [...]. Ou seja, um dia perfeito.

   Mas aquele dia não era um sábado do tipo **ó-ti-mo**, como diria a Karen. Na verdade, era um **pé-ssi-mo**. Opa, quero dizer, **pés-si-mo**!

   Minha cota de amigos estava zerada. Depois da gelada que levei das "mylletes" fiquei isolada e até meio deprê. Imagina só: em pleno sábado eu não sabia pra quem ligar nem pra onde ir. Só sabia que precisava fazer alguma coisa!

   Fabrício Waltrick. *De que tribo eu sou?* São Paulo: Escala Educacional, 2005. p. 26.

   a) Que tipo de linguagem é possível notar nesse texto?
   b) Por que as sílabas de *ótimo* e *péssimo* foram separadas?
   c) Por que a narradora se corrige na frase "... quero dizer, **pés-si-mo**!"?
   d) Em que situações é preciso saber como separar as letras de uma palavra?

••• Regras de separação de sílabas

Para separar as sílabas de uma palavra da língua portuguesa, em geral, basta observar o modo como as lemos, mas há alguns casos que costumam gerar dúvidas. Para esses casos, foram criadas certas regras.

Ficam na mesma sílaba

Encontros consonantais cuja segunda letra é **r** ou **l** ➤ pe-**dr**a; a-**cl**a-ma-do
- Vogais de ditongos e tritongos ➤ j**ei**-to; co-lé-g**io**; U-ru-g**uai**
- Dígrafos **ch, lh, nh** ➤ **ch**a-ve; bo-**lh**a; ni-**nh**o

Ficam em sílabas separadas

- Vogais que formam hiatos ➤ c**o-e**-lho; r**a-i**-nha
- Dígrafos **rr, ss, sc, sç, xc** ➤ ba**r-r**a; ma**s-s**a; cre**s-c**er; de**s-ç**a; e**x-c**e-ção
- Consoantes seguidas, mas em sílabas diferentes ➤ a**b-d**o-me; bi**s-n**e-to

1. Leia a tira de Níquel Náusea, de Fernando Gonsales.

Fernando Gonsales. *Níquel Náusea*: tédio no chiqueiro. São Paulo: Devir, 2006. p. 40.

a) Por que o pescador separa a palavra *irresistíveis* ao pronunciá-la?
b) Como essa separação de sílabas ajuda a explicar o que acontece no último quadrinho?

2. Observe a tira.

Fernando Gonsales. *Níquel Náusea*: com mil demônios!!. São Paulo: Devir, 2002. p. 26.

a) Nessa tira, uma das personagens muda repentinamente seu comportamento. Que personagem é essa? Como ela se apresenta no início e no final?
b) A que se deve essa mudança repentina?
c) Num dos balões aparece uma palavra com uma das sílabas separadas. Copie-a, separando todas as sílabas.
d) Separe também as sílabas das seguintes palavras utilizadas nos balões: *leite, ótimo, depois, reaproveito*.

Entreletras

Stop

1. A classe será dividida em seis grupos. Cada grupo deverá completar uma tabela com substantivos.

2. Faça uma tabela com colunas de seis categorias de substantivos. Por exemplo: nome de pessoa, de país, de animal, de carro, de fruta, de profissão, de objeto.

3. Para iniciar o jogo, será sorteada uma letra do alfabeto. Cada grupo deve completar a coluna com palavras iniciadas pela letra sorteada.

4. O participante que terminar de completar primeiro todas as colunas diz "*stop*". Cada palavra que foi escrita até esse momento vale 10 pontos. Se houver palavras repetidas entre os jogadores, elas valerão 5 pontos. Ao final de cada rodada, cada jogador soma quantos pontos fez.

5. No final do jogo, ganha o grupo que fizer mais pontos.

[**PARA SABER MAIS**]

Livros

A estrela misteriosa, de Hergé. Companhia das Letras.
Irmãos pretos, de Lisa Tetzner. Edições SM.

Filmes

Asterix e os Vikings. Direção: Stefan Fjeldmark e Jesper Moller. França, 2006.
Superman 4. Em busca da paz. Direção: Sidney J. Furie. EUA, 1987.

QUESTÕES GLOBAIS

1. Leia a tira.

Jim Davis. *Garfield de bom humor*. Porto Alegre: L&PM, 2006. p. 28.

a) Identifique os substantivos em grau diminutivo que aparecem na tira e copie-os.
b) Com que intenção Jon utilizou esses substantivos ao oferecer o leite para Garfield?
c) O diminutivo que aparece na resposta de Garfield é usado com essa mesma intenção? Justifique sua resposta.
d) O que o uso do substantivo *marmanjo*, que aparece no pensamento de Garfield, explica sobre a atitude do gato?

2. Agora leia a tira do Calvin.

Calvin, de Bill Watterson.

a) Por que, no último quadrinho, Calvin diz não ter falado a palavra *macarrão*?
b) O que você acha que Calvin fez de errado?
c) No segundo quadrinho, Calvin fala: "Ela odeia garotinhos!". O que o diminutivo expressa nessa frase?
d) Qual é o gênero do substantivo *inocente* usado no terceiro quadrinho?
e) Quais substantivos próprios aparecem na tira?
f) O substantivo *armação* é derivado de qual palavra?

3. Leia a chamada de uma reportagem da revista *Atrevidinha*.

> **A nova queridinha das telas**
>
> Emma Roberts é linda, talentosa, tem parentes famosos e virou estrela no cinema e na televisão. A gente já virou fã dessa garota. Você ainda não? Ah, então, dê uma olhadinha nessa matéria e conheça mais essa fofura de atriz.
>
> Disponível em: <http://atrevidinha.uol.com.br>. Acesso em: 23 dez. 2011.

a) Identifique os substantivos no grau diminutivo no trecho acima.
b) O que esses diminutivos expressam?

●●● O que você aprendeu neste capítulo

Histórias em quadrinhos
- **Personagens de quadrinhos:** reconhecidas por suas características físicas, pelo que usam e pelo modo como se vestem, por seu comportamento e por suas atitudes.
- **Sequência de quadrinhos:** cria um efeito de passagem do tempo e de movimentação das personagens.
- **Balões:** recursos gráficos que servem para indicar ao leitor falas, pensamentos e sentimentos das personagens.
- **Destaque de palavra:** recurso usado para expressar os sentimentos das personagens. Podem-se usar o negrito, as maiúsculas, os diversos tamanhos, etc.
- **Recursos gráficos:** as linhas de movimento dão dinamismo às personagens.
- **Onomatopeia:** recurso linguístico usado para representar diversos tipos de sons.
- **Espaço da ação:** nas histórias em quadrinhos de suspense, o cenário contribui para reforçar o suspense da narrativa.

Substantivo
- **Próprio:** dá nome a um ser em particular.
- **Comum:** nomeia todos os seres de uma espécie ou todos os elementos de um grupo.
- **Concreto:** dá nome a seres e fenômenos reais ou considerados reais.
- **Abstrato:** nomeia sentimentos, noções, sensações, qualidades ou ações.
- **Simples:** formado por apenas uma palavra.
- **Composto:** formado por mais de uma palavra, ligadas ou não por hífen.
- **Primitivo:** dá origem a outras palavras.
- **Derivado:** origina-se de outra palavra.
- **Coletivo:** indica um conjunto de seres ou coisas da mesma espécie.

Flexão dos substantivos
- **Flexão de gênero:** indica se o substantivo é masculino ou feminino.
- **Flexão de número:** refere-se ao singular e ao plural dos substantivos.
- **Flexão de grau:** indica, em geral, a variação de tamanho dos seres. É usada também para indicar valores afetivos da pessoa que fala em relação ao que está sendo nomeado.

Autoavaliação ●●●

Para fazer sua autoavaliação, releia o quadro *O que você aprendeu neste capítulo*.
- Cite as informações mais importantes que você adquiriu neste capítulo sobre histórias em quadrinhos.
- Como você avalia sua produção de histórias em quadrinhos? Explique.
- Quais foram os aspectos positivos do seu trabalho em dupla na produção da história em quadrinhos?
- O que você precisa melhorar nos seus trabalhos em dupla?
- O que você precisa estudar mais sobre substantivos e separação de sílabas?

CAIXA DE FERRAMENTAS

Procedimentos de pesquisa: consulta ao sumário

Você leu, no capítulo 2 deste livro, contos da tradição popular. Agora vai fazer uma pesquisa sobre festas populares do Brasil. Para isso, vai procurar informações em livros ou enciclopédias impressas.

Antes de começar sua pesquisa, é importante conhecer alguns instrumentos que podem facilitar o seu trabalho de localizar as informações. Um deles é a leitura de um **sumário**.

O que é sumário?

Sumário é uma página em que se apresenta a sequência das seções, dos capítulos e dos assuntos de um livro ou de uma revista, indicando em que páginas eles se encontram. Veja um exemplo.

Sumário

Introdução
  Imagens que falam 7

Nascimento da escrita
  Escrever sons, escrever sinais 10
  Escrever para quê? 12
  A Suméria inventa a escrita 14
  Uma escrita em forma de "pregos" 16
  A serviço do faraó 18
  Os hieróglifos, mistério do Egito 20
  Na China, milhares de palavras-imagens 22
  Na América, escritas misteriosas 26
  Os quipos dos incas 28

Alfabetos a serviço da fala
  O que é um alfabeto 32
  Uma origem antiga 34
  Os gregos inventam as vogais 36
  Nossa herança romana 38
  O árabe, a escrita feita imagem 42
  Escritas desaparecidas e novos filhotes 44

Livros copiados, impressos, codificados
  O reinado dos copistas 48
  Imprensa: o escrito é clonado 50
  Informática: a escrita é reinventada 56
  A aventura das letras 58

1. Muitos livros são organizados em títulos com temas mais gerais, chamados de **capítulos**, e títulos mais específicos, ou subtítulos. Transcreva do sumário:
   a) um exemplo de título de um capítulo;
   b) um exemplo de subtítulo.

2. Identifique no sumário um capítulo em que pode ser possível pesquisar a história do livro.

3. Localize agora um subtítulo que se refere ao uso do computador como meio de produzir escrita.

4. Em que página se pode encontrar uma informação sobre as palavras-imagens?

118

Sua pesquisa

- Selecione livros, revistas ou enciclopédias que possam tratar do assunto festas populares do Brasil.
- Localize o sumário das revistas, dos livros ou das enciclopédias selecionados e identifique os capítulos, subtítulos ou seções que tratam do assunto pesquisado.
- Antes de ler os textos, copie o nome de cada título ou seção no caderno.

Seleção das informações

De cada capítulo ou seção, selecione as informações que julgar importantes para apresentar o assunto da pesquisa. Escreva-as.

Desenvolvimento do texto

Você vai desenvolver um texto curto com base nas informações selecionadas em sua pesquisa. Depois será feito um mural na classe para a apresentação dos textos.

- Escolha quatro festas da tradição popular brasileira que a sua pesquisa indica como importantes.
- Com base nas informações que você selecionou, escreva sobre cada uma delas, indicando suas principais características: a data em que se realiza, o motivo da festa, como as pessoas se vestem, quais são as músicas e comidas tradicionais do evento, etc.

> **Atenção!**
> Não vale copiar as informações do livro. Você deve escrever um texto próprio, de modo que o leitor entenda como é cada festa.

- Não se esqueça de citar as fontes de pesquisa utilizadas no trabalho, como livros, revistas e enciclopédias. Procure indicar quem são os autores dos textos e quando eles foram publicados.

Apresentação do texto

- Depois de escrever seu texto, você vai registrá-lo em uma folha de papel para expô-lo no mural da classe.
- Coloque uma imagem ou faça uma ilustração sobre as festas que serão apresentadas em seu texto.
- O mural pode ser organizado pelos meses das festas, por regiões do país onde são realizadas ou por outra divisão que você preferir.
- Decida com o professor uma data para a apresentação do mural. Nesse dia, todos os alunos podem ver o trabalho de seus colegas e comentar a diversidade das festas pesquisadas.

Notícia

O QUE VOCÊ VAI APRENDER

- Características principais da notícia
- Estrutura da notícia
- Adjetivo: classificação e flexões
- Sílaba tônica e acentuação das oxítonas e proparoxítonas

CAPÍTULO 4

CONVERSE COM OS COLEGAS

1. Observe a fotografia ao lado.
   a) Qual é o sentimento, o estado de espírito que se observa nas pessoas fotografadas?
   b) Em que país você imagina que ocorreu essa manifestação? Justifique sua resposta.

2. Essa imagem mostra um momento de manifestação dessas pessoas ocasionado pela divulgação de uma notícia. Que notícia pode ter provocado tal reação nas pessoas? Como você chegou a essa conclusão?

3. Na sua opinião, as pessoas da fotografia têm razão em reagir dessa maneira à notícia recebida? Justifique sua resposta.

4. As fotografias que ilustram as notícias costumam vir acompanhadas de um texto bem curto chamado legenda. Crie uma legenda que explique o que as pessoas dessa fotografia estão comemorando.

5. Todas as notícias publicadas nos jornais têm um título, que deve ser escrito com a menor quantidade possível de palavras, ser bem claro, atrair a atenção imediata do leitor e instigá-lo para ler o texto da notícia. Que título você daria para a notícia relacionada a essa fotografia?

Pessoas festejando a escolha do Rio de Janeiro como cidade-sede das Olimpíadas de 2016. Rio de Janeiro (RJ), 2009.

Vários fatos ocorrem todos os dias no mundo, e alguns deles tornam-se de conhecimento público ao ser veiculados em jornais. O gênero que apresenta os fatos no jornal é a **notícia**. Cada jornal seleciona as notícias que vai divulgar de acordo com seu público.

Neste capítulo, serão estudadas as principais características da **notícia** e os recursos utilizados para registrar os fatos.

121

LEITURA 1

Notícia

O QUE VOCÊ VAI LER

A notícia que você vai ler a seguir foi publicada no dia 4 de junho de 2011 em um dos jornais de maior circulação na região Nordeste do Brasil.

O texto relata uma importante experiência, realizada em dois municípios do sertão de Pernambuco.

Leia o título da notícia e suponha qual é essa inovação. Depois, leia a notícia na íntegra.

Biogás substitui lenha no Sertão

A experiência, implantada em dois municípios, tem poupado a Caatinga – único bioma exclusivamente brasileiro – e contribuído para reduzir o aquecimento global

Uma tecnologia que transforma esterco em biogás está reduzindo o consumo de lenha e gás de cozinha no Sertão de Pernambuco. A experiência, implantada em dois municípios, tem poupado a Caatinga – único bioma exclusivamente brasileiro – e contribuído para reduzir o aquecimento global. Uma boa notícia no Dia Mundial do Meio Ambiente, comemorado neste domingo em todo o planeta.

A agricultora Maria José Moraes Nobre, 44 anos, moradora da localidade Santo Antônio 2, em Afogados da Ingazeira, a 386 quilômetros do Recife, enumera outras vantagens do biodigestor. "Quando cozinhava com lenha era uma fumaceira só. E sair de casa na chuva para cortar lenha, então, era horrível", recorda. Agora as panelas da casa estão todas limpas, não têm mais tisne. "E me livrei da fuligem na casa, nas roupas do varal, no teto", descreve.

Ela e o marido, o agricultor Geraldo Nobre Cavalcanti, coletam todas as manhãs cerca de 15 quilos de esterco. As fezes são eliminadas pelos seis bodes e cabras, dez ovelhas e carneiros e sete bois e vacas que criam no sítio, de cinco hectares. No biodigestor, o estrume é misturado à água, na proporção meio a meio. "Agora só uso a Caatinga para fazer cerca", garante Geraldo.

Gilmar Galdino Genézio abastece o biodigestor com as fezes do gado, Afogados da Ingazeira, PE, 2011.

Com o resíduo do equipamento, ele aduba a horta e as plantações de milho e feijão.

A família de Maria José é uma das três de Afogados da Ingazeira que passaram a abastecer o fogão com o biogás gerado pelo equipamento. Outra é a de Gilmar Galdino Genézio e Maria da Paz. Na casa deles, também em Santo Antônio 2, o consumo mensal era de um botijão de 13 quilos de Gás Liquefeito de Petróleo (GLP). "Depois do biodigestor, deixei de comprar gás. Nem botijão eu tenho mais em casa. Ganhei mais espaço na cozinha e, principalmente, tenho uma despesa a menos", assegura Maria da Paz. A economia por mês é de R$ 38 reais (preço médio de um botijão).

A produtividade do pomar e da horta do sítio, na opinião de Gilmar, aumentou com o uso do adubo tratado. Antes ele usava o esterco natural. "Agora ponho o adubo orgânico, que é sólido, na raiz e o líquido nas folhas. Quando é hortaliça as folhas ficam mais verdes e maiores. As frutas também estão mais graúdas", avalia.

Além da plantação, o casal tem sete cabeças de gado bovino, 11 de ovino e 50 de suíno na propriedade, de 14 hectares. Gilmar não recolhe esterco todo dia. "Meus três filhos casaram. Sozinho ficou mais difícil dar conta de tudo. Junto o estrume dia sim, dia não. E não tem faltado gás no fogão."

[...]

Oito biodigestores estão em funcionamento, três em Afogados da Ingazeira e cinco em Quixaba. Os equipamentos foram construídos pela ONG Diaconia, formada por 11 instituições evangélicas, com recursos do Projeto Dom Helder Camara, vinculado ao Ministério do Desenvolvimento Agrário e financiado pelo Fundo Internacional para o Desenvolvimento Agrário (Fida).

[...]

Verônica Falcão. *Jornal do Commercio.*
Disponível em:<http://jconline.ne10.uol.com.br>.
Acesso em: 3 jul. 2014.

GLOSSÁRIO

Adubo: substância que torna a terra mais fértil ou produtiva.
Biodigestor: sistema destinado à produção de biogás.
Biogás: biocombustível, sendo considerado uma fonte de energia renovável.
Bioma: comunidade de seres vivos de uma região adaptada aos fatores ecológicos.
Caatinga: vegetação adaptada a um clima quente e seco, caracterizada por arbustos e árvores com espinhos que sobrevivem durante a seca.
Esterco: fezes e urina de animais; estrume.
Estrume: composto de excremento animal e material orgânico de origem vegetal.
Hectare: unidade de medida equivalente a dez mil metros quadrados.
Implantado: estabelecido, introduzido.
ONG: sigla de Organização Não Governamental. Essas organizações não têm fins lucrativos e atuam em diversas áreas, como meio ambiente, educação, saúde, entre outras.
Resíduo: o que sobra de algo.
Tisne: fuligem, pó preto resultante da queima de um combustível.

Estudo do texto

●●● Para entender o texto

1. Qual é o principal fato que a notícia relata?

2. A suposição que você fez antes de ler o texto se confirmou depois da leitura?

3. A experiência apresentada no texto é considerada uma boa notícia para o Dia Mundial do Meio Ambiente. Cite duas situações apresentadas no texto que justifiquem essa afirmação.

4. Além de contribuir para o meio ambiente, nos depoimentos presentes na notícia são mencionados os benefícios do uso do biogás no cotidiano da família. Copie o quadro e escreva quais são os benefícios que cada uma das famílias menciona.

Família de Maria José e Geraldo Cavalcanti	
Família de Maria da Paz e Gilmar Galdino	

5. As duas famílias apresentadas na notícia citam um benefício extra em relação ao uso do biogás. Que benefício é esse?

6. Em alguns momentos da notícia, aparece a fala dos agricultores.
   a) Reproduza três falas dos agricultores.
   b) Que efeitos a ausência dessas falas produziria no leitor?

> **ANOTE**
> O **uso de declarações** de pessoas relacionadas aos fatos narrados dá maior **credibilidade** à notícia. As declarações são marcadas pelas aspas, que diferenciam a fala da pessoa em relação ao texto principal.

7. Releia.

> "Oito biodigestores estão em funcionamento, três em Afogados da Ingazeira e cinco em Quixaba. Os equipamentos foram construídos pela ONG Diaconia, formada por 11 instituições evangélicas, com recursos do Projeto Dom Helder Câmara, vinculado ao Ministério do Desenvolvimento Agrário e financiado pelo Fundo Internacional para o Desenvolvimento Agrário (Fida)."

a) O que o uso de numerais indica nesse texto?
b) Nesse trecho, são indicadas as cidades em que os biodigestores estão instalados, a ONG responsável e os financiadores do projeto. Por que essas informações aparecem na notícia?

> **ANOTE**
> A notícia relata um fato ocorrido na realidade. Vários são os recursos que levam o leitor a acreditar na veracidade do relato.
> O **uso de numerais** e de **indicações de lugares** faz o texto parecer mais **preciso** e **confiável** para quem o lê.

Estrutura da notícia

1. Releia o título da notícia.

   > Biogás substitui lenha no Sertão

   Um dos recursos da notícia para chamar a atenção do leitor é o emprego de um título atrativo. Qual termo presente nesse título sugere uma novidade, de forma que atraia o leitor?

   ANOTE
   A função do **título** é chamar a atenção do leitor para o fato que será relatado. Muitas vezes, o título não traz todas as informações da notícia, mas um aspecto dela é selecionado para atrair o leitor.

2. Normalmente, as fotografias que ilustram as notícias vêm acompanhadas de uma frase curta, chamada *legenda*.
   a) Qual a legenda que acompanha a fotografia da notícia que você leu?
   b) O que mais aparece na fotografia, além do que está na frase da legenda?

   ANOTE
   Muitas vezes, as notícias apresentam **fotografias** que ilustram o fato relatado. Dependendo da fotografia escolhida, o jornalista também emite uma opinião, pois a seleção do que é apresentado ao leitor passa por uma visão pessoal sobre o acontecimento.

   Essa imagem pode ser acompanhada por uma **legenda**, um texto curto que **descreve a imagem e complementa as informações** sobre os fatos. A legenda deve ser atrativa e chamar a atenção do leitor para a notícia.

3. Crie uma legenda para cada uma das fotografias abaixo.

4. O quadro a seguir apresenta as perguntas a que toda notícia costuma responder sobre o principal fato relatado. Copie-o e preencha-o com as informações da notícia lida.

O que aconteceu?	
Com quem aconteceu?	
Onde aconteceu?	
Quando aconteceu?	
Como aconteceu?	
Por que aconteceu?	

Informação e convivência

O rádio, a TV e a internet, atualmente, possibilitam às pessoas ter acesso, em tempo real, a informações sobre o que acontece nos diversos lugares do mundo, apesar da distância e das diferenças de idioma.

Converse com seus colegas e o professor sobre as seguintes questões:

I. Os meios de comunicação dão às pessoas reais condições de conhecer as variadas realidades?

II. De que modo essas informações podem ajudar a melhorar a convivência entre diferentes povos e culturas?

125

Estudo do texto

●●● O contexto de produção

1. Observe a primeira página de dois jornais.

Diário Gaúcho, 19 de maio de 2011.

Jornal do Commercio, 6 de junho de 2011.

a) Quais são os principais assuntos tratados em cada um desses jornais?
b) Quais são as principais diferenças entre as duas páginas?
c) Observe os títulos da notícia.

> Bactéria alemã já matou 22 pessoas e infectou 2 200

> DJ Pavão bota a família no batente

Que diferença se nota entre os dois títulos quanto à linguagem?
d) Aponte as diferenças em relação à disposição das imagens.
e) Qual seria o provável leitor de cada um dos jornais?
f) Levante hipóteses: qual dos dois jornais teria maior circulação entre as pessoas? Por quê?
g) Qual é a manchete que está em destaque na primeira página de cada um dos jornais?
h) Por que essas manchetes aparecem em destaque?

ANOTE

A **notícia** circula em vários tipos de jornal.
Os **jornais de grande circulação** noticiam fatos de **interesse coletivo**, como acontecimentos das cidades, fatos internacionais, políticos, culturais, econômicos e atualidades em geral. Podem estar voltados para diferentes tipos de público, de diferentes classes sociais e graus de escolaridade.

●●● A linguagem do texto

1. Releia.

   > Biogás substitui lenha no Sertão

   a) Em que tempo está o verbo que aparece no título da notícia?
   b) Por que o título traz o verbo nesse tempo?

2. Os títulos de notícias, em geral, omitem artigos.
   a) Reescreva o título da notícia lida acrescentando artigos aos substantivos.
   b) Por que você supõe que os títulos de notícias sejam escritos sem o uso de artigos?

3. Releia o seguinte trecho.

   > Trecho I – A família de Maria José é uma das três de Afogados da Ingazeira que **passaram** a abastecer o fogão com o biogás gerado pelo equipamento.
   >
   > Trecho II – Os equipamentos **foram** construídos pela ONG Diaconia, formada por 11 instituições evangélicas, com recursos do Projeto Dom Helder Câmara, vinculado ao Ministério do Desenvolvimento Agrário e financiado pelo Fundo Internacional para o Desenvolvimento Agrário (Fida).

   a) Nesses trechos, os verbos destacados estão em que tempo?
   b) Qual a importância do uso desse tempo verbal no relato dos fatos?

   > **ANOTE**
   > O **título** da notícia costuma apresentar verbos no tempo **presente**; no texto principal da notícia, em geral, o tempo do verbo é o **pretérito**.

4. Os verbos da notícia são conjugados na terceira pessoa, como você vê nos destaques dos trechos acima. Por que é usada essa pessoa verbal na notícia?

5. No primeiro parágrafo da notícia, a informação veiculada é identificada como uma *boa notícia*.
   a) O que essa caracterização acrescenta ao fato noticiado?
   b) Os manuais de redação dos jornais aconselham evitar o uso de adjetivos e superlativos nos textos jornalísticos. Qual é o motivo dessa recomendação?
   c) Em sua opinião, que novo sentido o adjetivo empregado acrescenta ao texto?

   > **ANOTE**
   > Quando um jornalista relata um fato, ele o faz de forma **aparentemente impessoal** e **objetiva**, ou seja, parece que não emite opinião. Entretanto, ao escolher um assunto, faz uma seleção subjetiva dos aspectos que vai apresentar na notícia.
   >
   > O jornalista pode utilizar recursos para a notícia parecer mais objetiva, tais como o uso da terceira pessoa, de dados numéricos, de depoimentos de outras pessoas, etc.

QUEM SÃO OS LEITORES?

Alguns jornais são dirigidos a um público muito específico, como os de economia e de esportes.

PRODUÇÃO DE TEXTO

Notícia

AQUECIMENTO

- Alguns trechos foram retirados da notícia a seguir. Copie-a e complete-a com as palavras do quadro. Depois, crie um título para esta notícia.

> em 2007   que poderá ser utilizado como sua assinatura digital
> deverão ter em breve um cartão eletrônico   Os gaúchos
> clientes do [...]   em um primeiro momento

★ (título)

Projeto estadual que daria acesso a serviços públicos pela internet deverá se iniciar ainda este ano

★ (quem) ★ (o quê) ★ (para quê). A expectativa do governo do Estado é de que o projeto, que permitiria o acesso a serviços públicos via internet, esteja iniciado ainda ★ (quando).

A novidade será oferecida, ★ (quando), em cartões de ★ (quem). Em uma fase posterior, estaria disponível a toda a população. Os clientes do banco receberão cartões dotados de um *chip* no qual, além das informações bancárias, poderá ser adicionado o certificado digital. Com essa certificação, o usuário poderá usar o cartão, em serviços oferecidos na internet, como se ele fosse a sua assinatura eletrônica, com validade jurídica.

Disponível em: <www.iti.gov.br>. Acesso em: 26 jul. 2011.

Fabiana Salomão/ID/BR

●●● Proposta

Imagine que você é jornalista e vai escrever uma notícia para ser publicada em um jornal do bairro. Seus leitores serão as pessoas que moram no bairro ou circulam por ele.

Observe a imagem a seguir. Que fato a fotógrafa está registrando?

Fotógrafa, 2004.

128

••• Planejamento e elaboração do texto

1. Para escrever sua notícia, procure conhecer fatos locais ocorridos recentemente em seu bairro. Pode ser, por exemplo, a inauguração de uma loja ou de um centro esportivo, uma manifestação contra a abertura de algum estabelecimento, festa típica do bairro, etc. Faça um cuidadoso levantamento de dados do assunto selecionado. Lembre-se de que, para ele se tornar notícia, deve ser um acontecimento de interesse do público leitor do bairro.

2. Planeje os seguintes elementos que deverão fazer parte de sua notícia.
   a) Título: lembre-se de que ele deve ser curto, objetivo, com o verbo no tempo presente.
   b) Corpo da notícia: apresenta informações sobre o fato anunciado no título, geralmente em ordem de importância.

O quê?	
Com quem?	
Onde?	
Quando?	
Como?	
Por quê?	

   Podem ser usados dados numéricos ou indicações de lugares para dar precisão ao fato relatado.
   c) Fotografia que ilustre o fato relatado.
   d) Legenda: acompanha a ilustração do fato, para dar mais clareza à interpretação da leitura da imagem.

3. Depois do planejamento, escreva a notícia. Lembre-se de escrever usando recursos que passem credibilidade ao leitor sobre o fato relatado.

••• Avaliação e reescrita do texto

1. Releia sua notícia e verifique cada um dos itens a seguir.
   a) O título de sua notícia é curto e objetivo?
   b) O assunto escolhido é atual e do interesse do público leitor?
   c) Ela responde *o quê, com quem, onde, quando como,* e *por quê*?
   d) O tempo verbal que você usou no título e no corpo de sua notícia está adequado ao gênero?
   e) Você usou recursos para dar objetividade a sua notícia (terceira pessoa, indicação dos lugares e do tempo em que ocorreram os fatos, fala de entrevistados)?

2. Depois de avaliar sua notícia, troque seu texto com o de um colega. Ele lerá a sua produção e escreverá sugestões para você, que fará o mesmo em relação ao texto dele.

3. Reescreva sua notícia com base nas sugestões do colega.

4. Se em sua cidade houver jornal de bairro, cada grupo pode encaminhar a notícia para o editor responsável. Um aluno de cada grupo deverá ser eleito para realizar a tarefa.

REFLEXÃO LINGUÍSTICA

Adjetivo

••• Definição

1. Leia.

> **Floração do ipê-roxo marca a paisagem do DF e anuncia a nova estação**
>
> A chegada de uma nova estação no Cerrado chama mais a atenção pelas cores do que pela mudança brusca de temperatura. Quem nasceu ou vive no Planalto Central sabe que, quando o capim verde se destaca na paisagem, é sinal de que o inverno está próximo. Apesar da coloração puxada para o lilás, as árvores que primeiro floreiam as ruas de Brasília são as de flores roxas. [...]
>
>
> Brasília (DF), 2011.
>
> Como cada cor tem o período específico para florescer, o brasiliense pode contar com as ruas floridas a partir de agora. Os exemplares no fim do Eixão Norte, na Avenida das Nações, na Catedral e em frente ao Ministério da Defesa, na Esplanada dos Ministérios, se exibem ao público. "Brasília é privilegiada em relação aos ipês. Eu fico esperando a hora que vai florescer e não tem um ano que ele não floresça", diz, encantado, o técnico de laboratório Sérgio Rubens Ribeiro, 59 anos.
>
> Os últimos ipês a começarem a florir são os de coloração branca e rosa-claro. Aparecem entre o fim de setembro e o início de outubro. Por causa do florescimento rápido – em cinco anos, a árvore começa a dar flores – essas árvores são bastante usadas no paisagismo de várias cidades brasileiras. [...]
>
> O ipê-roxo atinge o auge da beleza por volta dos 30 anos. Nessa idade, a árvore chega ao pico do crescimento. A média de altura varia de 12 a 15 metros, mas o tronco pode chegar a 20 metros. De acordo com a professora Carmen Regina, quem quiser plantar um exemplar em casa não terá muito trabalho. A semente é pequena e fica envolvida em uma fina película. Quando plantada, é fácil de pegar no solo. "Ela é alada, pronta para voar. Como é leve, chega em lugares distantes. Por isso, vemos tantos ipês espalhados", revela a professora. Além da estética, a espécie tem valor econômico por causa da madeira e do uso medicinal.
>
> Flávia Maia. Disponível em: <www.correiobraziliense.com.br>. Acesso em: 3 jul. 2014.

GLOSSÁRIO

Planalto Central: termo empregado para designar o espaço geográfico no qual se localiza o Distrito Federal.

a) De acordo com o texto, quais acontecimentos revelam a chegada do inverno para as pessoas que vivem no Planalto Central?

b) Ao longo do texto, são apresentadas diversas características dos ipês. Copie três dessas características.

c) No último parágrafo do texto, são apresentadas características da semente do ipê. Copie duas dessas características.

d) Explique qual a relação entre essas características da semente do ipê e o fato de essa árvore ser comum em várias cidades brasileiras.

As palavras com que caracterizamos o substantivo têm o nome de **adjetivo**.

> **Adjetivos** são palavras que **particularizam** substantivos, acrescentando-lhes características de qualidade, condição, julgamento, estado, etc.

●●● Locução adjetiva

Leia a notícia.

O pequenino tataravô do T-Rex

Ele era pequeno: da ponta do nariz até a cauda, media cerca de um metro de comprimento. Seu peso? Apenas cinco quilos. Porém, a mais nova espécie de dinossauro descoberta pelos cientistas, o *Eodromaeus murphi*, é especial nem tanto pelo seu tamanho, mas pela sua idade. Ele viveu há 230 milhões de anos, quando surgiram os primeiros dinossauros no planeta.

O fóssil do *Eodromaeus murphi* (nome que quer dizer "corredor da madrugada") foi encontrado em Ischigualasto, uma região árida da Argentina, onde paleontólogos já haviam escavado vestígios de outro dinossauro muito parecido, o *Eoraptor lunensis*. Ambos eram ótimos corredores e andavam sobre as duas patas. No entanto, seus fósseis apresentavam algumas diferenças que ajudaram os cientistas a entender melhor como os dinossauros evoluíram.

Sofia Moutinho, Instituto Ciência Hoje/RJ. Disponível em: <http://chc.cienciahoje.uol.com.br>.
Acesso em: 8 ago. 2011.

No título da notícia, o adjetivo *pequenino* qualifica o substantivo *tataravô*. E a expressão *do T-Rex* também se refere a esse substantivo, caracterizando-o. As expressões formadas por duas ou mais palavras que exercem a função de adjetivo recebem o nome de **locuções adjetivas**.

> Os adjetivos podem ser expressos por conjuntos de palavras, chamados **locuções adjetivas**.
> As locuções adjetivas exercem a mesma função dos adjetivos. Geralmente são formadas por uma **preposição** e um **substantivo**.
> Ex.: colega *de turma*; amor *de mãe*; homem *de coragem*; livro *sem capa*.

●●● Classificação dos adjetivos

Os adjetivos podem ser classificados como simples ou compostos, primitivos ou derivados. Há também os adjetivos pátrios.

> **Simples:** formados por uma palavra. Ex.: casa *simples*, escola *grande*, filme *maravilhoso*.
> **Compostos:** formados por mais de uma palavra. Ex.: calça *azul-marinho*, livro *infantojuvenil*, povo *latino-americano*.
> **Primitivos:** não são derivados de nenhuma outra palavra. Ex.: carro *verde*, atleta *forte*, homem *bonito*.
> **Derivados:** originam-se de outra palavra. Ex.: bolo *saboroso*, mar *azulado*, avó *carinhosa*.
> **Pátrios:** referem-se a continentes, países, regiões, províncias, estados, cidades, vilas, distritos e povoados. Ex.: equipes *africanas*, comida *japonesa*, dança *amazonense*.

REFLEXÃO LINGUÍSTICA Na prática

1. Leia o poema e responda às questões propostas.

> **Corrente de formiguinhas**
>
> Caminho de formiguinhas
> fiozinho de caminho.
> Caminho de lá vai um,
> atrás de uma lá vai outra.
> Uma, duas argolinhas
> corrente de formiguinhas.
>
> Corrente de formiguinhas,
> centenas de pontos pretos,
> cabecinhas de alfinete
> rezando contas de terço.
>
> Nas costas das formiguinhas
> de cinturinhas fininhas
> Pesam grandes folhas mortas
> que oscilam a cada passo.
> Nas costas das formiguinhas
> que lá vão subindo o morro
> igual ao morro da igreja,
> folhas mortas são andores
> nesta Procissão dos Passos.
>
> Henriqueta Lisboa. *O menino poeta*: obra completa. São Paulo: Peirópolis, 2008. p. 20.

GLOSSÁRIO

Andor: objeto utilizado para se carregar imagens nas procissões.

Procissão dos Passos: manifestação, cortejo religioso, realizado anualmente na cidade de Recife.

a) O adjetivo "fininhas", utilizado para caracterizar a cintura das formigas, está no diminutivo. Que sentido esse uso acrescenta ao poema?

b) Qual oposição é revelada pelos adjetivos utilizados para caracterizar o corpo das formigas e as folhas?

c) A oposição apresentada pelo uso dos adjetivos sugere um modo de ser das formigas. Que modo de ser é esse? Justifique a resposta.

2. Leia o trecho da notícia.

> **Prepare-se para as folias de São João**
>
> *Muitas regiões do país se preparam para o ciclo das festas do mês de junho. Nas programações, grandes shows, muita comida típica e resgate de tradições*
>
> Cada lugar faz do seu jeito, com ritmos musicais regionais e as melhores comidas típicas. Mas em todas as festas juninas, que acontecem de Norte a Sul do país, há o colorido do figurino, muita criatividade na decoração e alegria de quem vai aos festejos para homenagear os santos católicos: Santo Antônio (13 de junho), São João (24 de junho) e São Pedro (29 de junho).
>
> No Paraná, a maior festa do estado tem endereço certo: a cidade de São João, nome de santo festeiro. Localizado na região sudoeste do estado, o município de apenas 11 mil habitantes se faz notar no mapa por conta da gigantesca festa que promove. [...] "A principal novidade deste ano é que a festa terá um dia a mais: acontecerá de 22 a 25 de junho. E além da fogueira gigante, que terá 55 metros, teremos *shows* todas as noites com bandas e duplas sertanejas.
>
> [...]
>
> Luciane Horcel. Disponível em: <www.gazetadopovo.com.br>. Acesso em: 3 jul. 2014.

a) Quais adjetivos definem o ritmo musical e as comidas presentes no ciclo de festas apresentado na notícia?

b) No texto da notícia, são atribuídas características para a festa e para a fogueira nela presente. Quais são essas características?

c) No subtítulo da notícia, qual adjetivo qualifica os *shows* que ocorrerão na festa?

d) O que o uso dos adjetivos relacionados aos substantivos festa, fogueira e *shows* revela sobre o evento?

132

3. Leia o texto.

> Tipo minhom, magra, dona Carolina não era feia nem bonita mas tinha certo encanto. Os cabelos, louro-avermelhados, sedosos e abundantes mereciam de sua dona cuidados especiais. Ela os penteava de maneira ousada, deixando que madeixas finas e soltas caíssem naturalmente sobre o rosto; grande coque na nuca, preso por pentes e enormes grampos de tartaruga. Sua miopia obrigava-a a usar óculos mas ela escolhera aqueles menos vistosos, apenas as lentes, pequenas, sem aro. De boca rasgada, lábios finos, dentes perfeitos sempre à mostra. [...]

Zélia Gattai. *Anarquistas, graças a Deus*. São Paulo: Companhia das Letras, 2009.

a) Qual é a importância dos adjetivos nesse texto?
b) A partir da caracterização física da personagem, é possível depreender um aspecto de sua personalidade. Que aspecto é esse?
c) Localize no texto.
   - Um adjetivo simples.
   - Um adjetivo composto.
   - Uma locução adjetiva.
d) Escolha uma pessoa famosa e descreva-a, prestando atenção aos detalhes.

4. Leia a tira.

Recruta Zero, de Greg e Mort Walker.

a) O amigo do Recruta Zero elogia a construção das pirâmides. Que adjetivos ele usa para fazer o elogio?
b) Por que o Recruta Zero compara as características das pirâmides com o que está comendo?
c) Explique o humor da tira.

5. Reescreva as frases a seguir, transformando a locução adjetiva destacada em um adjetivo. Faça as adaptações necessárias.
a) Os homens *de coragem* enfrentam os desafios da vida.
b) Na reunião de pais, entregaram a lista dos materiais *da escola*.
c) A moça teve uma atitude *de criança* diante do namorado.
d) Na biblioteca havia alguns livros *sem capa*.
e) Naquela noite haveria uma reunião *de família*.
f) Nesta classe as crianças têm feições *de anjos*.
g) A viagem foi longa e teve um trajeto *de dia* e outro *de noite*.

REFLEXÃO LINGUÍSTICA Na prática

6. Leia o fragmento a seguir.

> **As formigas**
>
> Quando minha prima e eu descemos do táxi, já era quase noite. Ficamos imóveis diante do velho sobrado de janelas ovaladas, iguais a dois olhos tristes, um deles vazado por uma pedrada. Descansei a mala no chão e apertei o braço da prima.
>
> – É sinistro.
>
> Ela me impeliu na direção da porta. Tínhamos outra escolha? Nenhuma pensão nas redondezas oferecia um preço melhor a duas pobres estudantes com liberdade de usar o fogareiro no quarto, a dona nos avisara por telefone que podíamos fazer refeições ligeiras com a condição de não provocar incêndio. Subimos a escada velhíssima, cheirando a creolina.
>
> – Pelo menos não vi sinal de barata – disse minha prima.
>
> A dona era uma velha balofa, de peruca mais negra do que a asa da graúna. Vestia um desbotado pijama de seda japonesa e tinha as unhas aduncas recobertas por uma crosta de esmalte vermelho-escuro, descascado nas pontas encardidas.
>
> [...]
>
> Lygia Fagundes Telles. *Seminário dos ratos*. São Paulo: Companhia das Letras, 2009.

a) Qual foi a primeira reação da narradora e de sua prima diante do sobrado ao descerem do táxi?

b) Como é descrito o sobrado?

c) Que impressão a narradora teve do sobrado?

d) Por que a narradora e a prima alugaram o quarto da pensão, apesar do aspecto do sobrado?

7. Nos textos, os adjetivos e as locuções adjetivas podem ser usados para caracterizar de maneira positiva ou negativa lugares, personagens, situações.

a) Nesse fragmento de "As formigas", como esses termos foram empregados para caracterizar a dona da pensão?

b) Justifique sua resposta com exemplos do texto.

8. Depois de ler o fragmento acima e analisar o efeito do uso dos adjetivos e das locuções adjetivas, qual é o gênero da história que será narrada?

9. A seleção dos adjetivos e das locuções adjetivas pode contribuir para a construção de novos sentidos de um texto. Por exemplo, a caracterização de um cenário pode destacar um aspecto tenebroso ou festivo. Reescreva o trecho que você leu, fazendo as modificações necessárias para que a narrativa apresente um clima afetivo, ou festivo, ou de humor, etc.

134

LÍNGUA VIVA

O adjetivo da notícia

1. Leia a notícia.

   ### Gaúchos acham novo "dinossauro-bisavô"

   Pesquisadores gaúchos encontraram, em São João do Polêsine (a 267 km de Porto Alegre), fósseis de um dinossauro com 228 milhões de anos. O animal, segundo os cientistas, é o maior já encontrado com essa idade.

   [...]

   Os fósseis estão em rochas do Período Triássico (que vai de 245 milhões a 200 milhões de anos atrás), o primeiro da Era Mesozoica (ou era dos dinossauros).

   Os fósseis foram encontrados no dia 13 de junho. A conclusão de que se trata do maior dinossauro já encontrado do final do Triássico se deve ao tamanho dos ossos e ao desenvolvimento das articulações. Seus dentes, serrilhados, chegam a 5 cm.

   O paleontólogo Sérgio Cabrera, coordenador da equipe, diz que a descoberta foi "uma surpresa".

   O animal era um bípede com até cinco metros de comprimento e dois metros de altura, com dentes grandes, típicos de carnívoros. A presença de um certo tipo de fusão de ossos da pata também indica que o animal era um saurísquio (linhagem que originou tanto os carnívoros quanto os gigantes comedores de plantas).

   Foram encontrados vértebras, dentes, falanges, ossos das patas e outros ossos ainda não identificados, todos reconstituídos em laboratório pelo grupo da Ulbra.

   [...]

   De acordo com Cabrera, o dinossauro, que ainda não tem nome, pesava em torno de 400 quilos e tinha pelo menos 20 anos de idade quando morreu. Trata-se possivelmente de um predador, com grande poder de perfuração das presas.

   Léo Gerchmann. Gaúchos acham novo "dinossauro-bisavô". *Folha de S.Paulo*, 27 out. 2005, p. A18.

   a) O texto diz que os pesquisadores *gaúchos* encontraram um "dinossauro-bisavô". O adjetivo *gaúcho* se refere a que lugar?
   b) Que novo sentido a palavra *bisavô* acrescenta a *dinossauro*?
   c) Quais eram as principais características do animal encontrado?
   d) Copie os adjetivos relacionados ao substantivo *dentes*.
   e) O que os adjetivos relacionados à palavra *dentes* informam sobre o dinossauro?
   f) Na notícia, Sérgio Cabrera afirma que o dinossauro descoberto ainda não tem nome. Se você pudesse escolher, que nome daria para o animal? Justifique sua escolha.

2. Que recursos usados no texto contribuem para dar credibilidade à notícia?

> **ANOTE**
> Ao ler a notícia, o leitor quer conhecer os detalhes sobre o fato narrado.
> O **adjetivo** tem um papel importante na notícia, já que **caracteriza** o que está sendo relatado e **acrescenta detalhes** aos fatos apresentados.

LEITURA 2

Notícia

O QUE VOCÊ VAI LER

A notícia que você vai ler a seguir foi veiculada em um jornal publicado na região Norte, no estado do Amazonas.

O texto apresenta uma situação curiosa: aves estão sendo acusadas de provocar várias quedas de energia em um município chamado Parintins.

Como será que as aves interferem no fornecimento de energia? Por que isso ocorre?

Grande concentração de urubus e de andorinhas compromete energia em Parintins

Segundo a Amazonas Energia, as aves são os principais causadores da falta de energia elétrica. Analista ambiental do Ibama diz que é preciso encapar a fiação

A elevada população de urubus no município de Parintins (a 368,80 quilômetros de Manaus) pode provocar novas interrupções de energia elétrica no município, segundo informações da Amazonas Energia.

Para controlar a grande concentração em determinadas áreas, a empresa está tomando medidas preventivas nas fiações, já que não tem como eliminar as aves.

Urubus são comuns em áreas de lixão e matadouro e causam problemas a Parintins. Fotografia de 2008.

Outra espécie que também vem comprometendo o fornecimento de energia é a concentração de andorinhas nos isoladores dos postes.

O diretor de geração e transmissão e diretor de operação da Amazonas Energia, Tarcísio Estefano Rosa, disse que a situação tornou-se recorrente desde o ano passado, quando se identificou uma "concentração maior do que o normal de urubus" em Parintins.

A presença de andorinhas em fiação elétrica, contudo, é mais comum do que se imagina. O analista ambiental do Ibama, Robson Esteves Czaban, diz que esta espécie tem o hábito de pousar ao longo de fiação elétrica em qualquer parte do mundo.

Se a fiação estiver desencapada, ela pode ficar grudada e morrer. Este acidente é um dos causadores dos problemas no fornecimento de energia.

"A solução seria colocar fios encapados para evitar o problema. Mas é preciso identificar onde esses acidentes com as aves estão ocorrendo. Na subestação, nos postes, nos transformadores. Um urubu não é de pousar em fios, ele costuma ficar mais nas luminárias do poste", disse Czaban.

O analista ambiental alertou também que medidas temporárias com o intuito de assustar as aves podem não surtir o efeito desejado. É [o] caso de instalar sistemas de ruídos só perceptíveis pelas aves. "O animal pode se assustar com o barulho, mas quando percebe que não é nocivo, ele retorna. A solução definitiva é mesmo encapar os fios", disse.

Ajustes

A contribuição da andorinha para a interrupção da energia ocorre por meio de suas fezes e não por seu descanso ao longo das fiações, segundo Tarcísio Estefano Rosa.

"As fezes tiram o efeito do isolador. Colocamos capas isolantes, mas não dá para colocar em todos os postes. Colocamos um equipamento de ruído, que em tese deveria espantar as andorinhas, mas não funcionou", disse Rosa.

Mas são os urubus os maiores causadores dos problemas elétricos em Parintins. Os acidentes ocorrem quando suas asas tocam as fases elétricas.

[...]

Ele afirmou que "novos ajustes" de proteção elétrica estão sendo tomados.

No último dia 22, o Ministério Público do Amazonas pediu o indiciamento da Amazonas Energia devido às quedas de energia ocorridas neste mês em Parintins. [...]

Uma das causas, segundo o MPE, seria uma paralisação por parte dos funcionários da empresa. Em nota, a Amazonas Energia negou que o movimento dos funcionários tenha sido a causa das suspensões de energia e sim problemas com aves e pipas na fiação elétrica.

Elaíze Farias. Disponível em: <http://acritica.uol.com.br>. Acesso em: 2 jan. 2012.

GLOSSÁRIO

Ibama: Instituto Brasileiro do Meio Ambiente e dos Recursos Naturais Renováveis.
Indiciamento: denúncia, acusação.
Intuito: objetivo, propósito.
Isolador: peça de um circuito elétrico.

MPE: Ministério Público do Estado, no texto se refere ao Estado do Amazonas.
Recorrente: constante, que ocorre várias vezes.
Subestação: estação secundária de uma rede de distribuição elétrica.
Transformador: aparelho de um circuito elétrico.

Estudo do texto

●●● Para entender o texto

1. Qual o principal fato noticiado no texto?

2. Na parte inicial da notícia, são apresentados dois fatores relacionados à causa da presença das aves na fiação elétrica. Um desses fatores é específico do município de Parintins e o outro é mais geral. Quais são eles?

3. Abaixo do título, a notícia apresenta um pequeno texto. Que informações ele acrescenta ao título?

> **ANOTE**
> O **olho** é um pequeno texto que acompanha o título e ajuda o leitor a localizar na notícia os assuntos ou os pontos que são do seu interesse.

4. O primeiro parágrafo de uma notícia é denominado *lide*, do inglês *lead*, que significa "conduzir". Qual a relação entre as informações fornecidas no primeiro parágrafo dessa notícia e sua denominação?

> **ANOTE**
> As notícias costumam ser introduzidas por um parágrafo chamado de **lide** (*lead*). Ele apresenta as informações básicas da notícia, como se fosse um resumo do texto. Geralmente, no lide aparecem as seguintes informações: **o quê** (fatos); **quem** (pessoas envolvidas); **quando**, **onde**, **como** e **por quê**. O restante da notícia é conhecido como **corpo**.

5. Quais ações foram realizadas para evitar a queda de energia? Essas ações foram eficientes?

6. A notícia apresenta um subtítulo: "Ajustes". Releia essa parte da notícia e explique o porquê desse subtítulo.

> **ANOTE**
> A notícia pode ser dividida em partes, indicadas por **subtítulos**. Os subtítulos **orientam** o leitor na busca das informações no texto.

Andréa Vilela/ID/BR

7. Qual é a função da fotografia nesse texto?

●●● O texto e o leitor

1. Releia os três primeiros parágrafos da notícia e responda: como os urubus e as andorinhas são apresentados ao leitor?

2. De acordo com um dos trechos da notícia, uma situação presente na rede elétrica do município possibilita que os animais afetem a transmissão de energia. Que situação é essa?

3. Ao longo da notícia, são anunciadas as medidas tomadas a fim de evitar os acidentes com as aves.
   a) De acordo com o analista do Ibama, instituição ligada ao Ministério do Meio Ambiente, qual medida não traz o efeito esperado?
   b) Logo após ser apresentada a fala do analista do Ibama, a notícia revela que o diretor de geração e transmissão e diretor de operação da Amazonas Energia utilizou essa medida para tentar evitar os acidentes. O que essa informação revela aos leitores?

138

4. No final da notícia, um fato envolvendo a empresa Amazonas Energia é apresentado aos leitores. Que fato é esse?

5. Compare as informações apresentadas no início da notícia sobre quem seriam os responsáveis pela queda de energia e as informações presentes no final do texto e responda: houve mudança em relação à atribuição de responsabilidade pelas quedas de energia?

6. Leia uma definição de notícia.

> **Notícia** – puro registro dos fatos, sem opinião. A exatidão é o elemento-chave da notícia, mas vários fatos descritos com exatidão podem ser justapostos de maneira tendenciosa. Suprimir ou inserir uma informação no texto pode alterar o significado da notícia. Não use desses expedientes.
>
> *Manual da Redação: Folha de S.Paulo.* 14. ed. São Paulo: Publifolha, 2010. p. 88.

Podemos afirmar que a notícia sobre as quedas de energia do município de Parintins registra o fato de modo objetivo, segundo o que determina o manual de um jornal de grande circulação no Brasil? Justifique sua resposta.

ANOTE

A **objetividade** das notícias é **relativa**, pois o jornalista, ao escolher um assunto, seleciona aspectos do que será relatado: qualifica de modo mais ou menos subjetivo o fato, dá precisão maior ou menor aos acontecimentos, etc.

●●● Comparação entre os textos

1. Compare as duas principais notícias lidas neste capítulo.

   a) Por que a experiência com o uso do biogás no Sertão de Pernambuco e o problema relacionado à queda de energia no município de Parintins foram noticiadas nos jornais?

   b) Que recursos foram usados nas duas notícias para atrair a atenção do leitor?

   c) Qual das notícias usou mais dados para dar precisão ao fato relatado?

   d) Qual das notícias apresenta informações relacionadas a um acontecimento considerado positivo para a comunidade?

   e) Qual das notícias apresenta uma situação conflituosa?

●●● Sua opinião

1. De acordo com os manuais de jornalismo, as notícias relatam de forma objetiva e impessoal os fatos ocorridos. Depois de ler as duas principais notícias do capítulo, é possível afirmar que os jornalistas escrevem seus textos de modo imparcial?

A informação e a cidadania

Uma pessoa bem informada, que entende o que acontece em sua cidade, seu estado e país, pode defender melhor seus direitos como cidadão.

Converse com seus colegas e o professor sobre as seguintes questões.

I. De que maneira os jornais, as revistas, o rádio, a internet e a televisão podem ajudar as pessoas a evitar que seus direitos sejam desrespeitados?

II. Que tipo de informação auxilia as pessoas a escolher melhor seus representantes no governo?

PRODUÇÃO DE TEXTO

Notícia

AQUECIMENTO

O título de uma notícia é um recurso importante para chamar a atenção do leitor para o fato ocorrido.

- Crie títulos de notícias considerando as seguintes informações.
  a) Começaram a circular duas novas linhas de ônibus ligando seu bairro ao centro da cidade.
  b) No dia do aniversário de sua cidade, milhares de pessoas assistem, na praça principal, a uma apresentação musical.
  c) Aluna de sua escola é convidada a participar de concurso de redação e vence.

••• Proposta

Você e seus colegas vão escrever um jornal que será distribuído entre os jovens que moram perto da escola. As notícias serão divididas em cadernos com temas de interesse da comunidade local.

Observe os cadernos dos jornais. Qual deles apresenta temas de interesse para os jovens que serão os leitores do jornal produzido pelos alunos de sua classe?

••• Planejamento e elaboração do texto

1. Faça uma lista de assuntos que seriam de interesse da comunidade que mora perto da escola. Apresente suas ideias para seus colegas.
   Por exemplo: mudanças na coleta de lixo, distribuição de alimentos na creche do bairro, exposição de arte nas escolas, etc.

2. Escolha um dos assuntos sugeridos pela classe para escrever sua notícia.

3. Planeje seu texto levando em conta os seguintes itens.
   a) Título que atraia o leitor.
   b) Olho da notícia.
   c) Lide.
   d) Corpo da notícia.
   e) Fotografia que ilustre o fato.
   f) Legenda.

4. Após planejar seu texto, escreva a notícia.
   a) Lembre-se de que no lide deverão constar as informações principais da notícia. Nos parágrafos seguintes, você desenvolverá o *corpo* da notícia.
   b) Utilize o verbo em terceira pessoa para dar objetividade ao seu texto.
   c) Lembre-se de que a seleção de palavras pode revelar a posição de quem escreve a notícia em relação ao acontecimento noticiado.

••• Avaliação e reescrita do texto

1. Releia o seu texto e observe os seguintes aspectos.
   a) O assunto escolhido é de interesse dos jovens que moram perto da escola?
   b) A linguagem está adequada ao público leitor?
   c) Você acrescentou fotografias ou ilustrações a sua notícia?
   d) As legendas ampliam as informações da(s) fotografia(s)?

2. Depois de avaliar seu texto, faça as modificações que considerar importantes.

3. O texto deve ser digitado ou pode ser escrito em folhas de papel sulfite.

Dicas para organizar o jornal da classe

Para elaborar o jornal da classe, é necessário pensar em como reunir e organizar as notícias coletadas.

- A classe deve ser dividida em grupos, que ficarão responsáveis por determinadas etapas do trabalho.
- O grupo 1 ficará responsável pela seleção das notícias da classe. Deverá ler todas as notícias e selecionar quais farão parte do jornal. Dependendo do assunto, uma pode complementar a outra e, nesse caso, elas devem ser reformuladas.
- O grupo 2 deverá separar as notícias por temas. Por exemplo: caderno de notícias do bairro, de esportes, de música, de saúde, etc.
- O grupo 3 fará a primeira página do jornal. Qual notícia será a manchete de destaque na primeira página? Que outras notícias farão parte da primeira página? Como essa página estará organizada (nome do jornal, data, distribuição das notícias, das imagens, etc.)?
- Depois que os cadernos ficarem prontos, o grupo 4 deverá organizar o jornal da classe (formato, papel a ser usado, como as imagens e o texto serão dispostos), que será distribuído entre os jovens que moram perto da escola.

REFLEXÃO LINGUÍSTICA

O adjetivo e suas flexões

1. Leia o poema.

> **Caixa mágica de surpresa**
>
> Um livro
> é uma beleza,
> é caixa mágica
> só de surpresa.
>
> Um livro
> parece mudo,
> mas nele a gente
> descobre tudo.
>
> Um livro
> tem asas
> longas e leves
> que, de repente,
> levam a gente
> longe, longe.
>
> Um livro
> é parque de diversões
> cheio de sonhos coloridos,
> cheio de doces sortidos,
> cheio de luzes e balões.
>
> Um livro
> é uma floresta
> com folhas e flores
> e bichos e cores.
> É mesmo uma festa,
> um baú de feiticeiro,
> um navio pirata no mar,
> um foguete perdido no ar,
> é amigo e companheiro.
>
> Elias José. *Caixa mágica de surpresa*. São Paulo: Paulus, 2004. p. 6.

a) O poeta compara o livro a uma caixa de surpresa. Por que, para ele, esses dois objetos podem ser comparados?

b) Por que o livro é descrito como tendo asas longas e leves?

c) Explique o que existe em comum entre os elementos a seguir e o que se pode encontrar em um livro.
- baú de feiticeiro
- navio pirata no mar
- foguete perdido no ar
- festa

d) Copie do texto as palavras que se referem aos seguintes substantivos.
- caixa
- sonhos
- asas
- doces

Podemos notar que, no poema, os adjetivos que qualificam os substantivos concordam com eles em gênero e em número.

Os adjetivos são flexionados em número, gênero e grau, de acordo com os substantivos que acompanham.

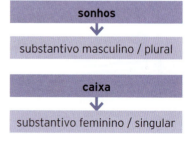

Flexão de gênero e número

O plural dos adjetivos simples segue, na maioria dos casos, as mesmas regras de flexão do substantivo.

Ex.:

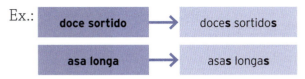

Quanto ao gênero, os adjetivos podem ser uniformes ou biformes.

Adjetivos uniformes apresentam apenas uma forma, tanto para o feminino como para o masculino.
Ex.: navio *pirata*, embarcação *pirata*.

Adjetivos biformes apresentam uma forma para o masculino e outra para o feminino.
Ex.: sonho *colorido*, caixa *colorida*.

Flexão de grau

O adjetivo pode variar em **grau**. São dois os graus do adjetivo: comparativo e superlativo.

O grau **comparativo** é usado quando se comparam dois elementos entre si. O grau **superlativo** pode elevar ao máximo a qualidade de um ser, sem o relacionarmos com outros seres.

Comparativo
De igualdade: O livro é tão divertido quanto um parque de diversões.
De superioridade: O livro é mais divertido que um parque de diversões.
De inferioridade: O livro é menos divertido que um parque de diversões.

Superlativo
Absoluto sintético: A caixa é coloridíssima.
Absoluto analítico: A caixa é extremamente colorida.
Relativo de superioridade: A caixa é a mais colorida da loja.
Relativo de inferioridade: A caixa é a menos colorida da loja.

Há exceções à regra na flexão de grau dos adjetivos *bom*, *mau*, *grande* e *pequeno*.

Adjetivo	Comparativo de superioridade	Superlativo Absoluto	Superlativo Relativo
bom	melhor que	ótimo ou boníssimo	o melhor
mau	pior que	péssimo	o pior
grande	maior que	máximo	o maior de
pequeno	menor que	mínimo	o menor de

REFLEXÃO LINGUÍSTICA Na prática

1. Leia o texto a seguir.

   ### Continho

   Era uma vez um menino triste, magro e barrigudinho, do sertão de Pernambuco. Na soalheira danada de meio-dia, ele estava sentado na poeira do caminho, imaginando bobagem, quando passou um gordo vigário a cavalo:

   – Você aí, menino, para onde vai essa estrada?

   – Ela não vai não: nós é que vamos nela.

   – Engraçadinho duma figa! Como você se chama?

   – Eu não me chamo não, os outros é que me chamam de Zé.

   Paulo Mendes Campos. *Crônica 1*. 27. ed. São Paulo: Ática, 2002. p. 76. (Coleção Para Gostar de Ler) © by Joan A. Mendes Campos.

   a) Quais são os adjetivos que caracterizam o menino Zé?
   b) Qual desses adjetivos não sofre flexão de gênero? Por quê?
   c) Por que é usado o diminutivo para caracterizar o menino em relação a sua barriga?
   d) O que esses adjetivos indicam sobre a condição social do menino?
   e) Como o vigário é caracterizado?
   f) Qual é o sentido do adjetivo *danada* no trecho "Na soalheira danada de meio-dia […]"?
   g) Qual é o sentido do adjetivo *danado* nas frases abaixo?
   - Esta comida está *danada* de boa!
   - Cuidado que o cabra é *danado*.
   - A *danada* da menina me enganou direitinho.
   - Ele é *danado* no jogo de xadrez.
   - Desta vez, deu um trabalho *danado*!
   h) No texto, o que quer dizer "Engraçadinho duma figa!"?

2. Complete o texto com as palavras do quadro, fazendo a concordância necessária.

comprido	vivo	escuro	duro	de arame	terrível
da gaiola	de cavalo	enorme	cruel	inteiro	de aranha
do afogamento	preto	do inimigo	excitado	de calçados	

   ### Os passarinhos

   Nossa casa tinha um porão cheio de mistério. Por causa dos ratos, que transmitiam doenças ★, minha mãe não deixava brincar lá, mas o Arlindo e eu desobedecíamos. Com medo, rastejávamos entre as tranqueiras do porão ★, aflitos com as teias ★ que grudavam na boca.

   Na entrada do porão, meu tio Constante armava uma ratoeira ★ em forma de gaiola ★, com um pedaço de queijo ★ pendurado no fundo. Quando o rato mordia a isca, a mola soltava e trancava a porta ★, com força. Prendia o rato ★. Eram ratos ★, ★, que meu tio afogava no tanque.

   Hoje acho ★ a cena ★, mas na época eu chamava a rua ★ para assistir. O tio tampava o tanque e abria a torneira. Enquanto a água subia, a molecada se acotovelava em volta ★ com a aflição ★. O tio Constante trabalhava numa loja ★. Torcia pelo Corinthians no rádio, ouvia corrida ★ e tinha uma criação de canário-do-reino num viveiro azul, amarelo e vermelho, perto do quarador.

   Drauzio Varella. *Nas ruas do Brás*. São Paulo: Companhia das Letrinhas, 2000. p. 19-20.

144

3. Leia um trecho de letra de canção.

> **Telegrama**
> Eu tava triste tristinho
> mais sem graça que a *top model* magrela na passarela
> eu tava só sozinho
> mais solitário que um paulistano
> que um canastrão na hora que cai o pano
> (que um vilão de filme mexicano)
> tava mais bobo que banda de *rock*
> que um palhaço do circo Vostok
> mas ontem eu recebi um telegrama
> era você de Aracaju ou de Alabama
> [...]
>
> Zeca Baleiro. Telegrama. Intérprete: Zeca Baleiro. Em: *Pet Shop Mundo Cão*. MZA/Abril, 2002.

a) Que imagens o cantor usa para falar de seus sentimentos?
b) Esse texto apresenta várias comparações. O que elas têm em comum?
c) Alguns adjetivos e locuções adjetivas estão no grau comparativo de superioridade. Identifique-os e explique o sentido que esse uso cria para os sentimentos do cantor.
d) Explique por que o cantor repete o adjetivo e o usa na forma diminutiva na expressão *triste tristinho*.
e) Observe as frases.
  • Estava *tão sem graça quanto* a *top model* na passarela.
  • Estava *muito bobo*.
Que alteração de sentido ocorreu em cada caso em relação às frases originais da letra da canção?

4. Leia um fragmento de notícia a seguir.

> Com o câmbio favorável e os pacotes para as estações de esqui chilenas mais concorridas quase todos esgotados, a Argentina entra em cena como ótima alternativa para quem deseja esquiar em julho. [...]
>
> Ana Carmen Foschini. Esqui na Argentina entra na rota dos brasileiros. *Publimetro*, São Paulo, 4 jul. 2007. p. 5.

a) Há um adjetivo pátrio nesse trecho. Qual é e que substantivo ele caracteriza?
b) Qual adjetivo está caracterizando o substantivo *câmbio*?
c) No texto, a jornalista utiliza um adjetivo para caracterizar a opção pela Argentina dos que desejam esquiar. Qual é esse adjetivo? Como ele é classificado?
d) Que outros adjetivos há nesse trecho?

5. Leia este outro trecho da notícia.

> Chapelco, na Patagônia, é outro lugar famoso pela neve de boa qualidade para o esqui. Com 140 hectares esquiáveis, a estação fica a 19 km de San Martín de Los Andes. Suas 20 pistas têm vista para o lago Lacar, bosques de lenga (árvores típicas) e o vulcão Lanin.
>
> Ana Carmen Foschini. Esqui na Argentina entra na rota dos brasileiros. *Publimetro*, São Paulo, 4 jul. 2007. p. 5.

a) Qual adjetivo está caracterizando a palavra *lugar*?
b) Qual adjetivo está caracterizando o substantivo *árvores*? Que tipo de flexões esse adjetivo sofreu?

6. Que impressões sobre as estações de esqui da Argentina os adjetivos utilizados nesse fragmento de notícia dão ao leitor?

REFLEXÃO LINGUÍSTICA Na prática

7. Leia a tira.

Hagar, o Horrível, de Chris Browne.

a) Que sentimento a fala de Hagar expressa no primeiro quadrinho?

b) Que palavras do texto confirmam essa ideia?

c) O terceiro quadrinho confirma a primeira fala de Hagar? Explique.

d) A palavra *belezura* foi usada por Hagar para se referir a uma pessoa. No texto, o que significa esse substantivo?

e) Que características Hagar atribui à *belezura*?

f) Qual é a função dos adjetivos na apresentação da pessoa imaginada por Hagar?

g) Qual é o sentido do adjetivo *flamejante* no trecho "Ela tinha [...] um sorriso flamejante"?

8. Leia a letra da canção.

Mundo novo, vida nova

Buscar um mundo novo, vida nova
E ver se, dessa vez, faço um final feliz
Deixar de lado
Aquelas velhas histórias
O verso usado
O canto antigo
Vou dizer adeus
Fazer de tudo e todos bela lembrança
Deixar de ser só esperança
E por minhas mãos, lutando, me superar
Vou traçar no tempo meu próprio caminho
E assim abrir meu peito ao vento
Me libertar

De ser somente aquilo que se espera
Em forma, jeito, luz e cor
E vou
Vou pegar um mundo novo, vida nova
Vou pegar um mundo novo, vida nova.

Luís Gonzaga Júnior. Mundo novo, vida nova.
Intérprete: Elis Regina. Em: *Saudade do Brasil*.
Warner Music, 1989.

a) No texto se expressa um desejo de mudança. Qual é a mudança pretendida?

b) Que adjetivos caracterizam a mudança que se pretende?

c) Se invertermos a posição dos adjetivos das expressões *velhas histórias* e *canto antigo*, ocorrerá mudança de sentido? Explique.

d) Identifique no texto um adjetivo uniforme e registre sua flexão no grau superlativo absoluto sintético.

LÍNGUA VIVA
O valor semântico da flexão dos adjetivos

1. Leia o poema e responda.

   Porquinho-da-índia

   Quando eu tinha seis anos
   Ganhei um porquinho-da-índia
   Que dor de coração me dava
   Porque o bichinho só queria estar debaixo do fogão!
   Levava ele pra sala
   Pra os lugares mais bonitos mais limpinhos
   Ele não gostava:
   Queria era estar debaixo do fogão.
   Não fazia caso nenhum das minhas ternurinhas...

   – O meu porquinho-da-índia foi a minha primeira namorada.

   Manuel Bandeira. *Estrela da vida inteira*. 3. ed. Rio de Janeiro: Nova Fronteira. 1993. p. 130.

   a) De acordo com o poeta, como o porquinho-da-índia se comportava?
   b) O que esse comportamento do porquinho provocava no dono?
   c) Copie o verso em que os adjetivos estão flexionados em grau.
   d) Qual flexão de grau ocorre nesse verso? Justifique.
   e) Copie os diminutivos utilizados no texto.
   f) Qual significado o uso do diminutivo *limpinhos* tem nesse poema?
   g) No último verso do poema, afirma-se que o "porquinho-da-índia foi a minha primeira namorada". Qual a relação entre o comportamento do porquinho e afirmação de que o "porquinho-da-índia foi a minha primeira namorada"?

2. Explique os sentidos das flexões do adjetivo nas seguintes frases.
   a) Que gracinha de bebê! Ele está cheirosinho.
   b) Aquele moço é mesmo bonitão.
   c) Ele é caladão, mas é boa pessoa.
   d) Cuidado com aquele espertalhão.

3. Leia os títulos retirados das revistas *Atrevida* e *Todateen*, dirigidas às adolescentes.

   Entrevista exclusiva com o fofíssimo Howie D

   Disponível em: <http://atrevida.uol.com.br>. Acesso em: 3 jul. 2014.

   Fique com o *look* moderninho usando apenas peças básicas

   Disponível em: <http://todateen.uol.com.br>. Acesso em: 8 ago. 2011.

   a) Explique o sentido dos adjetivos *fofíssimo* e *moderninho* nos títulos.
   b) Se esses títulos estivessem escritos no sumário de uma revista cujo público-alvo fossem pessoas adultas, como os adjetivos provavelmente seriam empregados? Reescreva-os.

   ANOTE
   As **flexões de grau do adjetivo** expressam, além da ideia de tamanho, carinho, afeto, intensidade da qualidade, valor negativo, etc.

QUESTÕES DE ESCRITA

Sílaba tônica e acentuação das oxítonas e proparoxítonas

●●● Sílaba tônica

1. Leia a tira a seguir.

Gato e Gata, de Laerte.

Leia em voz alta as palavras *está*, *gato* e *único*. Qual sílaba dessas palavras é pronunciada com mais intensidade?

As palavras *está*, *gato* e *único* têm uma sílaba pronunciada com mais intensidade. Essa sílaba recebe o nome de **sílaba tônica**.

> **ANOTE**
>
> **Sílaba tônica:** é pronunciada de forma mais intensa.
>
> **Sílaba átona:** é pronunciada de forma menos intensa.
>
> Conforme a posição da sílaba tônica, as palavras de duas ou mais sílabas recebem a seguinte classificação.
>
> **Palavras oxítonas:** quando a sílaba tônica é a última.
>
> Ex.: vi**tar**, ge**rou**, lu**gar**, in**glês**.
>
> **Palavras paroxítonas:** quando a sílaba tônica é a penúltima.
>
> Ex.: **cer**to, **pon**to, **mun**do, exclu**si**va.
>
> **Palavras proparoxítonas:** quando a sílaba tônica é a antepenúltima.
>
> Ex.: fan**tás**tico, pa**cí**fico, **prós**pero.

●●● Acentuação das oxítonas

1. Leia o trecho de uma notícia.

> **Comidinhas da fazenda da vovó servidas em café no centro de São Paulo**
>
> […]
>
> As delícias que durante muitos anos foram preparadas na Fazenda Tangará, em Juquiá, no interior de São Paulo, estão sendo servidas, desde fevereiro desse ano, […] na região central de São Paulo. Entre elas, está o bolo cozido de fubá, que se come quente e é vendido em fatias. […]
>
> Luciana Ackermann. Disponível em: <http://oglobo.globo.com>. Acesso em: 3 jul. 2014.

a) Com relação à acentuação gráfica, qual é a semelhança existente entre as palavras *vovó*, *café*, *Tangará*, *Juquiá*, *está* e *fubá*?

b) Com relação à tonicidade, qual é a classificação dessas palavras?

> **ANOTE**
> São acentuadas as **oxítonas terminadas em -a, -e, -o, -em, seguidas ou não de -s**.

●●● Acentuação das proparoxítonas

1. Leia as palavras.

   | mágico | ecológico | óculos | próximo | título |

   a) Qual é a sílaba tônica dessas palavras?
   b) Como elas são classificadas?
   c) Com relação à acentuação, qual é a semelhança entre essas palavras?

> **ANOTE**
> **Todas** as palavras **proparoxítonas** são acentuadas.

2. Copie as frases a seguir, acentuando as palavras quando necessário.
   a) Meus avos vieram de cidades distantes.
   b) O cafe é uma bebida muito apreciada pelo povo brasileiro.
   c) Os jovens alugaram um chale na praia.
   d) A professora recebeu um buque de rosas.
   e) Os passaros sobrevoavam toda a cidade.
   f) A familia levou os utensilios para o deposito.
   g) Os atores vestiram roupas de epoca.
   h) O jacare é um animal encontrado no Pantanal brasileiro.

3. Selecione três palavras oxítonas e três palavras proparoxítonas presentes no exercício anterior e justifique o porquê do uso do acento.

Entreletras

Adivinhe se puder

1. Quem é maior, o Sol ou a Lua?
2. O que é, o que é: quanto mais curto for, mais rápido é?
3. O que é ainda pior do que encontrar uma goiaba bichada?
4. O que pesa mais no mundo?
5. O que é, o que é: é meu, mas meus amigos usam mais do que eu?
6. Qual é a coisa mais veloz do mundo?

PARA SABER MAIS

Livro

A menina do tempo, de Eva Piquer.
Edições SM.

149

QUESTÕES GLOBAIS

1. Leia o poema.

   Voo triste e voo alegre

   Enquanto a andorinha
   na tarde, sozinha,
   viaja tristinha,
   de flor em flor
   voa o beija-flor
   num miniventilador.

   Cyro de Mattos. *O menino camelô*. São Paulo: Atual, 1992.

   a) O título do poema caracteriza o voo dos pássaros. A que se referem os adjetivos do título?
   b) A andorinha "viaja tristinha". Que sentido o uso desse adjetivo acrescenta ao sentimento da andorinha?
   c) Em que grau está esse adjetivo?
   d) Que ação do beija-flor contrasta com a tristeza do voo da andorinha?

2. Leia o trecho de uma história de Monteiro Lobato.

   Chamava-se João Teodoro, só. O mais pacato e modesto dos homens. Honestíssimo e lealíssimo, com um defeito apenas: não dar o mínimo valor a si próprio. Para João Teodoro, a coisa de menos importância no mundo era João Teodoro.

   Monteiro Lobato. Um homem de consciência. Em: *Cidades mortas*. São Paulo: Globo, 2008.

   a) Qual é o sentido da palavra *só* em "Chamava-se João Teodoro, só."?
   b) Quais adjetivos se referem a João Teodoro?
   c) Que sentidos *honestíssimo* e *lealíssimo* acrescentam às qualidades de João Teodoro?

3. Passe os adjetivos destacados para o feminino, fazendo as adaptações necessárias nas frases.
   a) O *bom* menino receberá os cumprimentos de todos.
   b) Um jovem *europeu* veio ao Brasil para as festas de Carnaval.
   c) Os homens *ateus* foram perseguidos na Idade Média.
   d) O rapaz *judeu* casou-se ontem pela manhã.

4. Leia a tira abaixo.

   Recruta Zero, de Greg e Mort Walker.

   a) Qual é o sentido de *fazer algo diferente* no primeiro quadrinho?
   b) Como o sargento entendeu o sentido dessa expressão?
   c) Que locuções adjetivas aparecem nos quadrinhos?

5. Explique o sentido dos adjetivos destacados.
   a) A atriz chegou à festa *elegantíssima*.
   b) Ele é um *grande* menino.
   c) Ele é um menino *grande*.

●●● O que você aprendeu neste capítulo

Notícia
- **Notícia:** gênero jornalístico que informa os fatos ocorridos recentemente.
- **Depoimento:** um dos recursos que dão credibilidade à notícia.
- **Título:** traz informações da notícia que despertam o interesse do leitor. Geralmente, apresenta verbos no presente.
- **Olho:** pequeno texto que acompanha o título.
- **Lide:** apresenta as informações básicas da notícia: o quê, quem, quando, onde, como e por quê.
- A notícia circula em jornais de grande porte ou em jornais especializados.
- O jornal é dividido em seções, chamadas de cadernos, que tratam de diferentes assuntos.
- **Linguagem:** impessoal e objetiva, com verbos na terceira pessoa.
- Alguns recursos dão precisão e credibilidade à notícia, como o uso de dados numéricos e as indicações de lugares.
- A notícia costuma apresentar fotografias, acompanhadas por legendas (pequenos textos que explicam a imagem e complementam as informações).

Adjetivos
- Palavras que modificam o sentido dos substantivos, acrescentando-lhes características de qualidade, condição, julgamento, estado.
- **Classificação:** simples (uma única palavra), compostos (mais de uma palavra), primitivos (não são originados de outras palavras), derivados (originados de outras palavras), pátrios (indicam nacionalidade).
- O adjetivo tem um papel importante na notícia, pois caracteriza o que está sendo relatado, acrescentando detalhes aos fatos apresentados.
- **Flexões:** número (singular e plural), gênero (uniformes e biformes) e grau (comparativo e superlativo).
- **Locução adjetiva:** exerce a mesma função dos adjetivos. Geralmente é formada por uma preposição e um substantivo.

Sílaba tônica
- **Oxítonas:** quando a sílaba tônica é a última.
- **Paroxítonas:** quando a sílaba tônica é a penúltima.
- **Proparoxítonas:** quando a sílaba tônica é a antepenúltima.

Acentuação
- **Oxítonas:** são acentuadas quando terminadas em **-a**, **-e**, **-o** e **-em**, seguidas ou não de **-s**.
- **Proparoxítonas:** todas são acentuadas.

Autoavaliação ●●●

Para fazer sua autoavaliação, releia o quadro *O que você aprendeu neste capítulo*.
- Qual conteúdo você teve mais dificuldade em compreender? Por quê?
- Como foi sua participação nas atividades em grupo de produção do jornal? Comente.
- Em qual atividade você mais gostou de trabalhar? Por quê?

ORALIDADE

Diálogo em roteiro de cinema

1. O texto a seguir é um trecho do roteiro do filme *Central do Brasil*, de 1998. As personagens principais são Dora e o menino Josué. A mãe de Josué, com quem ele vivia no Rio de Janeiro, morreu, e ele quer ir para o Nordeste para encontrar o pai, que nunca conheceu; Dora ganha a vida redigindo cartas para analfabetos em uma estação ferroviária e assume a missão de levar o garoto até o interior nordestino. Nesta cena, eles estão a caminho e conversam com um romeiro (pessoa que viaja sem destino). Leia o texto e, se possível, ouça ou assista ao trecho do filme em que a cena ocorre.

Ribeirópolis, (SE), 2005.

[...]

O caminhão passa pelo sertão castigado pelo sol. Não há nenhum sinal de vida à beira da estrada.

[...]

Josué não tira o olho da carne-seca que um romeiro está comendo. O homem percebe os olhos gulosos do menino, se compadece e se aproxima de Dora e Josué para oferecer a comida.

Romeiro
Tão servido?
Dora não consegue disfarçar sua repugnância por aqueles nacos sujos de carne.

Dora
Não, obrigado.

Josué
Sim, obrigado.
Josué escolhe seu pedaço.

Romeiro
Tá certo, é menino que tá se criando! Tá com quantos caju?

Josué
Nove.

Romeiro
Se deixasse, eu com nove ano, comia um boi inteiro!
O romeiro volta para o seu lugar.

Josué
Come que é bom.

Dora
Não. Eu tenho muitos caju demais pra comer isso aí.

Josué
Tô te dizendo.
[...]

Walter Salles. *Central do Brasil*. Rio de Janeiro: Objetiva, 1998. p. 69.

a) Nesse trecho, algumas palavras estão incompletas. Quais são essas palavras?

b) Em um roteiro de cinema são apresentadas as falas das personagens, ele é escrito com a finalidade de ser representado e não lido. Considerando essa afirmação, por que será que os termos indicados no item anterior aparecem incompletos?

2. Observe os significados do termo *caju*, releia a segunda fala do romeiro e responda ao que se pede.

caju [...]
1 Fruto do cajueiro
2 [...] *cajueiro*.
3 [...] Ano de vida.
4 [...] Imbecil, tolo.

Michaelis moderno dicionário da língua portuguesa. Disponível em: <http://michaelis.uol.com.br>. Acesso em: 3 jul. 2014.

a) Qual dos significados apresentados foi utilizado pelo romeiro?

b) O menino compreende a expressão usada pelo romeiro? Explique.

c) Essa expressão é conhecida na região onde você vive? Você tem outras palavras ou expressões típicas para fazer a mesma pergunta?

3. Um roteiro de cinema é um texto escrito para ser representado. Para tanto, conta com vários recursos, como as rubricas, que são indicações escritas sobre o cenário, o momento do dia em que se passam as cenas, as ações das personagens, entre outros. Oralmente, identifique quais são as rubricas presentes no trecho.

Produção de texto – Diálogo em roteiro de cinema

O que você vai fazer

Forme um grupo com quatro colegas. Vocês vão criar um trecho de um roteiro de cinema e se preparar para fazer uma representação oral do texto produzido. A plateia será composta pelos seus colegas e o professor. Combinem com o professor o dia em que a cena será interpretada para a sala.

Elaboração do texto

4. Pensem em uma continuidade para a cena apresentada. O trecho a ser produzido deve ser breve, se quiserem podem criar novas personagens. Sigam as orientações:

a) Redijam o texto em forma de diálogo, identificando a quem pertence cada fala.

b) Intercalando as falas, coloquem as rubricas, para dar indicações sobre a cena ou sobre as personagens.

- Lembrem-se de que o texto criado é um diálogo, logo, deve representar a fala. Se preferirem, ele pode ser inventado oralmente e depois registrado no papel.

Representação do texto

5. Decidam quais de vocês representarão a cena e planejem as seguintes etapas.

1ª etapa: Treinem as falas, atentando para a entonação e para as emoções a serem expressas pelas personagens. Para a apresentação, todas as falas devem estar decoradas.

2ª etapa: Preparem o ambiente em que a cena será representada, de acordo com as orientações presentes nas rubricas.

3ª etapa: Durante a apresentação, usem um tom de voz que todos possam ouvir e caprichem na entonação.

Avaliação

- Avaliem o roteiro de cinema e a representação com os colegas e o professor.

a) O roteiro de cinema criou uma continuidade para a cena?

b) O roteiro apresentou as falas de forma coerente?

c) As rubricas auxiliaram na construção da cena e na apresentação oral?

d) A representação dos alunos estava de acordo com o roteiro?

e) A plateia teve um comportamento colaborativo com os colegas que estavam fazendo a apresentação?

f) O que poderia ser melhorado na elaboração do roteiro e na representação?

Se possível, assistam ou ouçam a continuação dos trechos apresentados do filme *Central do Brasil* e comparem às cenas criadas pela classe, observando como cada um desenvolveu o tema.

Relato de viagem e diário de viagem

CAPÍTULO 5

O QUE VOCÊ VAI APRENDER

- Características principais do relato de viagem e do diário de viagem
- Seleção e organização de informações
- Artigo, numeral e interjeição
- Acentuação das paroxítonas

CONVERSE COM OS COLEGAS

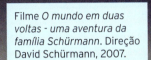

Filme *O mundo em duas voltas - uma aventura da família Schürmann*. Direção David Schürmann, 2007.

1. A fotografia ao lado reproduz o cartaz de um filme. Observe-o.
    a) Em que lugar estão as pessoas representadas no cartaz?
    b) É possível afirmar que o filme relata uma viagem? Quais elementos do cartaz comprovam essa afirmação?
    c) Que tipos de situação você acredita que eles enfrentaram durante essa viagem?
    d) O filme foi um modo de registrar a viagem que a família Schürmann fez ao redor do mundo. Que outros tipos de registro poderiam ser usados para relatar essa experiência?

2. Imagine que você tivesse participado da viagem e quisesse relatar sua experiência, por escrito, para outras pessoas.
    a) Que tipos de informação você acredita que deveriam fazer parte de seu relato?
    b) Que recursos (fotografias, mapas com legendas, cronogramas, etc.) você utilizaria em seu texto para registrar as informações sobre a viagem?

3. Você conhece outros viajantes que têm suas aventuras registradas em livros ou filmes? Quais?

4. Que objetivos tem uma pessoa ao escrever um relato de viagem?

5. O que leva uma pessoa a ler um relato de viagem?

O cartaz que acabamos de analisar se refere a um documentário que narra as aventuras vividas pelos brasileiros da família Schürmann, em uma viagem ao redor do mundo realizada em 1997.

Neste capítulo, estudaremos as principais características de textos que registram esse tipo de aventura, os **relatos de viagem** e os **diários de viagem**.

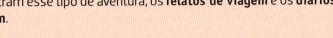

LEITURA 1

Relato de viagem

Amyr Klink, (1955), navegador. Fotografia de 1984, Atlântico Sul.

O trecho do relato de viagem que você vai ler foi escrito pelo navegador brasileiro Amyr Klink, que já realizou diversas façanhas, como passar um ano inteiro na Antártida e dar a volta ao mundo pela rota mais difícil: a circum-navegação em torno do continente antártico. O texto a seguir faz parte de um livro chamado *Cem dias entre céu e mar*, em que Amyr Klink relata uma viagem de travessia do Atlântico Sul. O navegador percorreu 7 mil quilômetros entre a Namíbia (África) e a cidade de Salvador, no Brasil, entre 10 de junho e 19 de setembro de 1984. Foi a primeira vez que um homem cruzou sozinho o Atlântico Sul em um barco a remo de 6 metros de comprimento.

Durante a travessia, Amyr registrou, dia após dia, os desafios enfrentados e os pensamentos a respeito do que viu.

Partir

A situação a bordo era desoladora. O vento ensurdecedor, o mar difícil, roupas encharcadas, muito frio e alguns estragos. Pela frente, uma eternidade até o Brasil. Para trás, uma costa inóspita, desolada e perigosamente próxima. Sabia melhor que ninguém avaliar as dificuldades que eu teria daquele momento em diante. Estava saindo na pior época do ano, final de outono, e teria pela frente um inverno inteiro no mar.

[...]

Finalmente, meu caminho dependeria do meu esforço e dedicação, de decisões minhas e não de terceiros, e eu me sentia suficientemente capaz de solucionar todos os problemas que surgissem, de encontrar saídas para os apuros em que porventura me metesse.

Se estava com medo? Mais que a espuma das ondas, estava branco, completamente branco de medo. Mas, ao me encontrar afinal só, só e independente, senti uma súbita calma. Era preciso começar a trabalhar rápido, deixar a África para trás, e era exatamente o que eu estava fazendo. [...]

Não estava obstinado de maneira cega pela ideia da travessia, como poderia parecer – estava simplesmente encantado. Trabalhei nela com os pés no chão, e, se em algum momento, por razões de segurança, tivesse que voltar atrás e recomeçar, não teria a menor hesitação. Confiava por completo no meu projeto e não estava disposto a me lançar em cegas aventuras. Mas não poder pelo menos tentar teria sido muito triste. Não pretendia desafiar o Atlântico – a natureza é infinitamente mais forte do que o homem –, mas sim conhecer seus segredos, de um lado ao outro. Para isso era preciso conviver com os caprichos do mar e deles saber tirar proveito. E eu sabia como.

[...]

A preparação para a viagem. Namíbia, África. 1984.

156

Amyr Klink em alto-mar, Atlântico Sul, 1984.

Uma foca solitária

Acordei no dia seguinte sobressaltado, dolorido após o esforço feito na véspera. Mal me lembrava de ter deitado para dormir. Encaixado no fundo da popa, eu não sentia o movimento do barco e só via o horizonte e as estrelas passando rápido pela janelinha. Mas, ao me levantar para ir ao trabalho, percebi que o mar piorara bastante durante a noite. Paciência! Agora era comigo mesmo. Tinha um imenso e desconhecido oceano pela frente que na verdade me atraía, e para trás, gravada na memória, uma fase dura, da qual não sentia a mínima saudade.

E comecei a remar. Remar de costas, olhando para trás, pensando para frente. Eu queria me afastar o mais rapidamente possível da costa africana. Avançava com dificuldade, devido às ondas que me molhavam a cada cinco minutos, mas não podia parar. Cada centímetro longe dessa região era de fundamental importância.

Sopram ali, o ano todo, ventos implacáveis, que movem as dunas do deserto da Namíbia e carregam a areia fina, deixando os diamantes à flor da superfície. Diamantes da mais alta qualidade (*gem quality*), lavados pelo mar e polidos pela areia, e em tal extensão que sua exploração é fortemente controlada e delimitada.

É a "zona proibida dos diamantes", que isola toda a costa até Walvis Bay e onde qualquer embarcação que se aproxima não tarda a ser apreendida. Nenhum veículo, por terra, ou ar, que ultrapasse seus limites pode sair dali. Por mar, a mesma coisa. Por outro lado, qualquer aproximação, ainda que de emergência, é impraticável, pois não existe em enorme extensão de litoral um único abrigo ou enseada acessível, ou livre de arrebentação.

Ao mesmo tempo, eu navegava na região que detém o recorde do maior número de naufrágios junto à costa, em tempo de paz, até 1945, de todo o continente africano. Não sem razão. Zona de ressurgência fria, com turbulências térmicas e ondas acima da altura média para sua latitude, a navegação por essas águas é dificultada por fenômenos anormais surgidos com as bruscas variações de temperatura. [...]

De fato, nada colaborava para que eu achasse normal a paisagem à minha volta. Ondas completamente descontroladas, águas escuras, tempo encoberto, um barulho ensurdecedor. Por onde andariam as tranquilas águas azuis do Atlântico de que tanto ouvi falar? Sem dúvida, longe da África.

[...]

LEITURA 1
Relato de viagem

No fim do dia, ao me levantar para amarrar os remos e jogar a biruta no mar, antes de ir dormir, olhei para o horizonte e, em vez de mar, como imaginava, o que vi? As dunas do deserto! Durante a noite, enquanto dormia, o barco derivara de volta e eu me encontrava novamente junto à costa.

Chegada de Amyr Klink ao Brasil. Salvador, (BA), 1984.

[...]

Naquela mesma noite fui acordado diversas vezes por ondas que golpeavam o barco com impressionante violência. O mar parecia ter enlouquecido e não havia mais nada que eu pudesse fazer a não ser permanecer deitado e rezar. Choques tremendos, um barulho assustador, tudo escuro; adormeci. E acordei, deitado no teto, quase me afogando em sacolas e roupas que me vieram à cabeça. Tudo ao contrário: eu havia capotado. Indescritível sensação. Estaria sonhando ainda?

Não. Alguns segundos, outra onda e tudo voltava à posição normal em total desordem!

Mal tive tempo de analisar o que se passou, e o mundo deu novamente uma volta completa, tão rápida que nem cheguei a sair do lugar. Lembrei-me da blusa verde, que ganhei da Anne Marie, solta no cockpit, e dos remos – estariam ainda inteiros no seu lugar? Impossível descobrir naquele momento. Precisava tirar a água primeiro. Não havia tempo para pensar. Sem que eu parasse um minuto de acionar a alavanca da bomba, o dia começou a nascer e pude então perceber o tamanho da encrenca.

[...]

Amyr Klink. *Cem dias entre céu e mar*. 3. ed. São Paulo: Companhia das Letras, 1995. p. 21-22 e 47-50.

GLOSSÁRIO

Arrebentação: choque das ondas ou lugar onde elas se quebram.
Biruta: aparelho para indicar a direção do vento.
Cockpit: local destinado aos pilotos em carros de corrida ou em algumas embarcações.
Derivar: desviar da rota.
Desolador: que apresenta aparência de isolamento, desamparo e aflição.
Enseada: pequena baía na costa de mar, que serve de porto a embarcações.

Hesitação: indecisão, dúvida.
Inóspito: desfavorável à vida; difícil.
Latitude: distância de um ponto do globo terrestre em relação à linha do equador.
Obstinado: inflexível; que defende uma opinião ou propósito mesmo quando contrário à razão; teimoso.
Popa: parte de trás de um embarcação.
Ressurgência: movimento ascendente de águas profundas para a superfície.
Sobressaltado: bastante agitado; inquieto.

Estudo do texto

●●● Para entender o texto

1. Com base nas informações do texto e do quadro *O que você vai ler*, responda.

De que viagem trata o relato?
Quem está realizando a travessia?
Quem está relatando essa travessia?
Qual é o tipo de embarcação utilizado na travessia?
Como é a região por onde Amyr Klink estava navegando?

2. O texto que você leu apresenta duas partes: em uma delas, Amyr Klink fala de seus sentimentos em determinado momento da viagem e, em outra, apresenta uma situação de perigo que enfrentou. Quais os títulos dessas duas partes, respectivamente?

3. Releia o título da segunda parte do fragmento. Que significado esse título adquire no texto?

4. Transcreva a alternativa correta em relação à viagem de Amyr Klink.
   a) Ele não planejou a viagem, simplesmente decidiu que partiria e foi em busca de aventura.
   b) Ele sentia confiança em seu projeto e tinha consciência dos desafios a serem superados.
   c) Amyr Klink planejou apenas parte da viagem e achou que não teria muitas dificuldades e desafios.

5. Mesmo sabendo das dificuldades que enfrentaria na viagem, o trecho relata situações em que o autor demonstra ter sido surpreendido.
   a) Como Amyr Klink se sente ao avistar as dunas do deserto da Namíbia?
   b) Por que ele demonstra esse sentimento?
   c) O que aconteceu com o barco, deixando o navegador totalmente incapacitado para agir?

6. Com base no trecho lido, é possível imaginar as situações que o navegador enfrentou nessa fase da viagem? Por quê?

> **ANOTE**
> Nos **relatos de viagem**, é importante que as **informações selecionadas** possibilitem ao leitor imaginar os locais e as situações vivenciadas por quem escreve.

7. No texto, Amyr Klink, com base em sua experiência como navegador, compara o poder do ser humano com o poder da natureza. Transcreva a afirmativa que mostra a visão do autor a respeito de seu relacionamento com a natureza.
   a) Amyr afirma a superioridade do ser humano em relação à natureza.
   b) Amyr afirma a igualdade entre o ser humano e a natureza.
   c) Amyr demonstra respeito à natureza.

8. Você acredita que Amyr Klink teve sucesso em sua travessia? Justifique sua resposta.

Estudo do texto

▎ **Seleção e organização de informações**

1. Quanto tempo durou a viagem realizada por Amyr Klink?

2. Amyr Klink relatou em seu livro tudo o que lhe aconteceu e tudo o que viu durante a travessia? Por quê?

3. Do que tratam as informações que compõem o trecho do relato que você leu?

4. Copie o quadro a seguir, completando-o com as informações que foram dadas por Amyr Klink a respeito dos locais indicados.

Local	Características
Costa da Namíbia	
Mar	

> **ANOTE**
> Para que o leitor possa formar uma imagem dos **espaços** visitados pelo viajante, é importante **caracterizá-los**. Isso é feito pela seleção dos acontecimentos que o autor considera mais marcantes.

5. Observe, no mapa a seguir, a rota de Amyr Klink em sua travessia.

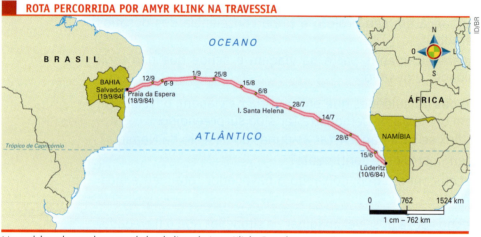

Mapa elaborado com base nos dados do livro de Amyr Klink, *Cem dias entre céu e mar*.

   a) Escreva o lugar de onde Amyr Klink partiu e qual o seu destino.

   b) De que modo esse mapa contribui para a compreensão da viagem relatada no texto?

6. Observe as fotografias que acompanham o texto de Amyr Klink.

   a) Essas fotografias são imprescindíveis para a compreensão dos fatos relatados? Explique.

   b) Que informações cada uma dessas fotografias acrescenta ao texto?

> **ANOTE**
> Além das informações presentes no texto, nos relatos de viagem é comum a **utilização de imagens**, para que o leitor possa compreender melhor o que está sendo relatado. As imagens auxiliam na caracterização dos espaços e podem trazer novas informações para o leitor.

7. Localize, no relato de Amyr Klink, e transcreva expressões que marcam o tempo em que os fatos ocorreram.

8. Que efeitos a ausência dessas informações produziria no texto?

9. Leia o trecho a seguir, também extraído do livro de Amyr Klink.

> [...] Os dias passaram voando e o rendimento melhorara enormemente. Estava agora a 120 milhas da costa e a mais de 170 de Lüderitz; encontrava tempo para tudo e não mais precisava voar sobre o jantar para terminar de lavar a louça antes que escurecesse.
>
> Esse foi um domingo de grandes comemorações. Completava uma semana no mar, e fiz uma enorme festa [...].
>
> Amyr Klink. *Cem dias entre céu e mar*. São Paulo: Companhia das Letras, 1995. p. 54-55.

Copie informações sobre as ações do autor e indicações sobre o tempo e o lugar em que ocorreram.

ANOTE

Em relatos de viagem, os **marcadores de tempo** organizam as informações do texto, possibilitando saber quando e em que sequência os fatos ocorreram. Da mesma forma, a **objetividade e a precisão das indicações de espaço** possibilitam que o leitor acompanhe a viagem, associando as informações do texto aos locais visitados.

10. No relato que você leu nas páginas anteriores, identifique e transcreva os trechos em que sentimentos de Amyr Klink são apresentados ao leitor.

11. Leia os trechos abaixo, relativos aos momentos de partida para a África e de chegada ao Brasil.

> **O cais da espera**
>
> Não tinha sono, e fiquei a dar voltas pelo porto. Eram os nervos, talvez. Foi uma despedida um pouco tensa. Sentia todos preocupados e, pior que isso, eu estava preocupado. Partia às pressas para um país que não conhecia, e não tinha a menor noção de como chegar ao meu destino, a Namíbia [...].
>
> **A Praia da Espera**
>
> Na quietude daquela noite, a última, ancorado no infinito sossego da Praia da Espera, sonhando com os olhos abertos e ouvindo outros barcos que também dormiam, descobri que a maior felicidade que existe é a silenciosa certeza de que vale a pena viver.
>
> Amyr Klink. *Cem dias entre céu e mar*. 3 ed. São Paulo: Companhia das Letras, 1995. p. 25 e 204.

a) Identifique as palavras ou expressões que descrevem como se sentia Amyr Klink no momento da saída.

b) Por que ele se sentia assim?

c) Os sentimentos expressos no momento de chegada são parecidos com os da partida?

ANOTE

Em relatos de viagens, os **sentimentos** de quem escreve podem aparecer como recursos para emocionar o leitor.

Estudo do texto

●●● O contexto de produção

1. Quais seriam os objetivos que, em sua opinião, um autor poderia ter ao escrever um relato de viagem?

2. Leia um trecho da carta que Pero Vaz de Caminha escreveu sobre suas primeiras impressões em terras brasileiras.

> Posto que o capitão-mor desta vossa frota e assim os outros capitães escrevam a Vossa Alteza a nova do achamento desta vossa terra nova que ora nesta navegação se achou, não deixarei também de dar disso minha conta a Vossa Alteza, assim como eu melhor puder [...] Creia bem por certo que, para aformosear ou afear, não porei aqui mais do que aquilo que vi e me pareceu. [...].
>
> A partida de Belém, como Vossa Alteza sabe, foi segunda-feira, 9 de março [...]. E assim seguimos nosso caminho por este mar, de longo, até que terça-feira das Oitavas de Páscoa, que foram 21 dias de abril, estando da dita Ilha obra de 660 ou 670 léguas, segundo os pilotos diziam, topamos alguns sinais de terra. [...]
>
> Nela até agora não pudemos saber se há ouro, prata ou outra coisa de metal ou ferro, nem pudemos ver. Contudo, a terra em si é de muito bons ares frescos e temperados. [...]
>
> E nesta maneira, Senhor, dou aqui a Vossa Alteza do que nesta vossa terra vi. [...] Deste Porto Seguro, da Vossa Ilha de Vera Cruz, hoje, sexta-feira, primeiro dia de maio de 1500.
>
> Carta de Pero Vaz de Caminha (linguagem atualizada). Transcrição feita por Antônio Geraldo da Cunha, César Nardelli Cambraia, Heitor Megale. São Paulo: Humanitas, 1999. p. 29 e 79-80.

a) Que informações aparecem nesse texto?

b) Com qual objetivo a carta de Caminha foi escrita?

3. Amyr Klink certamente também tinha algum objetivo ao escrever o seu relato. Copie as possíveis razões de Amyr, dentre as relacionadas abaixo.

a) Relatar a sua aventura e expor a capacidade de superação do ser humano, pois Amyr realizou uma viagem em que houve muitos desafios e perigos.

b) Contar a sua história somente para outros navegantes, pois ele não tem a intenção de relatar a travessia para pessoas que não navegam e não têm a ousadia que ele teve.

c) Fornecer ao governo do Brasil um registro oficial das condições de navegação de navios brasileiros em contato comercial com países africanos.

> **ANOTE**
>
> Relatos de viagem são produzidos em situações bastante diversas. Historicamente, foram muitas vezes usados como **registros oficiais** sobre territórios descobertos, explorados ou conquistados por determinado povo. Atualmente, esse gênero também tem sido, frequentemente, produzido e publicado com o objetivo de **informar** ou **entreter** o leitor, ao retratar lugares e situações incomuns.

●●● Linguagem do texto

1. A viagem realizada por Amyr Klink é relatada por ele mesmo. Retire do texto um trecho que comprove essa afirmação.

2. Retire também da carta a respeito do "descobrimento" do Brasil um trecho que comprove que o próprio Caminha a escreveu.

3. O relato de Amyr Klink e a carta de Caminha são narrados em primeira pessoa. Em geral, os relatos de viagem e as cartas são escritos desse modo. Qual seria o motivo?

4. Observe o seguinte trecho do relato de Amyr Klink.

   > "De fato, nada colaborava para que eu achasse **normal** a paisagem à minha volta. Ondas completamente **descontroladas**, águas **escuras**, tempo **encoberto**, um barulho **ensurdecedor**."

   a) A que classe gramatical pertencem as palavras destacadas no trecho?
   b) Qual é a função dessas palavras no texto?
   c) Qual a importância de palavras como essas em relatos de viagem?

> **ANOTE**
> Em geral, nos relatos de viagem o autor registra suas **impressões pessoais** a respeito de lugares, de pessoas e de situações com os quais depara ao longo da viagem, procurando caracterizá-los. O uso dos adjetivos é importante para essa caracterização.

5. No trecho "Uma foca solitária", Amyr Klink utilizou várias vezes o sinal de interrogação.
   a) Transcreva duas perguntas.
   b) A quem essas perguntas se dirigem?
   c) O que elas expressam?

6. Releia o seguinte trecho do relato.

   > "E acordei, deitado no teto, quase me afogando em sacolas e roupas que me vieram à cabeça. Tudo ao contrário: eu havia capotado. Indescritível sensação. Estaria sonhando ainda?"

   a) Identifique ações e pensamentos do narrador.
   b) Na situação vivida pelo navegador, que sentimentos você acha que aquela "indescritível sensação" provocou nele?

Superação dos limites humanos

No relato de viagem de Amyr Klink, pudemos perceber a coragem do navegador para enfrentar as dificuldades do percurso. Vimos como ele tentou superar seus limites e não se deixou abater pelos obstáculos da natureza.

- Discuta com seus colegas e com o professor a seguinte questão: de que modo a vontade de superar limites pode trazer benefícios ao ser humano?

PRODUÇÃO DE TEXTO

Relato de viagem

AQUECIMENTO

Uma das formas de organizar um relato é o uso de marcadores de tempo associados com as indicações dos locais. Reescreva o texto a seguir, completando as lacunas com marcadores de tempo adequados e com indicações de lugares.

Acordei ★ e fui me encontrar com a equipe, no centro da ★, de onde partimos em um pequeno caminhão, com todas as provisões e todos os equipamentos necessários à nossa escalada. ★, chegamos à reserva florestal.

★ iniciamos a caminhada pela ★. Ao nosso redor, viam-se arbustos baixos e retorcidos com poucas folhagens. Caminhamos durante ★ e pouco a pouco fomos envolvidos por uma mata espessa e escura. No final da tarde, deparamo-nos com a imensa montanha.

A majestosa ★ erguia-se diante de nossos olhos. Já estava escurecendo e decidimos armar as barracas, para passar a noite, antes de iniciarmos a difícil escalada.

••• Proposta

Você vai escrever um relato de um dia de uma viagem imaginária. Cada aluno da classe escolherá um lugar e relatará suas aventuras. Depois de prontos, os relatos de viagem serão lidos em uma roda de leitura.

Observe as imagens. Para qual desses lugares você gostaria de viajar?

Caribe, 2000.

Praia tropical, 2000.

••• Planejamento e elaboração do texto

Nas imagens acima podemos reconhecer dois cenários propícios para uma viagem. O que poderia acontecer nesses lugares?

Antes de escrever o seu texto, planeje os itens a seguir.

1. Selecione uma das paisagens anteriores para escrever o seu relato de viagem. Observe bem esse lugar e imagine como seria um dia dessa viagem.

164

2. Observe as imagens a seguir.

Camping, 2000.   Hotel. Hurghanda, Egito, 2007.   Pousada. São Roque, (SP), 2001.

Imagine em qual desses locais você ficaria, conforme o estilo de viagem que havia imaginado: mais tranquila ou cheia de aventuras.

3. Copie o quadro e complete-o de acordo com as escolhas que você fez.

Qual foi o lugar selecionado?	
Quais são as características desse local?	
Em qual local você ficará hospedado?	
É uma viagem solitária ou há mais pessoas?	
O que acontecerá nesse dia da viagem?	

Com base no planejamento, escreva seu texto. Além dos aspectos mencionados no quadro, descreva as experiências e os sentimentos vividos por você. Lembre-se também de usar referências de tempo e indicar a localização dos fatos relatados.

••• Avaliação e reescrita do texto

1. Preencha a tabela, pois ela auxiliará na avaliação do seu relato de viagem.

Elementos da narrativa	Sim	Não
O relato está em primeira pessoa?		
Há indicações de lugar?		
Há descrições dos espaços?		
Há marcações de tempo?		

2. Depois de terminar o relato, cada aluno lerá o seu texto para a classe, de modo expressivo, dando maior destaque às palavras ou aos trechos que julgar mais importantes. Após a leitura em voz alta, os demais alunos podem identificar qual lugar e qual tipo de hospedagem foram selecionados em cada relato.

Dicas para ler os textos em uma roda de leitura

- A sala de aula pode estar arrumada com as cadeiras em forma de círculo.
- Os alunos voluntários leem os seus relatos de modo expressivo, explorando a pontuação e a entonação. Eles podem utilizar outros recursos para contar a história, como objetos, roupas e acessórios.
- Os outros alunos comentam os textos, apontando os aspectos mais interessantes dos relatos lidos.

REFLEXÃO LINGUÍSTICA

Artigo e numeral

••• Artigo

1. Observe os dois quadrinhos a seguir.

Bill Watterson. *Calvin e Haroldo*: felino selvagem psicopata homicida. São Paulo: Best News, 1996. v. 2. p. 12.

a) Com base nesses dois quadrinhos, é possível saber a que mundo Calvin está se referindo? Explique.

b) Qual é a palavra que produz esse sentido de indefinição?

2. Leia o quadrinho ao lado, que é a continuação da história desenvolvida nos dois quadrinhos anteriores.

a) A qual mundo Calvin está se referindo nesse quadrinho?

b) Como você chegou a essa conclusão?

Nos dois primeiros quadrinhos, observa-se que o substantivo *mundo*, acompanhado da palavra *um*, apresenta um sentido indefinido, pois se refere a um mundo qualquer entre outros existentes.

No terceiro quadrinho, o substantivo, quando acompanhado da palavra *o*, adquire um sentido mais definido, ou seja, particular, pois se refere ao mundo em que vivemos. As palavras que acompanham os substantivos indicando um sentido mais definido ou indefinido recebem o nome de **artigo**.

Artigos são palavras que antecedem substantivos com a função de particularizá-los ou de generalizá-los. Os artigos que generalizam são chamados **indefinidos**: *um, uma, uns, umas*. Os artigos que particularizam são chamados **definidos**: *o, a, os, as*.

Observe na tira de Calvin a frase: "O mundo provavelmente é mais engraçado". A palavra *mundo* é masculina e está no singular. O artigo *o*, que acompanha esse substantivo, deverá concordar com ele.

Os artigos variam em **gênero** (masculino ou feminino) e **número** (plural ou singular), de acordo com os substantivos que eles acompanham.

166

●●● Numeral

1. Leia o trecho a seguir, retirado do livro *Everest: viagem à montanha abençoada*.

> Quando o avião levantou voo com destino a Miami, no dia 31 de agosto de 1991, levava a bordo apenas três integrantes da expedição: Barney, Kenvy e eu. Éramos a primeira parte do grupo a deixar o Brasil. Fomos para os EUA somente com a bagagem de mão, para comprar equipamentos de montanha, fotografia, filmagem e radiocomunicação. O restante da equipe permaneceria no Brasil mais duas semanas acertando os últimos detalhes. [...]
>
> Thomaz Brandolin. *Everest*: viagem à montanha abençoada. 6. ed. Porto Alegre: L&PM, 2002. p. 34.

a) Quais palavras presentes no texto indicam quantidades definidas?
b) O que a palavra *primeira* indica em relação aos viajantes?
c) Que palavra do trecho se refere a uma quantidade inexata de pessoas?

> **ANOTE**
>
> **Numerais** são as palavras que têm a função de indicar **quantidades definidas**. Além de quantidades, os numerais podem expressar a ideia de **ordenação**.

Tipos de numeral

Existem quatro tipos de numerais.
- **Cardinais**: definem uma quantidade de seres.
- **Ordinais**: definem uma sequência, ordem ou posição.
- **Multiplicativos**: indicam multiplicação.
- **Fracionários**: indicam uma parte ou divisão.

Observe a tabela a seguir, relativa aos numerais (palavras) e aos algarismos (sinais gráficos).

Algarismos		Numerais			
Arábicos	Romanos	Cardinais	Ordinais	Multiplicativos	Fracionários
1	I	um	primeiro	-	-
2	II	dois	segundo	dobro, duplo, dúplice	meio ou metade
3	III	três	terceiro	triplo ou tríplice	terço
4	IV	quatro	quarto	quádruplo	quarto
5	V	cinco	quinto	quíntuplo	quinto
6	VI	seis	sexto	sêxtuplo	sexto
7	VII	sete	sétimo	séptuplo	sétimo
8	VIII	oito	oitavo	óctuplo	oitavo
9	IX	nove	nono	nônuplo	nono
10	X	dez	décimo	décuplo	décimo
20	XX	vinte	vigésimo	-	-
30	XXX	trinta	trigésimo	-	-
40	XL	quarenta	quadragésimo	-	-
50	L	cinquenta	quinquagésimo	-	-
60	LX	sessenta	sexagésimo	-	-
70	LXX	setenta	septuagésimo	-	-
80	LXXX	oitenta	octogésimo	-	-
90	XC	noventa	nonagésimo	-	-
100	C	cem	centésimo	cêntuplo	centésimo
1000	M	mil	milésimo	-	milésimo

REFLEXÃO LINGUÍSTICA Na prática

1. Observe a tira a seguir.

Quino. *Toda Mafalda*. 6. ed. São Paulo: Martins Fontes, 2003. p. 67.

a) No terceiro quadrinho, quais palavras acompanham o substantivo amigo e modificam seu sentido?

b) De acordo com o pensamento de Miguelito nesse quadrinho, que diferença de sentido há entre ser "o amigo" ou "um amigo" de Mafalda?

2. Complete as frases a seguir com o numeral apropriado.
   a) Carlos tem 7 anos, Pedro tem 14. Pedro tem ★ da idade de Carlos.

   (a metade / o dobro / um terço)

   b) Cristina ganhou a corrida, Ana chegou logo atrás dela. Ana chegou em ★ lugar.

   (primeiro / terceiro / segundo)

   c) Havia meia dúzia de laranjas na geladeira. Alfredo usou três para fazer suco. Alfredo usou ★ das laranjas que havia na geladeira.

   (todas / metade / um quarto)

3. Leia a tira a seguir e responda às questões.

Turma da Mônica, de Mauricio de Sousa.

a) O ônibus que está vindo em direção ao pai da Mônica é um ônibus qualquer ou é o ônibus que ele toma diariamente para ir ao trabalho?

b) Quais palavras presentes na última fala da mãe da Mônica confirmam a sua afirmação?

c) Caso a mãe da Mônica dissesse "Um ônibus já vem vindo!", teríamos certeza de que é o ônibus esperado? Por quê?

d) Explique a diferença de sentido que há entre as frases "O ônibus já vem vindo" e "Um ônibus já vem vindo".

LÍNGUA VIVA

A determinação e a indeterminação

1. Leia a seguir outro trecho retirado de um relato de viagem.

> Éramos quatro alpinistas de três países diferentes – dois poloneses, um americano e um brasileiro – mas com um único objetivo: fazer a primeira ascensão durante o inverno do Monte Makalu, de 8 740 metros de altitude, a quinta montanha mais alta do mundo, no coração da Cordilheira do Himalaia. Os outros cinco alpinistas da equipe estavam no campo-base avançado, quase dois quilômetros abaixo, ansiosos, aguardando os acontecimentos. Estava começando o ano de 1988.
>
> Thomaz Brandolin. *Everest*: viagem à montanha abençoada. 6. ed. Porto Alegre: L&PM, 2002. p. 10.

Monte Everest, Nepal, 2007.

No trecho, vemos que há numerais que indicam quantidades definidas e há também algarismos que substituem os numerais nessa função.

a) Copie os numerais que aparecem no texto.

b) Quais são os números representados por algarismos no texto? Transcreva-os por extenso.

c) O que a palavra *quinta*, presente no trecho lido, indica em relação ao monte Makalu? Copie a alternativa correta.
   - Indica a ordem de grandeza da montanha, pois existem outras montanhas mais altas que ela.
   - Indica a quantidade de montanhas no Himalaia.

d) Por qual razão foram dadas informações tão precisas sobre a altitude do monte Makalu e sua posição na lista dos montes mais altos?

e) Qual é a importância dos numerais em um relato de viagem como esse?

2. Leia a tira.

Dik Browne. *O melhor de Hagar, o Horrível*. Porto Alegre: L&PM, 2006. v. 2. p. 126.

a) Por que Hagar empregou o artigo definido *o* para referir-se ao castelo e o artigo indefinido *um* para referir-se ao mágico?

b) Releia a fala de Hagar. Como ele chegou a essa conclusão a respeito do dono do castelo?

ANOTE

Os **artigos** auxiliam o leitor a reconhecer o caráter geral ou particular dos substantivos que eles acompanham, dando-lhes uma ideia de **determinação** ou **indeterminação**.

Os **numerais** indicam quantidades definidas e ajudam na **determinação** da informação do texto.

LEITURA 2

Diário de viagem

Guilherme Chaves Correa de Figueiredo, empresário mineiro. Fotografia de 2007.

O diário de viagem que você vai ler foi escrito por Guilherme Figueiredo, que percorreu de bicicleta a Estrada Real I, em Minas Gerais, na companhia de dois amigos. A viagem foi idealizada depois que ele assistiu a uma palestra sobre as belezas da região e seu potencial turístico.

O trajeto, percorrido em dez dias, começou em Ouro Preto, Minas Gerais, e terminou em Paraty, Rio de Janeiro. Tudo o que viram e aprenderam está registrado no texto "Diário de bordo – Projeto Expedição Estrada Real I", publicado em um *site* dedicado a relatos de viagem. É possível perceber a emoção que ele viveu em cada lugar e a determinação dos rapazes diante dos desafios da viagem, e também saber tudo que aprenderam com a experiência.

O que você vai ler agora são trechos do relato do quinto e do sexto dia, no meio da viagem. Aqui são reveladas algumas das dificuldades pelas quais os viajantes passaram e também suas descobertas sobre a região e o povo mineiro.

Projeto Expedição Estrada Real I

5º dia – São João Del Rey > Caquende 55 km > Carrancas

Na saída do hotel, avistei uma coisa estranha, barulhenta e um homem com um chapéu de *cowboy*. Observando melhor, vi que a "coisa" era uma bicicleta. Uma bicicleta não, uma obra de arte. Nunca vi coisa parecida na minha vida, tamanha era a criatividade daquele sujeito que conseguiu transformar uma barra circular em obra de arte. Olhei para o Juninho e nos aproximamos para ver de perto tamanha beleza. Chegando próximo, perguntei o nome do senhor, proprietário daquela "magrela". O nome dele era: Toninho da Bicicleta ou Toninho do Cavaco, figura tradicional da cidade de São João Del Rey. Convidei-o para uma foto, e ele, mais que depressa, prontificou-se a vir tirá-la com a gente. Fez pose e... pronto! Estava já registrada na memória aquela raridade. Só vendo mesmo para acreditar. Tinha tudo, a *bike*: relógio de parede (grandão), calculadora, rádio com bateria, buzina, despertador. Toda ornamentada, colorida, pura alegria. Resolvemos fazer uma filmagem e Toninho da

Os três viajantes na Estrada Real, 2005.

Bicicleta colocou uma música que tinha tudo a ver com a gente e dizia assim: "Já é hora da partida". Ele disse também que era tocador de cavaco e que cantava, porque era alegre e chega de tristeza em sua vida. Encheu a gente de alegria e percebemos que para ser feliz não é só dinheiro e sim um jeito simples de ser. Um abraço para o Sr. Toninho da Bicicleta, que, com o seu incentivo, nos motivou para mais uma etapa.

Saímos do hotel, aproximadamente, às 8:30 da manhã em direção a Caquende. Pegamos o asfalto e encontramos um pouco de dificuldade, porque esta estrada não possui acostamento. Esse trecho não tem muitas novidades.

Mais adiante, uns 20 ou 25 km pedalando no asfalto, avistamos a placa, mostrando a direção da nossa próxima parada. Esse trecho a seguir é todo em terra e propício para o *mountain bike*. É o famoso "estradão". Você pode impor uma velocidade razoável, uns 20 km por hora, e desenvolver a viagem melhor. O visual é belíssimo, muitas fazendas, muito verde. Encontramos, no caminho, uma cobra e uma seriema. Durante esse trecho fomos conversando um pouco, agradecendo a Deus e a todos aqueles que apoiaram nosso projeto. Sem a ajuda de nossos patrocinadores, seria um pouco inviável realizá-lo.

Pausa na viagem pela Estrada Real, 2005.

Chegando a Caquende, após uma bela descida, logo encontramos o nosso apoio, o Warley, aguardando-nos na balsa que faz a travessia para Capela do Saco, do outro lado da represa. Um visual belíssimo, mas observamos que a represa está diminuindo o seu nível de água. Os nossos planos eram parar em Caquende, mas decidimos continuar a pedalar mais uns 40 km até Carrancas. Estávamos muito bem. Achamos melhor parar em Carrancas e descansar lá por um dia. A cidade tem nada mais que 110 cachoeiras, algumas delas são inexploradas. Paramos um pouco na praça principal, compramos alguns mantimentos, buscamos algumas informações no local e fomos acampar na Cachoeira da Fumaça, que fica a uns 6 km do centro de Carrancas. O trecho é de fácil acesso e, rapidinho, já estávamos alojados de frente para a belíssima cachoeira. O local é tranquilo, muitas pessoas acampadas e (o melhor) o preço é bem baratinho. [...]

Nesse percurso, aconteceu um incidente com a minha *bike*. Fui pular um mata-burros e a minha roda traseira bateu, com toda a força, na quina do mata-burros. Adivinhem o que aconteceu? A roda virou um 8 na gíria dos ciclistas, ficou totalmente empenada. Estávamos tão felizes! Nada estava dando errado. Pequenos desacertos que eram reparados rapidinho. Não posso deixar de relatar um pouco sobre a Serra do Salto, imponente, mas que requer do ciclista um preparo de atleta profissional. Muito íngreme... e já tínhamos pedalado uns 80 km. Estávamos mortos.

Chegamos à cachoeira e fomos preparar o almoço, pois estávamos famintos. O cardápio foi: arroz, linguicinha defumada, lá da Fazenda do Vau, e legumes. Estava uma delícia. Conhecemos também a Cachoeira Véu de Noiva, pertinho da Cachoeira da Fumaça. Vamos descansar aqui mais um dia, para depois seguir adiante para Cruzília. Eu e o Juninho estávamos pedalando bem a média de 60 km por dia e até agora foram 300 km aproximadamente. Estamos pedalando, em média, 3 a 4 horas por dia. Hoje foi um pouco mais.

LEITURA 2
Diário de viagem

A viagem tem sido demais! Tenho aprendido muito. Em companhia de outras pessoas, temos de tomar decisões em conjunto; isso fortalece a equipe e o grupo aprende a superar-se. Para todos que gostam de aventura, natureza, história, vale a pena conhecer a Estrada Real e os seus caminhos. No dia de hoje, fomos dormir com o som da Cachoeira da Fumaça, noite tranquila, serena, relaxando bastante sem [nos] preocupar com o amanhã.

6º dia – Cachoeira da Fumaça (acampados)

[...]

Continuando [...] a nossa trajetória, depois de uma noite chuvosa, acordamos. Tomamos um belíssimo café e ficamos esperando o sol aparecer. O dia amanheceu nublado, com perspectiva de chuva para os dias seguintes. Guardamos as *bikes* e saímos de carro para conhecer a famosa Cachoeira da Zilda. Fomos até o centro de Carrancas e nos informaram que essa cachoeira ficava a 12 km do centro. Pegamos o trecho todo em estrada de terra e, depois de algumas bifurcações, conseguimos chegar até lá. Ficamos deslumbrados com tamanha beleza! Por ser um pouco afastada do centro está impecável.

Cachoeira da Fumaça, Carrancas, (MG), 2005.

Andamos um pouco, mais uns 20 metros dali e encontramos outra cachoeira, não sabemos o nome, mas parece que é continuação da Zilda. Eu, particularmente, não conhecia cachoeiras tão belas como as daqui. Realmente impressionantes!

6º dia – Tarde – Passamos no centro, compramos uma carne e fomos preparar o almoço. Ah! Esqueci de relatar o encontro com o Marcos, estudante de Geografia que estava fotografando e colhendo amostras de material rochoso. Ele também estava encantado com a beleza local. Voltando ao almoço, preparamos bife de contra-filé e arroz. Estava muito bom.

Pelo que temos informação, a viagem até Cruzília vai ser dura. Haverá muita subida. Vamos relaxar à tarde, para partirmos, ao amanhecer. A tarde estava chuvosa, mas nos arriscamos a dar o último mergulho na Cachoeira Véu de Noiva. Voltamos para o acampamento, fizemos algumas filmagens e, ao anoitecer, tomamos banho, acendemos uma fogueira, lanchamos e nos preparamos para dormir.

Guilherme Chaves Correa de Figueiredo. Disponível em: <http://verdeminas.com>.
Acesso em: 16 dez. 2011.

GLOSSÁRIO

Barra circular: tipo de bicicleta sem marchas.
Bifurcação: ponto onde há a separação de uma rua ou estrada.
Empenado: torto.
Íngreme: muito inclinado.
Mantimento: alimentos.

Mata-burros: pequena ponte feita em cima de um buraco com tábuas distantes umas das outras para que pessoas consigam passar, mas não animais.
Prontificar-se: estar à disposição.
Seriema: ave de tamanho médio que tem um bico vermelho e um penacho.

Estudo do texto

●●● Para entender o texto

1. A partir da leitura do texto, explique pelo menos dois benefícios que uma viagem de bicicleta pode proporcionar.

2. O texto que você leu é um relato de viagem. Copie o quadro a seguir e complete-o.

Em qual pessoa verbal o texto foi escrito?	
Transcreva dois indicadores de tempo.	
Transcreva dois indicadores de espaço.	
Que informações sobre o espaço apareceram no texto?	
Qual é o objetivo do texto?	

3. No relato do quinto dia, o trecho da manhã é mais longo. Qual seria o motivo para o relato da tarde ser mais breve?

4. Relacione os inícios dos parágrafos copiados no quadro com as informações de cada parte do texto.

A viagem tem sido demais!	Na saída do hotel
Chegamos à cachoeira	Nesse percurso

   a) O narrador descreve o que vê de manhã, demonstrando sua admiração pelo que vê na cidade.
   b) O narrador relata o que fizeram ao chegar ao local, descrevendo o cardápio do dia.
   c) O narrador apresenta a dificuldade pela qual passaram nesse dia.
   d) O narrador começa a finalizar o relato do dia, apresentando suas impressões sobre o que tem visto ao longo do percurso.

5. A marcação do tempo é fundamental em um relato de viagem. De que modo a marcação dos dias é feita nesse relato?

6. Nesse texto, a passagem de tempo pode ser percebida também pela mudança de espaço. Copie um fragmento que comprove essa afirmação.
   a) "Chegando a Caquende, após uma bela descida, logo encontramos nosso apoio".
   b) "O local é tranquilo, muitas pessoas acampadas e (o melhor) o preço é bem baratinho".

O **diário de viagem** reúne registros de fatos e acontecimentos vividos em uma viagem. É escrito em primeira pessoa e organizado por datas. A linguagem dos diários costuma ser informal e, muitas vezes, seu autor agrega aos textos imagens e recordações da viagem (fotografias, ingressos, recibos, etc.)

Os diários podem ser confidenciais (nesse caso, o narrador tem o próprio diário como interlocutor) ou públicos, podendo ser divulgados em suportes variados como *sites* e *blogs*.

Estudo do texto

●●● O texto e o leitor

1. O narrador apresenta suas impressões a respeito dos lugares visitados e das descobertas realizadas. Observe, em cada trecho, quais são os sentimentos do narrador. Em seguida, copie o quadro e complete-o.

Trecho	Impressões e emoções
"Na saída do hotel, avistei uma coisa estranha, barulhenta e um homem com um chapéu de *cowboy*."	
"Você pode impor uma velocidade razoável, uns 20 km por hora e desenvolver a viagem melhor."	
"A cidade tem nada mais que 110 cachoeiras, algumas delas são inexploradas."	
"O cardápio foi: arroz, linguicinha defumada, lá da Fazenda do Vau, e legumes. Estava uma delícia."	

2. Que reação a manifestação das sensações e dos sentimentos do narrador provoca no leitor?

> **ANOTE**
> Em diários de viagem, é comum que o autor registre seus **sentimentos** e suas **impressões**. Esse registro faz com que o leitor se sinta mais próximo dos fatos relatados.

3. Com base na leitura do diário de viagem que você acabou de ler, responda às questões.
    a) A linguagem utilizada pelo narrador é formal ou informal? Copie trechos que comprovem sua resposta.
    b) Que efeitos o tipo de linguagem empregado nesse diário causa no leitor?

4. No boxe *O que você vai ler* há a informação de que o "Diário de bordo – Projeto Expedição Estrada Real I" foi originalmente publicado em um *site*.
    a) A informalidade da linguagem utilizada pelo narrador está de acordo com o meio virtual de comunicação, o *site*?
    b) Os textos publicados nesse *site* foram escritos durante a viagem ou depois de ela ter sido concluída?
    c) A comunicação entre o autor e o leitor acontecia quase ao mesmo tempo em que ocorriam os fatos relatados.
    • Copie um trecho do texto que comprove a proximidade do tempo entre as ações e o tempo da escrita.
    • Copie um trecho em que se estabelece comunicação direta entre narrador e leitor.

> **ANOTE**
> A possibilidade de **diálogo entre escritores e leitores** durante a produção de uma obra foi bastante ampliada com o uso dos meios virtuais. Esse contato sempre foi possível por cartas ou por outros meios de comunicação, mas, em geral, era mais demorado e efetivado somente após a publicação da obra. Hoje, por intermédio de *sites* e mensagens eletrônicas, é possível estabelecer interações em tempo bastante reduzido.

●●● Comparação entre os textos

1. Observe as imagens a seguir.

   a) Relacione as imagens aos relatos de Amyr Klink e aos do "Projeto Expedição Estrada Real I".
   b) Que elementos da imagem justificam sua resposta?

2. Copie o quadro e complete-o.

	Texto 1	Texto 2
De que viagem trata o texto?		
Em que pessoa verbal o texto está narrado?		
Há caracterização dos lugares narrados?		
Há marcação precisa do tempo?		
As impressões dos viajantes são registradas?		
A linguagem aproxima o leitor ao texto?		

3. O relato de viagem dos ciclistas foi, originalmente, publicado em um *site* da internet e o de Amyr Klink, em um livro.
   a) Você supõe que o relato sobre a travessia do Atlântico Sul tenha sido escrito durante a travessia ou após ela ter sido encerrada? Como você chegou a essa conclusão?
   b) Que tipo de informação Amyr Klink deve ter incluído em suas anotações durante a viagem?

> **ANOTE**
> Os **dados objetivos**, como nomes de lugares, distâncias percorridas, horários em que os fatos ocorreram, são fundamentais na **organização** de um relato. Por isso, se ele for escrito somente após o término da viagem, é muito importante que o autor faça anotações sobre esses dados durante o percurso.

4. Compare os motivos que levaram Amyr Klink e Guilherme Figueiredo a escrever seus relatos.

●●● Sua opinião

1. Textos sobre viagens têm, em geral, o objetivo de informar o leitor sobre as impressões e experiências de um viajante. Qual dos dois textos estudados consegue despertar mais o interesse do leitor em continuar a leitura? Por quê?

O ser humano e a natureza

Nos textos lidos, vimos duas atitudes semelhantes na relação do ser humano com a natureza. Durante sua viagem, Amyr Klink estabelece uma ligação intensa com o mar. Já no texto do ciclista, fica clara a relação respeitosa do viajante com a natureza e seus moradores.

- Discuta com seus colegas de classe e com o professor: como podemos conviver com a natureza?

175

PRODUÇÃO DE TEXTO

Diário de viagem

- Observe a imagem a seguir.

Thomaz Brandolin na cordilheira do Himalaia, 1991.

Agora leia um trecho do texto que Thomaz Brandolin escreveu sobre sua expedição à cordilheira do Himalaia. Em seguida, copie o texto e complete as lacunas com as palavras apresentadas no quadro abaixo. Preste atenção se você está sendo **coerente** com a imagem e com o próprio texto.

| rarefeito | avermelhadas | fantástica | gelado |
| gigantescas | alta | colossal | monte Everest | pequeno |

[...] O ar ★, frio e seco tornava o simples ato de respirar uma coisa penosa, difícil, e quase congelava minhas vias respiratórias. Voltei para o interior da cova, peguei a pá e insisti novamente até o bloco ceder.

Um violento golpe de ar ★ fez-me estremecer. Mas o esforço valeu a pena. Da entrada do túnel a vista era ★: o sol se pondo por trás de uma infinidade de montanhas, deixando suas neves ★, como se estivessem pegando fogo. O céu, com cores que iam do alaranjado ao lilás, estava começando a se encher de estrelas.

Mas o que mais me interessava naquele incrível cenário era o que estava bem à minha frente: o ★. Eu estava impressionado com seu tamanho. O Lhotse, a quarta montanha mais ★ do mundo, ali do lado, parecia ★ perto dele. As montanhas do Himalaia são ★, mas o Everest é ★. Nesse momento pude sentir intensamente o irresistível poder de atração que ele sempre exerceu sobre os homens.

Thomaz Brandolin. *Everest*: viagem à montanha abençoada. 6. ed. Porto Alegre: L&PM, 2002. p. 10.

●●● Proposta

Você vai escrever agora um texto como se fosse o registro de um diário de viagem.

O primeiro passo será decidir sobre qual viagem você escreverá: uma viagem que você fez nas férias ou em um fim de semana. Caso você nunca tenha feito uma viagem longa, relate algum passeio marcante.

Traga uma fotografia ou faça um desenho relacionado a algum episódio dessa viagem ou passeio. Com base na imagem, procure anotar suas lembranças sobre os lugares que visitou e os fatos mais relevantes.

Após a elaboração do texto, a classe vai montar um *livro de viagens*, no qual os textos serão reunidos. O professor organizará o empréstimo desse livro para os alunos e os pais.

••• Planejamento e elaboração do texto

1. Para auxiliá-lo, copie o quadro a seguir, completando-o com as informações que estarão presentes em seu diário de viagem.

Qual será o objetivo principal do texto?	
Quais foram os lugares pelos quais você passou?	
Quais eram as principais características desses lugares?	
Quais foram seus sentimentos e sensações durante a viagem?	
Em que data os fatos relatados aconteceram?	
Qual foi a duração dos acontecimentos?	
Em que sequência eles aconteceram?	

2. Organize suas ideias e escreva uma primeira versão de seu texto. Lembre-se de que em um diário os registros são organizados por datas e de que, nesse caso, seu diário não será confidencial.

••• Avaliação e reescrita do texto

1. Copie e preencha a tabela a seguir.

Características do diário de viagem	Sim	Não
A narração está em primeira pessoa?		
Há indicações de lugares?		
Há descrição dos espaços?		
Há marcação de tempo?		
Você apresentou suas impressões e seus sentimentos a respeito do que viu?		

2. Depois de avaliar seu relato, faça as modificações que considerar necessárias e reescreva seu texto.

3. Ilustre seu relato com fotografias ou desenhos.

4. Lembre-se de colocar legendas nas fotografias.

5. Combine com o professor e os colegas como será a circulação do livro.

Dicas de como organizar um livro de viagem

- Os alunos serão divididos em quatro grupos. Cada grupo ficará responsável por uma tarefa da organização do livro.
- O grupo 1 fará a organização dos textos por critérios; por exemplo: região do país ou viagens nacionais e internacionais, lugares de praia ou montanha.
- O grupo 2 fará a revisão de textos e imagens.
- O grupo 3 ficará responsável pela criação de uma ilustração para a capa e de um título para o livro.
- O grupo 4 encadernará os textos dos alunos da classe.

REFLEXÃO LINGUÍSTICA

Interjeição

1. Leia atentamente o quadrinho a seguir.

Garfield, de Jim Davis.

a) Quais palavras e expressões representam os sentimentos de Garfield?

b) Que sentimentos essas palavras expressam?

c) Qual pontuação acompanha essas palavras e expressões?

> **ANOTE**
>
> As palavras que expressam sensações, emoções, sentimentos são chamadas de **interjeições**. Na fala, são reconhecidas pela entonação que o falante emprega ao pronunciá-las e, na escrita, são identificadas sobretudo pelo **ponto de exclamação (!)**. As interjeições se apresentam por meio de:
> - **sons vocálicos:** ah!, oh!, hã!, ui!, eia!
> - **palavras únicas:** olá!, tchau!, puxa!, viva!, boa!
> - **locuções interjetivas:** ora bolas!, Deus me livre!
> - **onomatopeias:** pum!, vapt-vupt!, arghh!

No quadrinho, o uso da interjeição *Arghh!!!* procura transmitir, por meio da onomatopeia, o sentimento de Garfield em relação à aparência de Jon. Já a locução interjetiva *Que horror!* expressa a ideia da aversão de Garfield.

O sentido das interjeições é dado de acordo com o contexto de produção do enunciado. Leia alguns exemplos de interjeições.

Sentido	Interjeições
Admiração	ah! oh!
Advertência	opa!, olha lá!, cuidado!
Alívio ou cansaço	ufa!, até que enfim!
Chamamento	alô!, olá!, psiu!, ó!, ô!, ei!
Desejo	tomara!, quem me dera!
Despedida	tchau!, adeus!, até logo!
Dor	ai!, ui!
Dúvida	sei lá..., hum..., não sei, não!, hã?

Sentido	Interjeições
Encorajamento	avante!, coragem!, em frente!, força!, eia!
Espanto ou surpresa	uau!, puxa vida!, nossa!, oh!
Irritação, indignação	puxa vida!, ora essa!, ora bolas!, que coisa!
Pedido de silêncio	psiu!, bico fechado!, quieto!
Medo ou pavor	uh!, ui!, meu Deus!
Pena	oh!, que pena..., coitado!
Satisfação ou alegria	eh!, oba!, viva!, bem!, muito bom!
Zombaria	uuhh!

REFLEXÃO LINGUÍSTICA Na prática

1. Identifique as interjeições abaixo e explique o que elas expressam.
   a) Hum... Se eu fosse você, acho que não faria isso.
   b) Oba! Amanhã iremos ao cinema.
   c) Meu Deus! Eu nunca vi uma chuva tão forte como essa!
   d) Ei! Cuidado! Não entre nessa sala! Você não está com o equipamento apropriado.
   e) Vá em frente! Você sabe muito bem o que fazer.
   f) Chega! Eu não consigo dormir com esse barulho!
   g) Ai! Eu não vi esse galho no meio do caminho.
   h) Não! O ônibus já foi embora?
   i) Arre! Essa gripe acabou com minha semana!

2. Leia a tira a seguir.

Laerte.

   a) Quais as interjeições que aparecem nos quadrinhos da personagem Hugo?
   b) O que elas expressam?

3. Substitua a fala do segundo interlocutor por uma interjeição que você julgue apropriada à situação.
   a) – Vamos à praia no próximo fim de semana?
      – Fico muito feliz com o convite!
   b) – Foi você que fez isso aqui?
      – Desculpe-me, eu não sei sobre o que a senhora está falando!
   c) – Ela não foi indicada para ser a treinadora do time.
      – Estou muito triste com a notícia!
   d) – Não vou conseguir terminar essa tarefa no prazo determinado.
      – Acredito que você terminará a tarefa a tempo!

4. Reescreva os enunciados usando as interjeições de acordo com as situações indicadas entre parênteses.
   a) ★ Esse café está muito quente! (dor)
   b) ★ Esse lugar não me parece seguro! (suspeita)
   c) Amanhã conseguiremos terminar nossos trabalhos! ★ (alívio)
   d) ★ Você está correndo muito! (advertência)
   e) ★ Justo hoje está chovendo! (frustração)
   f) ★ O sabor dessa comida está delicioso! (satisfação)
   g) Ele chegará a tempo? ★ (esperança)
   h) Ao vê-la, disse ★, com um sorriso imenso! (saudação)
   i) ★ Pensei que você não fosse chegar mais! Está atrasado uma hora! (impaciência)

REFLEXÃO LINGUÍSTICA Na prática

5. Que interjeição você usaria nas seguintes situações?

   a) Encontrou na rua seu ídolo do esporte.
   b) Recebeu um telefonema avisando-o que encontraram seu animal de estimação que estava perdido.
   c) Soube que teria de dividir seu quarto com uma pessoa que ronca muito alto.
   d) Encontrou na rua uma carteira com documentos.
   e) Ouviu algumas pessoas falando alto na biblioteca.
   f) Percebeu que a sopa está muito quente.
   g) Deixou cair no chão a jarra que sua mãe ganhou de casamento.
   h) Presenciou um acidente.
   i) Recebeu elogios do seu professor pelo seu esforço e dedicação às aulas.
   j) Viu seu amigo do outro lado da praça.

6. Leia o trecho a seguir.

   > **Mães no paraíso**
   >
   > Gilda, Fernanda e Heloísa não ficavam um só dia sem resmungar, praguejar e reclamar que estavam esgotadas, estressadas, acabadas. Não paravam de repetir que tudo o que queriam era um pouco de sossego.
   >
   > Até que, numa bela manhã de primavera, a Mãe Santíssima, não aguentando mais tanta reclamação, decidiu atender às preces dessas pobres mães detonadas e oferecer a elas – totalmente grátis, sem taxas adicionais e livre de impostos – um verdadeiro presentão: um dia de folga.
   >
   > [...]
   >
   > FUNCIONÁRIA – Bom dia, senhoras mães, sejam muito bem-vindas ao paraíso. [...]
   >
   > As três não acreditam no que ouvem. [...]
   >
   > [...] à direita, temos a hidromassagem e o ofurô. À esquerda, reflexologia, drenagem linfática e terapia das vidas passadas – porque da atual é melhor nem lembrar! Mais à frente, temos a sala de vídeos melosos e de comédias românticas estreladas por Richard Gere [...].
   >
   > FERNANDA – Nossa! Mas esse paraíso é o máximo!
   >
   > HELOÍSA – Será que eu vou, finalmente, conseguir assistir a um filme inteirinho sem parar pra apartar uma briga das crianças? [...]
   >
   > GILDA – Não acredito!!! U-HU!!!!
   >
   > [...]
   >
   > A funcionária sai. As três mães, excitadíssimas, circulam, observando tudo em volta.
   >
   > FERNANDA – UAU! Vamos aproveitar! Isso é que é vida! [...]
   >
   > Claudia Valli. *Mulheres e crianças primeiro!*: humor para mães à beira de um ataque de nervos. Rio de Janeiro: Record, 2005. p. 57.

   a) O que aconteceu com essas mães?
   b) Pelos comentários feitos por elas, como estão se sentindo?
   c) Que palavras são usadas para expressar esse sentimento?
   d) Suponha que as três mães percebam que os aparelhos de vídeo não funcionam e que não há pessoas suficientes para atendê-las. O paraíso passa a ser um tormento. Que interjeições elas usariam para expressar seus sentimentos?

LÍNGUA VIVA

A interjeição e a construção de sentidos

1. Leia o texto a seguir escrito por Carlos Drummond de Andrade.

   ### O que se diz

   Que frio! Que vento! Que calor! Que caro! Que absurdo! Que bacana! Que frieza! Que tristeza! Que tarde! Que amor! Que besteira! Que esperança! Que modos! Que noite! Que graça! Que horror! Que doçura! Que novidade! Que susto! Que pão! Que vexame! Que mentira! Que confusão! Que vida! Que talento! Que alívio! Que nada...
   Assim, em plena floresta de exclamações, vai-se tocando pra frente.

   Carlos Drummond de Andrade. *Poesia e prosa*. Rio de Janeiro: Nova Aguilar, 1983. p. 1379.
   Carlos Drummond de Andrade © Graña Drummond. www.carlosdrummond.com.br

   a) Em que situações você usaria as seguintes expressões?
   - Que caro!   • Que frieza!   • Que tarde!   • Que alívio!

   b) Que sentido indica cada grupo de locução interjetiva?
   - Que besteira!, Que modos!, Que vexame!
   - Que bacana!, Que graça!, Que doçura!
   - Que horror!, Que susto!, Que vida!

2. Leia estes versos de um poema de Henriqueta Lisboa:

   Sobre a mesa flores e pão.
   (Quanta riqueza se contém
   numa lareira, num jardim!)
   Livros bem guardados e um
   rádio em silêncio. Que bom!

   Henriqueta Lisboa. *O menino poeta*: obra completa. São Paulo: Peirópolis, 2008. p. 97.

   a) Qual é o sentido da locução interjetiva usada no texto?
   b) Considerando a resposta que deu, explique o que realmente tem valor para a voz expressa no poema.

3. Leia.

   ### Que nome!

   Eu não sei ao certo quem era ela, nem o que ela fez, mas tenho certeza que Dona Urraca foi uma das princesas mais infelizes do mundo...

   Mario Quintana. *Sapato furado*. São Paulo: Global, 2006. p. 18. © by Elena Quintana.

   a) Qual é o sentido da locução interjetiva usada no título?
   b) Em que situação você usaria essa expressão com sentido diferente?

4. Que significados as interjeições assumem nas diferentes situações a seguir?
   a) "Psiu!" – dito por uma enfermeira aos presentes na sala de espera de um hospital.
   b) "Psiu..." – dito por um rapaz a uma garota em uma festa.
   c) "Puxa!" – dito por um estudante ao ser aprovado no vestibular.
   d) "Puxa!" – dito por uma mulher ao bater o carro.

As interjeições assumem diferentes significados conforme o **contexto de produção** dos enunciados e o modo como são proferidas (entonação, expressão facial, etc.).

QUESTÕES DE ESCRITA

Acentuação das paroxítonas

1. Leia o texto a seguir. Depois, responda às questões.

> **O império do Sol**
>
> *No mês em que comemoramos 100 anos da descoberta de Macchu Picchu, saiba mais sobre o povo inca, que construiu essa cidade incrível*
>
> Quem nunca ouviu falar de Macchu Picchu, a cidade sagrada dos incas? É um passeio obrigatório para quem viaja ao Peru. O lugar é belíssimo, lá nas montanhas dos Andes. Pega-se o trem em Cuzco, e aí é um sobe e desce permanente: vales e montanhas se alternam no caminho e dá para ver muito bem, em alguns trechos do percurso, vestígios da antiga civilização que existiu nos Andes antes da chegada dos espanhóis.
>
> Chegando a Macchu Picchu, é aquele deslumbramento... É verdade que da antiga cidade sagrada restam apenas ruínas. Mas que ruínas! Dá para se imaginar o esplendor do antigo Império do Sol! Os santuários, as casas do povo, as moradas dos guerreiros e sacerdotes, as escadarias onde se plantavam batatas...
>
> [...]
>
> Disponível em: <http://chc.cienciahoje.uol.com.br>. Acesso em: 3 jun. 2014.

Macchu Picchu, Peru, 2008.

a) Copie as palavras paroxítonas que têm acento gráfico.

b) O que elas têm em comum?

2. Observe as palavras do quadro a seguir.

íris	fêmur	tônus	fácil	álbum	cáqui	bônus
revólver	ímã	tórax	benefício	amável	júri	órfã
colégio	córtex	quórum	Zelândia	quadríceps	necessário	bíceps

a) Copie as palavras, agrupando-as conforme suas semelhanças.

b) Que critério você utilizou para agrupá-las?

3. Com base no que você observou na atividade anterior, complete as orações abaixo com as palavras do quadro, acentuando-as se necessário.

| orgãos | saci | lapis | imovel | rocha | latex | jovens |

a) A doação de ★ é uma atitude de solidariedade.

b) A mula sem cabeça e o ★ são personagens do folclore brasileiro.

c) Pedro comprou uma caixa com 36 ★ coloridos.

d) O ★ ficou desabitado por muitos anos.

e) O granito é uma ★ muito utilizada na construção de casas.

f) O ★ extraído da seringueira é utilizado para a produção da borracha.

g) Muitos ★ fazem trabalhos voluntários.

ANOTE

São acentuadas as paroxítonas com as seguintes terminações:

-l, -ps, -r, -x	têxtil, fórceps, caráter, tórax
-i, -is, -us	táxi, júri, cútis, vírus
-ã, -ãs, -ão, -ãos	ímã, órfãs, bênção, sótãos
-um, -n, -ns	álbum, glúten, médiuns, íons
ditongo	Polinésia, língua

4. Com base nas informações do quadro *Anote* acima, justifique o acento das palavras agrupadas a seguir.
   a) tênis
   b) órfão
   c) âmbar
   d) fácil, amável, fóssil
   e) relógio, aquário, estratégia
   f) tríceps

Entreletras

Letras misturadas

Descubra a palavra escondida em cada linha de quadrinhos. Leia as sílabas em desordem e combine-as adequadamente. Mas atenção: há sempre uma sílaba a mais.

dor	be	ve	ga	na
a	ba	jan	vi	te
ven	a	ra	lu	tu
co	des	la	ber	ta

[**PARA SABER MAIS**]

Livros

Paratii: entre dois polos, de Amyr Klink. Companhia das Letras.

Expedições urbenauta São Paulo: uma aventura radical, de Eduardo Emílio Fenianos. UniverCidade.

Em busca do sonho, de Heloisa Schürmann. Record.

No longe dos gerais, de Nelson Cruz. Cosac Naify.

Filme

O mundo em duas voltas. Direção: David Schürmann. Brasil, 2007.

QUESTÕES GLOBAIS

1. Leia o poema a seguir, escrito por *Duda Machado*.

   A galinha cor-de-rosa

   Era uma galinha cor-de-rosa,
   Metida a chique, toda orgulhosa,
   Que detestava pisar no chão

   Cheio de lama do galinheiro.
   Ficava no alto do poleiro
   E quando saía do lugar,

   Batia as asas para voar.
   Mas seus pés acabavam na lama.
   Aí armava o maior chilique,

   Cacarejava, bicava o galo,
   E depois, com ar de rainha,
   Lavava os pés numa pocinha.

   Duda Machado. *Histórias com poesia, alguns bichos e Cia.*
   São Paulo: Editora 34, 1997. p. 7.

   a) Releia os versos abaixo:
   - "Cacarejava, bicava o galo"
   - "E depois, com ar de rainha"
   - "Lavava os pés numa pocinha"

   Selecione as palavras que acompanham os substantivos *galo* e *pés* e transcreva-as.
   b) Essas palavras estão no masculino ou no feminino?
   c) Releia o título e transcreva a palavra que determina o gênero do substantivo *galinha*.
   d) Como os artigos colaboram para caracterizar os substantivos?

2. Leia a previsão do tempo publicada no *Jornal de Santa Catarina*:

   A quinta-feira segue com o tempo estável em Santa Catarina, com o predomínio do sol na maior parte do Estado. Esta condição se mantém devido à influência da massa de ar seco e frio que ainda atua sobre Santa Catarina.

   Por isso também, as temperaturas seguem baixas e pode haver a formação de geada nas áreas altas do Estado.

   Disponível em: <www.clicrbs.com.br>. Acesso em: 11 ago. 2011.

   a) Localize no texto as palavras paroxítonas acentuadas e transcreva-as.
   b) Releia: "A quinta-feira segue com o tempo estável em Santa Catarina, com o predomínio do sol na maior parte do Estado".
   - Quais são os artigos nesse trecho?
   - Qual a função dos artigos em relação ao substantivo que os acompanha?

3. Leia o quadrinho do Cascão.
   a) Que interjeição aparece no quadrinho?
   b) O que expressa a interjeição usada por Cascão?
   c) Localize um numeral.
   d) O que esse numeral indica?

Revista *Cascão*. São Paulo: Globo, 2005, n. 445, p. 43.

184

●●● O que você aprendeu neste capítulo

Relatos de viagem
- Apresentam informações selecionadas e dados objetivos, como nomes de lugares, distâncias percorridas, horários em que os fatos ocorreram.
- A utilização de imagens auxilia na caracterização dos espaços.
- Marcadores de tempo organizam as informações do texto.
- Os registros de sentimentos e as impressões do narrador promovem a aproximação do leitor ao texto.

Diários de viagem
- Também relatam fatos de uma viagem realizada por seu autor, com caracterização objetiva dos espaços, marcadores de tempo, registro de sentimentos e possibilidade de utilização de imagens.
- Diferentemente dos relatos de viagem, são organizados por datas.
- Escritos sempre em primeira pessoa, podem ser confidenciais ou públicos, divulgados em suportes como *sites* e *blogs*, permitindo o diálogo entre escritor e leitor.

Artigos Antecedem substantivos para particularizá-los ou generalizá-los.
- **Indefinidos**: generalizam o substantivo.
- **Definidos**: particularizam o substantivo.
- **Flexão de gênero**: masculino ou feminino.
- **Flexão de número**: plural ou singular.

Numerais Palavras que têm a função de indicar quantidades definidas.
- **Cardinais**: definem uma quantidade de seres.
- **Ordinais**: definem uma sequência, ordem ou posição.
- **Multiplicativos**: indicam multiplicação.
- **Fracionários**: indicam uma parte ou divisão.

Interjeições
- Palavras e locuções que expressam sensações, emoções ou intenções.

Acentuação
- Como são acentuadas as paroxítonas.

Autoavaliação ●●●

Para fazer sua autoavaliação, releia o quadro *O que você aprendeu neste capítulo*.
- Dos assuntos tratados neste capítulo, o que você gostou de aprender?
- Quais aspectos você considerou positivos em sua participação na roda de leitura?
- Você produziu dois textos sobre viagem. De qual deles você gostou mais? Por quê?
- Quais dúvidas você tem sobre o conteúdo estudado na parte de reflexão linguística?

ORALIDADE

Comunicado

1. Você já viveu alguma destas situações?
   - Ao assistir à televisão, você é informado por um locutor de que a programação será interrompida para o pronunciamento de um comunicado importante.
   - Ao ouvir o rádio, uma empresa faz um comunicado para seus consumidores.
   - Sua aula foi interrompida para que fosse feito um comunicado da coordenadora, da supervisora ou da diretora.

2. Os comunicados são muito eficazes quando precisamos que uma mensagem importante chegue rapidamente ao maior número de pessoas, por isso são muito valorizados por aqueles que organizam ou coordenam uma comunidade.

Produção de texto: comunicado

O que você vai fazer

Você deve produzir um comunicado a ser divulgado aos alunos de outra sala de uma série posterior à sua. Para isso, converse com um dos professores de língua portuguesa das outras salas e verifique quais as informações importantes que todos devem saber. Podem ser as datas das provas, a agenda de tarefas, as datas de festas comemorativas, ou mesmo os combinados do grupo para o bom andamento das aulas.

Preparação

3. Procure o professor da sala para a qual irá divulgar o comunicado.
   a) Pergunte a ele(a) que informação importante deve ser transmitida a todos os alunos da sala.
   b) Anote os detalhes importantes da informação, como data e local, e defina exatamente o que se quer informar.
   c) Combine com a professora a data em que você vai visitar a sala para fazer o pronunciamento e como você será apresentado(a) aos alunos.

4. Em sua casa, ensaie a forma como vai comunicar a informação:
   a) Com base nas anotações que fez com o professor, destaque as palavras-chaves que devem ser utilizadas em seu pronunciamento e reúna-as em um papel, de forma organizada.
   b) Ensaie em frente ao espelho. Procure iniciar sua fala com uma saudação:
   "Bom dia. Estou aqui hoje em nome do professor... para comunicar que..."
   ou
   "Bom dia a todos. Peço um instante da atenção de vocês. No dia... às..., vai acontecer..."

   Preocupe-se com a maneira como vai usar a linguagem oral. Lembre-se de que você é o porta-voz do professor, autoridade intelectual da sala, portanto não pode usar de informalidades. Deve manter a clareza e a objetividade próprias para a situação.
   c) Faça uma apresentação para seus melhores amigos ou para sua família e peça que eles avaliem:

Sua postura: você precisa mostrar que o momento exige seriedade, por isso deve manter seu corpo ereto, articular bem as palavras e fazer uso de volume adequado da voz.

O uso formal da linguagem: utilize linguagem adequada à situação; assim, evite gírias e vícios de linguagem como *tipo* e *né*.

A forma como você organizou seu discurso: estabeleça continuidade em sua fala, ou seja, mantenha a ordem lógica. Evite interrupções desnecessárias e destaque as informações mais importantes aos alunos.

Justifique adequadamente os motivos do comunicado, ou seja, transmita aos alunos a importância do comunicado.

d) Depois de ouvir a opinião de sua plateia, modifique o que considerar mais adequado para a efetiva comunicação entre você e seu público.

A apresentação do comunicado

5. No dia e data antecipadamente definidos com o professor, vá ao local combinado e faça seu pronunciamento de forma clara. Ao final de sua apresentação, lembre-se de perguntar se alguém tem alguma dúvida e responda com objetividade.

Avaliação

- Após a apresentação do comunicado, reflita sobre os seguintes aspectos:

a) Você manteve a seriedade adequada à situação proposta?

b) Usou de linguagem formal? Seu discurso esteve livre de vícios de linguagem, gírias ou repetições desnecessárias?

c) Valorizou as principais informações?

d) O volume da voz e a entonação estavam adequados? Você conseguiu atrair e manter a atenção da classe?

> Muitas vezes pode parecer difícil falar em público, principalmente em situações de formalidade ou quando estamos diante de pessoas com as quais não temos intimidade. A situação pode parecer ainda mais complexa quando estamos na companhia de alguma autoridade.
>
> Por isso, o uso da linguagem nesse tipo de situação também é assunto para a escola. Para a apresentação em público, o falante deve organizar o texto antecipadamente, selecionar e hierarquizar as informações e, ainda, planejar a maneira de comunicar oralmente o que se quer. O uso de um roteiro com as palavras-chaves pode ser muito valioso nesse momento.
>
> Dessa forma, fica mais fácil controlar a possível timidez ou evitar constrangimentos desnecessários.

Poema

Keith Haring. Sem título, 1985. Serigrafia.

O QUE VOCÊ VAI APRENDER

- Características principais do poema
- A arte do poema: sonoridade e ritmo
- Pronomes pessoais, de tratamento e demonstrativos
- Acentuação de hiatos e ditongos

CAPÍTULO 6

CONVERSE COM OS COLEGAS

1. O quadro ao lado é do artista plástico Keith Haring. Observe-o e responda às questões.
   a) Que figuras você identifica na imagem? O que você acha que elas estão fazendo?
   b) Que cores foram utilizadas pelo artista no quadro? Quais se repetem?
   c) Imagine uma linha divisória que separe a imagem em lado esquerdo e direito. O que você nota que é comum aos dois lados?
   d) Se imaginar novamente a imagem dividida, mas dessa vez em parte de cima e de baixo, o resultado será o mesmo? Explique.

2. Leia este trecho de um poema de Vinicius de Moraes.

   #### A porta

   Eu sou feita de madeira
   Madeira, matéria morta
   Mas não há coisa no mundo
   Mais viva do que uma porta.

   Eu abro devagarinho
   Pra passar o menininho
   Eu abro bem com cuidado
   Pra passar o namorado
   [...]

   Vinicius de Moraes. *A arca de Noé*. São Paulo: Companhia das Letrinhas, 2004.

   a) Que atitudes da porta mostram que ela foi representada, no poema, de forma humanizada (ou seja, como se fosse um ser humano)?
   b) Leia novamente o poema observando os sons que ele produz. Quais são os sons que se repetem?
   c) Releia agora, marcando com o dedo, na palma da mão, os sons mais fortes que você pronunciar. Em que posição da linha do poema os sons fortes se repetem?

3. Que relação podemos estabelecer entre o poema e o quadro reproduzido na página ao lado?

Toda obra de arte é uma criação humana que busca representar o real ou o imaginário. Para dar origem a essa representação, o artista utiliza diferentes linguagens e variados recursos.

O **poema** é uma das modalidades de obra de arte. Neste capítulo, vamos estudar alguns dos recursos próprios da linguagem poética e conhecer poemas que encantaram muitos leitores.

LEITURA 1

Poema

Manoel de Barros (1916), poeta pantaneiro. Fotografia de 2000, Campo Grande.

O poema que você vai ler foi escrito por um importante poeta brasileiro: Manoel de Barros. Nascido na cidade de Cuiabá, em 1916, passou a infância em fazendas e ranchos, vivendo o prazer das brincadeiras e das coisas simples. Mudou-se para Campo Grande e posteriormente para o Rio de Janeiro, onde prosseguiu e concluiu os estudos, formando-se em Direito. Viveu em países da América do Sul e morou durante um ano em Nova Iorque, onde estudou cinema e pintura. Retornou ao Brasil e estabeleceu-se novamente em Campo Grande. Fazendeiro, advogado e poeta, Manoel de Barros é reconhecido pela sensibilidade no trato de temas ligados à natureza e ao cotidiano.

O menino que carregava água na peneira

Tenho um livro sobre águas e meninos.
Gostei mais de um menino que carregava água na peneira.
A mãe disse que carregar água na peneira
Era o mesmo que roubar um vento e sair correndo com ele
5 para mostrar aos irmãos.
A mãe disse que era o mesmo que catar espinhos na água
O mesmo que criar peixes no bolso.
O menino era ligado em despropósitos.
Quis montar os alicerces de uma casa sobre orvalhos.
10 A mãe reparou que o menino gostava mais do vazio do que do cheio.

Falava que os vazios são maiores e até infinitos.
Com o tempo aquele menino que era cismado e esquisito
Porque gostava de carregar água na peneira
15 Com o tempo descobriu que escrever seria o mesmo que carregar água na peneira.
No escrever o menino viu que era capaz de ser noviça, monge ou mendigo ao mesmo tempo.
O menino aprendeu a usar as palavras.
20 Viu que podia fazer peraltagens com as palavras.
E começou a fazer peraltagens.
Foi capaz de interromper o voo de um pássaro botando ponto no final da frase.
Foi capaz de modificar a tarde botando uma chuva nela.

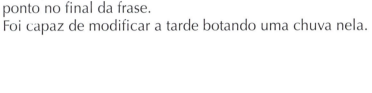

191

LEITURA 1
Poema

25 O menino fazia prodígios.
Até fez uma pedra dar flor!
A mãe reparava o menino com ternura.
A mãe falou: Meu filho, você vai ser poeta.
Você vai carregar água na peneira a vida toda.
30 Você vai encher os vazios com as suas peraltagens.
E algumas pessoas vão te amar por seus despropósitos.

Manoel de Barros. *Poesia completa*. São Paulo: Leya Brasil, 2010. p. 469-470.

GLOSSÁRIO

Alicerce: base de uma construção, responsável por sua sustentação.

Cismado: desconfiado, prevenido.

Despropósito: absurdo, fora de propósito.

Monge: religioso que vive em um mosteiro.

Noviça: mulher que se prepara para ingressar em uma congregação religiosa.

Orvalho: conjunto de gotas muito pequenas.

Peraltagem: travessura, brincadeira.

Prodígio: algo extraordinário, que causa admiração.

Estudo do texto

●●● Para entender o texto

1. O poema apresenta informações sobre o menino.
   a) Cite dois adjetivos que o caracterizam.
   b) Por que as pessoas atribuíam essas características ao menino?
   c) No contexto do poema, o que significa carregar água na peneira?

> **ANOTE**
>
> Quando no poema se diz que o menino "carregava água na peneira", atribuem-se novos sentidos para as palavras.
>
> Nos poemas, é muito comum o uso da **linguagem figurada**, que se caracteriza pelo emprego de palavras ou expressões com um sentido diferente do seu sentido mais comum ou literal.
>
> Veja os exemplos.
>
> Na capela há muitos *anjos* pintados.
> Na aula de hoje ela foi um *anjo*!
>
> Na primeira frase, podemos afirmar que a palavra *anjos* foi usada no seu sentido mais comum, não figurado, como a imagem de um ser celestial.
>
> Na segunda, a palavra *anjo* está no **sentido figurado** e significa pessoa educada e atenciosa.

2. Ao longo do poema, são apresentadas as ações e um sentimento do garoto, considerados despropositados.
   a) Transcreva o trecho do poema em que isso ocorre.
   b) Por que essas ações e esse sentimento são considerados despropósitos?

3. O menino descobre que os seus despropósitos poderiam ser realizados a partir de uma determinada ação.
   a) Que ação é essa?
   b) O que o menino imagina poder ser a partir dessa ação?
   c) Quais ações consideradas peraltagens ou incríveis o menino consegue realizar?

4. Por que a mãe do menino compara o gosto do filho em carregar água na peneira ao ofício de poeta?

> **ANOTE**
>
> Assim como nos textos narrativos há um narrador, nos poemas também existe um ser que fala. A voz que se expressa em um poema recebe o nome de **eu lírico** ou **eu poético**.
>
> No poema "O menino que carregava água na peneira", o eu lírico fala da infância de um menino que criava sentidos diferentes, únicos para os fatos do dia a dia. Pode-se imaginar que os fatos apresentados no poema sejam uma lembrança do poeta, mas também pode ser uma ideia inventada por ele.
>
> Há poetas adultos que escrevem como se fossem crianças, adolescentes, animais, plantas, etc. Há, também, poetas que se expressam pela voz de objetos ou lugares.

 **Estudo do texto**

5. Quem é o eu lírico no poema abaixo?

Copos-de-leite

Meu branco total
alegra os olhos...
O amarelo-ouro
doura os insetos,
que bebem as gotas
do orvalho
nos meus
COPOS-DE-LEITE.

Lúcia Pimentel Góes. *Poetando flor*.
São Paulo: Melhoramentos, 1993. p. 24.

6. Como é possível o poeta criar um eu lírico como esse?

Poesia é o nome geral para a arte de criar imagens e de inventar novos sentidos para os fatos do mundo. A poesia está presente em várias formas de expressão, como a pintura, o cinema, a música, o poema.

Poema é o texto poético organizado em versos, ou seja, em linhas com tamanho limitado (ou não).

▶ A sonoridade e o ritmo do poema

1. Observe estes dois textos.

Éramos três velhos amigos na praia quase deserta. O sol estava bom; e o mar, violento. Impossível nadar: as ondas rebentavam lá fora, enormes, depois avançavam sua frente de espumas e vinham empinando outra vez [...]

Rubem Braga. *Ai de ti, Copacabana*. Rio de Janeiro: Record, 2004.

Uma estrela
namoradeira
piscou
só pra mim
talvez quisesse
que eu subisse ao céu
pra gente viver
um amor sem fim.

Almir Correia. *Poemas malandrinhos*. São Paulo: Atual, 1991. p. 15.

a) Que características do mar e da estrela são destacadas em cada um dos textos?

b) Que diferença você consegue perceber entre os dois textos, na forma como estão organizadas as palavras?

c) Qual dos dois textos apresenta uma forma que se assemelha à do poema de Manoel de Barros "O menino que carregava água na peneira"? Justifique.

> **ANOTE**
> Os textos podem ser escritos em **prosa** ou em **verso**.
> Os textos em **prosa** são organizados em **parágrafos**.
> Cada linha do poema é um **verso**. Um conjunto de versos forma uma **estrofe**.

2. Responda.
   a) Quantos versos há no poema "O menino que carregava água na peneira"?
   b) Quantas estrofes há no poema?

3. Releia os seguintes versos do poema.

   > "com o tempo descobr**iu** que escrever seria
   > o mesmo que carregar água na peneira
   > No escrever o menino v**iu**
   > que era capaz de ser
   > noviça, monge ou mendigo
   > ao mesmo tempo."

   Observe os destaques nas palavras: o que há de semelhante entre elas?

> **ANOTE**
> Ao apresentar **sons semelhantes** ou **iguais**, as palavras formam **rimas**. As rimas podem ocorrer no interior ou no final dos versos.

4. Leia o poema.

   > **Noturno**
   >
   > Na cidade, a lua:
   > a joia branca
   > que boia
   > na lama da rua.

   Guilherme de Almeida. Em: Rodolfo Wutzig Guttila (Org.).
   Boa companhia: haicai. São Paulo: Companhia das Letras, 2009. p. 86.

   a) Quais são as palavras que rimam nesse poema?
   b) Em que posição do verso essas palavras aparecem?
   c) Escreva palavras que rimem com as que você identificou no item **a**. Depois, reescreva o poema substituindo as palavras que rimam no original pelas novas e, em seguida, leia em voz alta.

5. Leia o quadro com atenção.

> **ANOTE**
> As **sílabas poéticas** são diferentes das sílabas gramaticais, e sua contagem em um verso obedece ao modo como são pronunciados os sons.
>
> Quando a sílaba de uma palavra é pronunciada junto com outra, elas formam uma única sílaba poética.
>
> O número de sílabas poéticas indica a **medida** de um verso e corresponde a todas as sílabas pronunciadas até a última sílaba tônica.

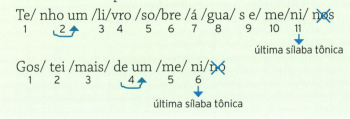

195

Estudo do texto

a) Copie os quatro últimos versos do poema "O menino que carregava água na peneira" e conte as sílabas poéticas. Quantas são? O número é sempre igual?

b) No trecho que você copiou, destaque as sílabas mais fortes de cada verso. Qual posição elas ocupam?

Um importante recurso para a construção de um poema é o **ritmo**.

O ritmo é construído pelo modo como as **sílabas tônicas** (fortes) e as **sílabas átonas** (fracas) estão dispostas nos versos. O ritmo, juntamente com as rimas, cria a **musicalidade** do poema.

O ritmo pode ser **regular**, quando os versos têm sempre o mesmo número de sílabas poéticas e os sons fortes caem no mesmo lugar. E pode ser **irregular**, quando esses elementos variam ao longo do poema.

●●● O contexto de produção

1. Releia os versos a seguir e responda ao que se pede.

   "Tenho um livro sobre águas e meninos.
   Gostei mais de um menino [...]"

   O eu lírico do poema fala de uma criança. Como ele conheceu essa criança?

2. Ao longo do texto está presente a palavra *peraltagens*, que significa travessuras, brincadeiras. Esse termo não é muito comum no vocabulário atual.

   a) O que o uso dessa palavra revela sobre a época em que o menino apresentado no poema viveu?

   b) Releia o poema e observe os verbos que indicam as ações do menino. O que eles revelam sobre o tempo dos fatos narrados no poema?

3. O trecho a seguir foi retirado de um texto jornalístico produzido com base em uma entrevista concedida por Manoel de Barros. Leia-o e responda.

   "Minha poesia é feita de palavras, não de paisagens", diz, ressalvando a seguir que não pode fugir às suas origens: "Ela é também impregnada da água e do solo da minha infância".

   Disponível em: <www.estadao.com.br>. Acesso em 3 jul. 2014.

   a) A situação apresentada no poema "O menino que carregava água na peneira" se relaciona com o trecho da entrevista de Manoel de Barros?

   b) As características do menino retratado no poema "O menino que carregava água na peneira" podem ser relacionadas às características das crianças que vivem os dias de hoje? Justifique a sua resposta.

O poema lido apresenta a história de um menino que viveu em uma outra época as experiências descritas. Ao escrever o poema, o poeta fez uso de recursos linguísticos que levam o leitor a essa conclusão, como os **verbos no tempo passado** e o **uso de determinadas palavras**.

Ao interpretar o poema, é possível descobrir que, mesmo abordando situações passadas, estas se relacionam com o tempo presente e com fatos atuais, como a capacidade das crianças de imaginar e atribuir novos significados aos fatos e às situações.

4. O eu lírico fala sobre a infância de um menino poeta. Por retratar essa época da vida, você acha que o poema se dirige apenas ao público infantil? Quem pode ser o leitor do poema? Explique.

●●● A linguagem do texto

1. Releia.

> "O menino fazia prodígios.
> Até fez uma pedra dar flor!
> A mãe reparava o menino com ternura."

O que o uso do sinal de exclamação revela no trecho apresentado?

2. Releia este trecho do poema e responda ao que se pede.

> "A mãe falou: Meu filho, você
> vai ser poeta."

O que o uso dos dois-pontos indica no trecho?

> A **pontuação** é um recurso bastante utilizado para a criação de sentidos. Em alguns casos, os sinais de pontuação servem para **expressar sensações e sentimentos**, como é o caso do uso do sinal de exclamação no poema "O menino que carregava água na peneira". Em outros casos, os sinais de pontuação têm a função de **organizar as frases no texto**, de modo a torná-lo um todo coerente, como é o caso do uso dos dois-pontos no poema de Manoel de Barros.

3. Explique as comparações feitas nos seguintes versos.
   a) "A mãe disse que carregar água na peneira/ Era o mesmo que roubar um vento e sair correndo com ele para mostrar aos irmãos./ A mãe disse que era o mesmo que catar espinhos na água/ O mesmo que criar peixes no bolso."
   b) Qual expressão indica essa comparação?

> A **comparação** é um recurso bastante utilizado em poemas. Ela aproxima dois ou mais termos por meio de uma característica comum.

O espaço da poesia

Quando se fala em poesia, há pessoas que consideram o trabalho do poeta importante para a cultura de um país, uma atividade artística relevante e que possibilita um modo diferente de ver e pensar em um mundo tão apressado e tecnológico.

Converse com seus colegas e professor sobre as seguintes questões:

I. Qual é o espaço para o fazer poético no mundo atual?
II. Como podemos contribuir para que a poesia esteja mais presente no nosso cotidiano?

PRODUÇÃO DE TEXTO

Poema

AQUECIMENTO

No poema a seguir, o eu lírico fala de coisas que deixam a gente feliz, que ele chama de "coisinhas à toa". Leia os versos prestando atenção no som destacado em algumas palavras.

> passarinho na jan**ela** / pijama de flan**ela** / brigadeiro na pan**ela** /
> gato andando no telh**ado** / cheirinho de mato molh**ado** / disco antigo sem chi**ado**
> [...]

Otavio Roth. *Outras duas dúzias de coisinhas à toa que deixam a gente feliz*. 4. ed. São Paulo: Ática, 2002. p. 5 -11.

- Você concorda com o poema? Essas coisinhas também deixam você feliz?
- O que mais torna você feliz? Crie mais quatro versos falando de coisas simples que lhe trazem felicidade. Faça como o autor: use nos versos palavras que rimem, ou seja, que terminem com o mesmo som.

••• Proposta

Você vai escrever um poema sobre seus sonhos para o futuro. Ao final, em uma data combinada com o professor, será organizada uma apresentação em que você e seus colegas recitarão seus poemas em um espaço coletivo da sua escola ou cidade. Vocês poderão convidar familiares, amigos e pessoas do bairro para assistir à apresentação.

1. Para começar, observe as imagens a seguir, que representam algumas profissões. Reflita.
   a) Quando pensa no futuro, você se imagina exercendo alguma das profissões representadas abaixo ou sonha em ser outra coisa? O quê?
   b) Qual é o seu maior sonho para o futuro?

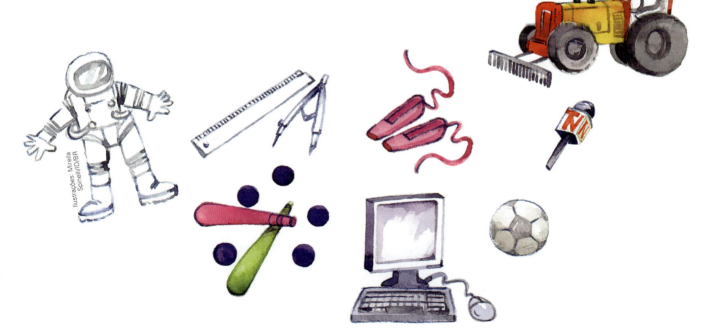

198

••• Planejamento e elaboração do texto

1. Escreva uma lista com palavras que caracterizem a profissão que você escolheu ou relacionadas ao seu sonho para o futuro. As palavras podem estar ligadas aos objetos usados pelo profissional, às ações que ele realiza, aos seus sentimentos, às cores e aos sons que estão no dia a dia desse profissional, ou a alguma outra realização com a qual você sonhe.

2. Selecione as palavras que farão parte de seu poema. Relacione as palavras selecionadas, criando os sentidos do poema. Se quiser, releia o texto do aquecimento e o poema "O menino que carregava água na peneira" e observe como as palavras empregadas se combinam e criam imagens.
   - O poema deve estar organizado em versos e estrofes.
   - As comparações e as onomatopeias podem enriquecer seu texto.
   - Procure trabalhar a sonoridade e o ritmo dos versos.

3. Dê um título a seu poema.

••• Avaliação e reescrita do texto

1. Copie o quadro a seguir, para a avaliação de sua produção.

Questão	Sim	Não
O poema está organizado em versos e estrofes?		
O poema tem rimas? E ritmo?		
O poema caracteriza a profissão ou o sonho que você escolheu?		

2. A partir da sua avaliação, faça as modificações que julgar pertinentes no poema.

3. Quando os textos estiverem prontos, o professor combinará com a classe como, onde e quando será feita a apresentação dos poemas.

4. Convide familiares, amigos, colegas de outras turmas e pessoas do bairro para o evento. Para isso, prepare cartazes e convites usando o material à disposição (cartolina, papéis coloridos, retalhos, tinta, canetas coloridas).
   a) Nos cartazes e nos convites, anote o objetivo do evento, o local, o dia e o horário, o tempo de duração e quem serão os participantes.
   b) Espalhe os cartazes pela escola e outros estabelecimentos da região. Os convites devem ser entregues às pessoas mais próximas.

Dicas para ler os textos
- O professor organizará a classe em grupos de cinco alunos, e cada grupo ficará responsável pela leitura de um poema.
- Cada grupo selecionará, entre os poemas produzidos por seus integrantes, aquele que será apresentado no evento.
- Quando você e seu grupo tiverem escolhido o poema, definam quem o lerá. Há várias possibilidades: um de vocês lê o poema todo, ou dois de vocês podem ler versos alternados, todos leem juntos, etc.
- Para ajudar a compor o clima transmitido pelo poema e tornar a apresentação mais interessante, levem objetos para montar um cenário, usem roupas da mesma cor ou outros adereços.

REFLEXÃO LINGUÍSTICA

Pronomes pessoais e de tratamento

1. Leia o fragmento da canção abaixo.

   Trilhares

   As estrelas que de noite eu via
   Todas elas lá no céu estão
   Mesmo sem vê-las durante o dia
   Piscam no céu com o sol gordão

   São trilhares de estrelas
   e eu nem sabia
   Que estão lá no céu até mesmo de dia

   Como pode o céu ter tanta estrela?
   Como pode? parece um mar de areia
   [...]

   Paulo Tatit e Edith Derdyk. Trilhares. Intérprete: Palavra Cantada.
   Em: *Canções curiosas*. Palavra Cantada, 2000.

   a) A palavra *trilhares* não existe nos dicionários. Quais os seus possíveis significados?
   b) No contexto da canção, que sentido ela parece ter? Que versos justificam sua resposta?
   c) Que palavras da primeira estrofe da canção substituem a expressão *as estrelas*?
   d) Reescreva a estrofe substituindo novamente essas palavras por *as estrelas*. Que diferença você observa?

   > **ANOTE**
   > **Pronomes** são palavras que substituem ou acompanham substantivos e outras formas nominais (nomes).

●●● Pessoas do discurso

Leia a tira.

Snoopy, de Charles Schultz.

No primeiro quadrinho da tira, Linus conversa com sua amiga Lucy sobre a menininha que passa por eles (Sally).

Observe a fala de Linus nesse quadrinho: ele usa a palavra *você* para referir-se a Lucy (a pessoa com quem ele fala).

200

Já no segundo quadrinho, Lucy emprega a palavra *ela* para referir-se a Sally (que, nesse caso, é o assunto da conversa que ocorre entre Lucy e Linus).

Nas conversas mostradas nesses quadrinhos – assim como em qualquer situação de comunicação –, dizemos que são três as **pessoas do discurso**: a pessoa **que fala**, a pessoa **com quem se fala** e a pessoa **de quem se fala**.

> **Ela** é a criança de quem **eu te** falei ontem.
> - **Ela**: pronome que indica a pessoa de quem se fala
> - **eu**: pronome que indica a pessoa que fala
> - **te**: pronome que indica a pessoa com quem se fala
>
> **Nós** já **lhes** enviamos as cartas que **você** escreveu.
> - **Nós**: pronome que indica a pessoa que fala
> - **lhes**: pronome que indica a pessoa de quem se fala
> - **você**: pronome que indica a pessoa com quem se fala

> **ORIGEM DO PRONOME VOCÊ**
>
> O pronome *você*, hoje muito utilizado, originou-se da antiga forma *Vossa Mercê*. Com o passar dos anos, o uso dessa expressão foi se tornando mais popular e se transformou em *Vossemecê*, depois em *Vosmecê*, até chegar à forma atual: *você*.

ANOTE

Pronomes pessoais são palavras que têm a função de indicar as **pessoas do discurso**.
- Primeira pessoa: indica **quem fala**. Ex.: *eu, me, nós, nosso*, etc.
- Segunda pessoa: indica **com quem se fala**. Ex.: *tu, vós, te, teu*, etc.
- Terceira pessoa: indica **de quem** ou **sobre o que se fala**. Ex.: *ela, eles, lhe*, etc.

1. Com base na explicação, responda:
   a) No segundo quadrinho da tira, o pronome *ela* substitui qual substantivo?
   b) Qual pessoa do discurso o pronome *ela* indica?

●●● Classificação dos pronomes

Pronomes pessoais

Os pronomes pessoais fazem referência às pessoas do discurso. Existem dois tipos de pronomes pessoais: os do **caso reto** e os do **caso oblíquo**.

Pessoas verbais	Pronomes pessoais do caso reto	Pronomes pessoais do caso oblíquo
1ª pessoa do singular	eu	me, mim, comigo
2ª pessoa do singular	tu	te, ti, contigo
3ª pessoa do singular	ele, ela	o, a, lhe, se, si, consigo
1ª pessoa do plural	nós	nos, conosco
2ª pessoa do plural	vós	vos, convosco
3ª pessoa do plural	eles, elas	os, as, lhes, se, si, consigo

REFLEXÃO LINGUÍSTICA
Pronomes pessoais e de tratamento

Pronomes de tratamento

Leia a tira.

Jim Davis. *Garfield de bom humor.* Porto Alegre: L&PM, 2006. v. 6. p. 99.

Observe, na primeira fala de Jon, que ele se dirige a Garfield tratando-o por *você* e dizendo-lhe que está muito gordo.

Se Jon quisesse provocar Garfield ainda mais, poderia chamá-lo de *senhor* e dizer: "O senhor está muito gordo, Sr. Garfield". Para ser mais irônico, poderia tratá-lo de maneira bem formal: "Vossa Excelência está muito gorda!".

Essas situações são engraçadas, mas servem para mostrar que existem algumas outras palavras que podemos empregar para nos dirigir ao nosso interlocutor, ou seja, à pessoa ou às pessoas com as quais nos comunicamos. Essas palavras são conhecidas como **pronomes de tratamento** e, em geral, indicam uma postura bastante cerimoniosa. Veja alguns exemplos no quadro.

Pronome de tratamento	Abreviatura	Usado para se dirigir a
Você	V.	pessoas íntimas
Senhor, senhora	Sr., Sra.	pessoas mais velhas ou a quem queremos tratar com respeito e distanciamento
Vossa Alteza	V. A.	príncipes e duques
Vossa Excelência	V. Exa.	altas autoridades do governo e das forças armadas
Vossa Majestade	V. M.	reis e imperadores
Vossa Santidade	V. S.	papa
Vossa Senhoria	V. Sa.	autoridades em geral; tratamento cerimonioso

Relembrando as pessoas do discurso (primeira pessoa, a que fala; segunda, com quem se fala; e terceira, de quem se fala), concluímos que os **pronomes de tratamento** indicam a **segunda pessoa**, aquela com quem se fala.

De acordo com as regras gramaticais, as duas formas, **tu** e **você**, são válidas. No entanto, em situações de uso formal da língua escrita, é importante não misturar os dois pronomes no mesmo trecho. Na norma-padrão, ou se opta pelo uso do **tu** ou pelo uso do **você** (que corresponde à segunda pessoa, mas leva o verbo para a terceira).

Você se apresentará hoje para a entrevista.

Tu te apresentarás hoje para a entrevista.

REFLEXÃO LINGUÍSTICA Na prática

1. Leia a canção.

   Fico assim sem você

   Avião sem asa,
   Fogueira sem brasa
   Sou eu assim sem você
   Futebol sem bola,
   Piu-Piu sem Frajola
   Sou eu assim sem você

   Amor sem beijinho,
   Buchecha sem Claudinho
   Sou eu assim sem você
   Circo sem palhaço,
   Namoro sem amasso
   Sou eu assim sem você

   Por que é que tem que ser assim
   Se o meu desejo não tem fim
   Eu te quero a todo instante
   Nem mil alto-falantes
   Vão poder falar por mim

   Tô louco pra te ver chegar
   Tô louco pra te ter nas mãos
   Deitar no teu abraço
   Retomar o pedaço
   Que falta no meu coração
   [...]

   Abdullah e Cacá Moraes. Fico assim sem você. Intérprete: Adriana Calcanhoto. Em: *Adriana Partimpim*. BMG, 2008.

   a) O verso "Sou eu assim sem você" aparece diversas vezes na canção. Que sentimento do eu lírico é expresso por essa repetição?
   b) Transcreva três imagens da canção que representam o verso "Sou eu assim sem você".
   c) Explique o sentido das imagens que você escolheu.
   d) Copie do texto um exemplo de uso informal da linguagem.
   e) Por que foi utilizada a linguagem informal na letra dessa canção?
   f) Quais são os pronomes pessoais e de tratamento que aparecem no trecho a seguir?

   "Sou eu assim sem você
   [...]
   Tô louco pra te ver chegar
   Tô louco pra te ter nas mãos
   Deitar no teu abraço
   Retomar o pedaço
   Que falta no meu coração"

   g) A que pessoa do discurso eles correspondem?
   h) A concordância entre os pronomes da canção segue as regras da norma-padrão da língua? Por que isso ocorre?

2. Observe as frases a seguir.

   I. Quando tu chegares, te dou uma carona.
   II. Quando você for embora, te levo de carro.
   III. Já lhe dei um presente, falta cumprimentá-lo.
   IV. Já te dei um presente, falta cumprimentar você.

   a) Em que pessoa do discurso, no caso reto ou oblíquo, estão os pronomes de cada frase?
   b) A concordância desses pronomes segue a norma-padrão? Explique.
   c) Em que tipo de situação (formal/informal) cada frase costuma ser empregada?

203

REFLEXÃO LINGUÍSTICA Na prática

3. Leia a anedota a seguir.

> – Não deixe sua cadela entrar na minha casa de novo. Ela está cheia de pulgas!
> – Fifi, não entre nessa casa de novo. Ela está cheia de pulgas.
>
> Domínio Público

a) Quais são as personagens dessa anedota?

b) Na realidade, quem está cheia de pulgas: a casa ou a cadela?

c) Qual palavra do texto fez com que o dono da cadela não entendesse o que a outra personagem dizia? Por que houve esse engano?

d) De que forma você poderia reescrever a primeira fala da anedota para eliminar essa ambiguidade?

4. Leia a seguinte canção de Arnaldo Antunes.

> **Fora de si**
>
> Eu fico louco
> eu fico fora de si
> eu fica assim
> eu fica fora de mim
> Eu fico um pouco
> depois eu saio daqui
>
> eu vai embora
> eu fico fora de si
> Eu fico oco
> eu fica bem assim
> eu fico sem ninguém em mim
>
> Arnaldo Antunes. Fora de si. Intérprete: Arnaldo Antunes. Em: *Ninguém*. BMG, 1995.

Arnaldo Antunes. Fotografia de 2000.

a) O eu lírico fala sobre quem? Que palavras do texto comprovam sua resposta? Copie-as.

b) Qual sentimento é revelado pelo eu lírico ao longo da canção?

c) A linguagem do poema segue as regras da norma-padrão da língua? Dê exemplos para justificar sua resposta.

d) Qual é a relação existente entre a forma de o eu lírico se expressar e o sentimento por ele revelado?

5. Leia a tira.

Os levados da breca, de Wesley Samp.

a) Paulo anuncia sua candidatura a seus amigos e inicia um discurso. No último quadrinho, ele está falando sozinho. Em sua opinião, por que os amigos de Paulo foram embora?

b) No lugar de Paulo, como você faria seu discurso? Escreva-o.

c) Copie a primeira fala de Paulo, destacando os pronomes pessoais. Identifique a que pessoa do discurso cada pronome corresponde.

d) Releia: "[...] uma eleição que oferecerá a vocês [...]". Reescreva esse trecho substituindo *vocês* por um pronome equivalente do caso oblíquo. Faça as adaptações necessárias.

LÍNGUA VIVA
Pronomes de tratamento e seus usos

1. Leia um trecho da canção "Saudosa maloca", de Adoniran Barbosa.

> Se o senhor não tá lembrado
> Dá licença de contar
> Ali onde agora está
> Este adifício arto
> Era uma casa veia,
> Um palacete assobradado
>
> Foi aqui seu moço,
> Que eu, Mato Grosso e o Joca
> Construímo nossa maloca.
> [...]

Adoniran Barbosa. Saudosa maloca. Intérprete: Adoniran Barbosa. Em: *Raízes do samba*. EMI, 1999.

a) Nesse trecho da canção, o eu lírico se dirige a alguém, como numa conversa. De que modo o eu lírico trata esse interlocutor?
b) Que expressões permitem ao leitor perceber isso?
c) Que marcas do texto revelam a variedade falada pelo eu lírico?
d) O que essas marcas linguísticas indicam a respeito do perfil social desse falante?
e) Com base nas respostas anteriores, o que se pode supor da relação entre o eu lírico e seu interlocutor? Explique.

2. O uso do pronome de tratamento *senhor(a)* normalmente revela respeito do falante por seu interlocutor em razão de uma diferença de idade, de posição hierárquica, etc. Em alguns contextos, entretanto, pode revelar diferenças sociais e de situação econômica ou, ainda, ironia. Explique o que o uso de *senhor(a)* expressa sobre as relações entre os interlocutores nas frases abaixo.
a) Me dá um trocado, *senhora*? (pessoa pedindo esmola para a motorista de um veículo)
b) Chefe, a *senhora* vai liberar meu aumento? (funcionário dirigindo-se a sua superiora)
c) O *senhor* já fez a lição? (pai perguntando ao filho)

3. Leia as falas de dois senadores em uma discussão no Senado Federal.

> "Vossa Excelência é sonegadora de R$ 1 milhão" [...].
> [...] respondeu no mesmo tom. "Não é verdade! Não é verdade! Vossa Excelência passe água sanitária na boca antes de falar meu nome", disse. Ele arrematou: "E Vossa Excelência passe água oxigenada na boca para falar de mim".
>
> *Folha de S.Paulo*, 13 set. 2007.

a) A quem se deve dispensar o tratamento de *Vossa Excelência*?
b) O pronome *Vossa Excelência* é considerado cerimonioso. No caso acima, os interlocutores trataram-se com respeito e educação? Explique.

> **ANOTE**
>
> O uso dos **pronomes de tratamento** pode revelar o **tipo de relacionamento entre os interlocutores**: pode ser uma relação de respeito, por haver entre eles diferença de idade ou hierárquica, ou uma relação entre interlocutores que estão em situação muito desigual, social e economicamente, etc.
>
> Os pronomes de tratamento cerimoniosos podem, às vezes, ser usados com a intenção de produzir um efeito de ironia.

LEITURA 2

Poema

O QUE VOCÊ VAI LER

Mario Quintana (1906-1994), poeta gaúcho. Fotografia de 1985.

Você vai ler um poema escrito pelo poeta gaúcho Mario Quintana. O autor é conhecido por lançar um olhar poético sobre fatos do cotidiano. Escreveu livros como *Espelho mágico* e *O aprendiz de feiticeiro*; obras infantojuvenis como *Pé de Pilão* e *Sapato furado*, além de poemas infantis.

- "Ritmo" é o nome do poema apresentado a seguir. De que ritmo você imagina que o texto falará?

Ritmo

Na porta
a varredeira varre o cisco
varre o cisco
varre o cisco

Na pia
a menininha escova os dentes
escova os dentes
escova os dentes

No arroio
a lavadeira bate roupa
bate roupa
bate roupa

até que enfim
se desenrola
toda a corda
e o mundo gira imóvel como um pião!

Mario Quintana. *Anotações poéticas*. São Paulo: Globo, 1996. p. 65. © by Elena Quintana.

GLOSSÁRIO

Arroio: córrego, riacho.
Cisco: lixo, pó.

206

Estudo do texto

●●● Para entender o texto

1. Complete o quadro com as informações do poema.

Lugar onde ocorre a ação	Quem faz a ação	Ação	Objeto da ação

2. O que existe em comum entre as pessoas que aparecem no poema?

3. Que sons de consoante se repetem em cada uma das três primeiras estrofes? Como essa repetição se relaciona com as imagens produzidas pelo poema?

> **ANOTE**
> A **repetição de consoantes** é um recurso usado para intensificar o ritmo ou para criar um efeito sonoro significativo. Esse recurso recebe o nome de **aliteração**.

4. O poema apresenta várias repetições de versos. Que sentidos essas repetições acrescentam às ações realizadas no poema?

5. Que semelhança há entre o verso "e o mundo gira imóvel como um pião!" e o movimento realizado pelas mulheres e pela menina?

6. Leia este poema em voz alta.

> **A onda**
> A ONDA
> a onda anda
> aonde anda
>   a onda?
> a onda ainda
> ainda onda
> ainda anda
>   aonde?
> aonde?
> a onda a onda
>
> Manuel Bandeira. *Para querer bem*. São Paulo: Moderna, 2005. p. 41.

a) Como o poeta construiu o ritmo desse poema?
b) Quais sons mais se repetem no poema? O que procuram imitar?
c) Que relação há entre a disposição das palavras do poema no papel e o som que ele parece imitar?

> **ANOTE**
> A **repetição de vogais** recebe o nome de **assonância**. O uso desse recurso, de forma intencional, torna os versos mais musicais e pode ajudar a expressar o sentido do texto.

Estudo do texto

7. Faça uma lista de seis a oito palavras em que se repita o som de uma ou mais consoantes da palavra *ritmo*.

8. No último verso de "Ritmo", predominam os sons nasais: *mu*n*do*, *i*m*óvel*, *co*m*o*, *um*, *pião*.
   a) Leia essas palavras em voz alta, identificando o som nasal.
   b) Faça uma lista de seis a oito palavras em que apareça um ou mais desses sons e destaque as letras que os representam.

9. Leia esta canção de Vinicius de Moraes.

> ### O relógio
> Passa tempo, tic-tac
> Tic-tac, passa hora
> Chega logo, tic-tac
> Tic-tac, vai-te embora
> Passa, tempo
> Bem depressa
> Não atrasa
> Não demora
> Que já estou
>
> Muito cansado
> E já perdi toda alegria
> De fazer meu tic-tac
> Dia e noite
> Noite e dia
> Tic-tac
> Tic-tac
> Dia e noite
> Noite e dia
>
> Vinicius de Moraes e Paulo Soledade. O relógio. Intérprete: Walter Franco. Em: *A arca de Noé*. Universal Music, 1980.

   a) Nessa canção foi empregada várias vezes uma palavra que reproduz o som do relógio. Qual?
   b) Que outros sons presentes em todos os versos lembram o som produzido pelo relógio?

10. Leia a primeira estrofe da letra da canção a seguir.

> ### Pedro Pedreiro
> Pedro pedreiro penseiro esperando o trem
> Manhã, parece, carece de esperar também
> Para o bem de quem tem bem
> De quem não tem vintém
> Pedro pedreiro fica assim pensando
> Assim pensando o tempo passa
> E a gente vai ficando pra trás
> Esperando, esperando, esperando
> Esperando o sol
> Esperando o trem
> Esperando o aumento
> Desde o ano passado
> Para o mês que vem
> [...]
>
> Chico Buarque. Pedro Pedreiro. Em: *Songbook Chico Buarque*. Lumiar Discos, 1999.

   a) Por que o eu lírico chama Pedro de "Pedro pedreiro penseiro"?
   b) Leia os versos em voz alta, prestando atenção nos sons que se repetem. Se for preciso, leia-os mais de uma vez.
   c) Que sons de consoante predominam nesses versos?
   d) Que sons de vogal predominam?
   e) Qual a relação entre esses sons e o assunto da canção?

208

●●● O texto e o leitor

1. O poema "Ritmo" trata de ações do cotidiano. Que relação se pode fazer entre o título do poema e essas ações?

2. O eu lírico destaca um aspecto das ações de varrer, escovar os dentes e bater roupa. Qual é esse aspecto?

3. Observe que as três primeiras estrofes de "Ritmo" têm formatos semelhantes (um verso curto, um mais longo e dois curtos). Que relação você vê entre a repetição da forma e o sentido dessas três estrofes?

4. A última estrofe apresenta uma distribuição diferente das palavras nos versos. Como essa organização das palavras se relaciona com o conteúdo da estrofe?

5. O eu lírico apresenta três ações que têm como característica serem repetidas sempre do mesmo jeito, sempre iguais. Que recurso reforça para o leitor a ideia de que algumas coisas não mudam?

●●● Comparação entre os textos

1. Copie e preencha o quadro, comparando os dois poemas estudados neste capítulo.

	"O menino que carregava água na peneira"	"Ritmo"
Tema		
Presença de rima		
Recursos utilizados para dar sonoridade e ritmo ao poema		
Relação entre os efeitos sonoros e o sentido		

2. Observando as suas respostas anteriores e a análise dos poemas do capítulo, que características do gênero poema você destacaria?

●●● Sua opinião

1. Como vimos neste capítulo, os poemas podem envolver o leitor de diferentes formas: por meio da expressão de emoções, da sonoridade, do ritmo e dos jogos de palavras. Em sua opinião, qual dos poemas estudados envolve mais o leitor? Por quê?

Poesia e descoberta

A visão que um poeta tem de um fato cotidiano e simples pode transformar esse fato em algo especial. Lendo poemas, podemos conhecer as emoções e os sonhos comuns a todos os seres humanos, transformados pela poesia.

Discuta com seus colegas de classe e com o professor as seguintes questões:

I. Será que a poesia pode ajudar você a conhecer melhor suas emoções e seus sonhos? Como?

II. Você acredita que outras pessoas possam ter as mesmas emoções e os mesmos sonhos que você? Explique.

PRODUÇÃO DE TEXTO

Poema

AQUECIMENTO

As palavras que compõem o poema podem estar associadas pelo sentido, pela sonoridade e pelos dois elementos.

- Para cada uma das palavras a seguir, escreva três outras, associadas ao sentido delas.

| sonho | infância | mar | férias | amigo |

- Agora faça uma lista de palavras associadas aos sons das letras **r, p, a** e **o**.

●●● Proposta

A poesia pode fazer parte do cotidiano das pessoas. Você vai criar uma caixa de poemas e, com a supervisão do professor, distribuir textos poéticos para as pessoas que circulam pelos espaços públicos próximos da escola, como pontos de ônibus, praças, etc.

Observe com atenção as imagens a seguir. Elas serão o ponto de partida para sua produção.

●●● Planejamento e elaboração do texto

1. As imagens representam dois elementos da natureza: o fogo e a água. Com qual deles você se identifica mais?

2. Pense em seu jeito de ser e escreva: o que faz você se identificar com esse elemento da natureza?

3. Escreva as palavras que lhe vêm à mente quando observa a imagem com o elemento escolhido.

4. Que sons você imagina que ouviria se estivesse em contato com o elemento da natureza selecionado?

5. Pense em palavras e expressões em que apareçam esses sons. Anote-as no caderno. Lembre-se do que aprendeu a respeito de repetições, aliterações e assonâncias.

6. Faça uma lista de palavras rimadas relacionadas ao elemento da natureza escolhido e ao seu jeito de ser.

7. Escreva o poema fazendo uma associação entre a água ou o fogo e suas características pessoais. Baseie-se nas razões anotadas na atividade **2** e nas listas de palavras da atividade **5**.

8. Um poema é um texto em que o autor expõe sensações e ideias bem particulares, em que apresenta seu jeito de ver o mundo. Portanto, sinta-se à vontade para criar imagens e não tenha medo de fazer associações diferentes, incomuns.

9. Se desejar, faça rimas no final dos versos.

10. Procure organizar os versos e as estrofes de um modo significativo.

11. Ao terminar o seu poema, dê a ele um título que tenha alguma relação com seu sentido.

••• Avaliação e reescrita do texto

1. Leia seu poema e avalie os itens a seguir.
   a) A organização em versos e estrofes criou um efeito expressivo?
   b) Foram usados recursos como repetições, aliterações e assonâncias para reforçar o sentido do poema?

2. Depois de avaliar seu texto, reescreva-o, fazendo as modificações necessárias.

3. Passe o poema a limpo em um papel colorido.

4. Ao final, com a orientação do professor, os poemas de todos os alunos serão distribuídos em lugares previamente selecionados.

Dicas de como distribuir os poemas

- O professor organizará a classe em grupos de cinco alunos.
- Cada grupo ficará responsável por preparar uma caixa para os poemas. Pode-se pegar uma caixa de papelão e encapá-la com papel colorido ou pintá-la.
- Os poemas, já passados a limpo em papel colorido, serão dobrados antes de serem colocados na caixa.
- Em dia e horário combinados com o professor, cada grupo pegará sua caixa de poemas e, no local definido, convidará as pessoas a escolher um.
- O grupo pode ler o poema sorteado pela pessoa ou pedir a ela que o leia em voz alta.

REFLEXÃO LINGUÍSTICA

Pronome demonstrativo

1. Observe a tira.

Jim Davis. *Garfield*: toneladas de diversão. Porto Alegre: L&PM, 2007. v. 5. p. 19.

a) No segundo quadrinho, Jon afirma: "Você também devia fazer isso". A que Jon se refere ao usar a palavra *isso*?

b) Por que Garfield não entendeu o conselho de Jon?

c) O que causa o humor nessa tira?

> **ANOTE**
>
> **Pronomes demonstrativos** são palavras que servem para situar os seres e objetos de quem/que falamos no espaço, no tempo ou no texto. Eles indicam, portanto, a posição desses seres e objetos no espaço ou no tempo em relação às pessoas do discurso.

Observe o quadro de pronomes demonstrativos a seguir e a sua relação espacial com as pessoas do discurso.

Pessoa do discurso	Variáveis	Invariáveis	Posição do ser ou do objeto no espaço
1ª	este, estes, esta, estas	isto	próximo da pessoa que fala
2ª	esse, esses, essa, essas	isso	próximo da pessoa com quem se fala
3ª	aquele, aqueles, aquela, aquelas	aquilo	distante de quem fala e de seu interlocutor

Leia as frases a seguir e observe o uso dos pronomes para marcar uma posição no tempo.

I. No século XVIII, as longas viagens eram feitas de navio. **Naquela** época, não havia um meio de transporte mais rápido.

II. Mês passado, todos nós fomos viajar. **Esse** tempo foi muito bom!

III. As bailarinas começavam a se posicionar no palco. **Nisso**, alguém abriu as cortinas.

Na frase I, foi usada a palavra *naquela* (preposição *em* + pronome *aquela*) para indicar um passado distante, ou seja, o século XVIII.

Na frase II, utilizou-se o pronome *esse* para indicar um fato ocorrido em um passado recente, no caso, o mês passado.

Na fase III, o pronome *isso* aparece combinado com a preposição *em* e tem o sentido de "nesse momento", "então".

Pronomes demonstrativos	Posição do ser ou objeto no tempo
este, estes, esta, estas, isto	presente
esse, esses, essa, essas, isso	passado ou futuro próximos
aquele, aqueles, aquela, aquelas, aquilo	passado ou futuro distantes

OS PRONOMES E AS PREPOSIÇÕES

Os **pronomes demonstrativos** podem aparecer combinados com as preposições **em** e **de**. Ex.: *neste, naquele, nisso* (combinação com **em**); *deste, disso* (combinação com **de**).

Outro uso do pronome demonstrativo é **retomar uma palavra ou frase** mencionada anteriormente. Observe o exemplo.

> Mário e Sandro vieram estudar em casa; **este** me ajudou em Matemática, **aquele** em Ciências.

O pronome *este* se refere a quem foi mencionado por último – no caso, Sandro. Já o pronome *aquele* indica quem foi mencionado primeiro, ou seja, Mário.

Os pronomes demonstrativos também podem **estabelecer relações** entre as partes de um texto, isto é, antecipar algo que será dito ou retomar algo que já foi citado. Leia as frases.

> I. Organizarei os documentos e os levarei ao escritório ainda hoje: **essa** é a minha ideia.

> II. João foi à praia no feriado, mas estava tudo lotado e faltou água. **Isso** o deixou louco!

> III. Minha ideia é **esta**: organizarei os documentos e os levarei ao escritório ainda hoje.

> IV. Uma coisa que deixa João louco é **isto**: chegar ao cinema e os ingressos estarem esgotados!

Na frase I, o pronome *essa* se refere a algo já dito na frase ("Organizarei os documentos e os levarei ao escritório ainda hoje").

Da mesma forma, no exemplo II, o pronome *isso* resume o que foi dito na frase anterior: o que deixou João louco foi ter ido à praia e tudo estar lotado e ainda faltar água.

2. Releia as frases III e IV. Os pronomes *esta* e *isto* se referem, respectivamente, a quê? É algo já mencionado na frase?

REFLEXÃO LINGUÍSTICA Na prática

1. Leia o poema.

   > aqui
   >
   > nesta pedra
   >
   > alguém sentou
   > olhando o mar
   >
   > o mar
   > não parou
   > pra ser olhado
   >
   > foi mar
   > pra tudo quanto é lado
   > [...]

   Paulo Leminski. Em: Fred Góes e Álvaro Marins (Orgs.). *Melhores poemas de Paulo Leminski*. 5. ed. São Paulo: Global, 2001.

   a) O eu lírico fala de alguém que se sentou em uma pedra para olhar o mar. É uma pedra qualquer? Explique.

   b) Se trocarmos a expressão *nesta pedra* por *nas pedras*, o sentido continua o mesmo? Justifique sua resposta.

   c) O eu lírico mostra uma oposição entre movimento e ausência de movimento. Como isso é representado no poema?

2. Leia o poema.

   > **Hora do banho**
   >
   > Entrar no banho, puxa vida,
   > é acabar com a brincadeira.
   >
   > — Já pro banho, não enrola,
   > olha só quanta sujeira!
   >
   > Todo dia isso acontece.
   > Minha mãe é mesmo fogo:
   > sempre fica me chamando
   > Na melhor parte do jogo.
   > [...]
   >
   > Cláudio Thebas. *Amigos do peito*. 15. ed. Belo Horizonte: Formato, 2006.

   a) O poema acima fala do conflito entre a mãe e o filho em relação à hora do banho. Explique qual é esse conflito.

   b) Quando o menino diz "Todo dia isso acontece", o pronome *isso* se refere a qual fato?

3. Reescreva as frases a seguir, utilizando adequadamente os pronomes demonstrativos.
   a) Você viu ★ menina lá fora? É sobre ela que estávamos conversando pela manhã.
   b) Por favor, pegue para mim ★ toalha que está ao seu lado!
   c) Preste atenção, ★ bicicleta em que você está andando parece estar com os freios gastos!
   d) Cuidado! ★ pacote na minha mão é frágil.

4. Qual é a ideia expressa pelos pronomes demonstrativos destacados nas frases?
   a) *Naquele* tempo, as crianças brincavam nas ruas.
   b) Ele comprou o carro *naquela* loja.
   c) Júlia e Paulo estudam na mesma escola. *Este* está no 4º ano; *aquela*, no 6º ano.
   d) *Este* livro eu já li. Queria ler *aquele* outro.

LÍNGUA VIVA
O pronome na coesão do texto

1. Leia o seguinte trecho de um poema intitulado "Era uma vez...".

> O seu rei mandou me chamar
> Pra casar com sua filha
> Só de dote ele me dava
> Europa, França e Bahia
> Me lembrei do meu ranchinho
> Da roça, do meu feijão
> O rei mandou me chamar
> Ó seu rei, não quero, não.

Lenice Gomes e Hugo Monteiro Ferreira. *Pelas ruas da oralidade*. São Paulo: Paulinas, 2003. p. 15.

a) O que a palavra *meu* indica sobre as posses do eu lírico?
b) Qual palavra presente na estrofe indica que a moça é filha do rei?
c) O que impede o eu lírico de casar com a filha do rei?
d) O eu lírico, ao se dirigir ao rei, utiliza a expressão *seu rei*. Qual é o sentido da palavra *seu* no poema?

2. Os dois primeiros versos poderiam ter sido escritos assim: "O seu rei mandou me chamar / Pra casar com a filha do rei". Compare esses versos com os originais e explique a função do pronome *sua*.

3. Leia o texto.

> **Ser amigo é...** amar e respeitar nossos primeiros amigos, que são nossos pais. Eles brigam, e dizem coisas que não gostamos de ouvir, mandam a gente escovar os dentes, tomar banho e dormir. Em alguns dias, choramos; em outros, rimos sem parar, pois sabemos que esses amigos nunca vão nos abandonar.

Disponível em: <http://omeninomaluquinho.educacional.com.br>. Acesso em: 3 jul. 2014.

a) A expressão *esses amigos* está se referindo a quem?
b) Por que o autor utilizou o pronome *esses*, nessa expressão?

4. Leia a frase abaixo.

> Nem a mãe mais moderna suporta que o quarto fique bagunçado e, quando **isso** acontece, o resultado é uma mãe estressada!

a) Reescreva essa frase sem usar o pronome demonstrativo *isso*.
b) Quais palavras ficariam repetidas sem o uso do pronome *isso*?
c) Como você pôde observar, existe a possibilidade de escrever essa frase sem o pronome demonstrativo. Qual é a função do pronome nessa frase?

Os **pronomes** são elementos de **coesão textual**, pois ajudam a estabelecer relações no texto, interligando ideias, tornando o texto mais preciso e evitando as repetições.

QUESTÕES DE ESCRITA

Acentuação de hiatos e ditongos

1. Observe que em todas as palavras do quadro aparecem duas vogais juntas (vizinhas). Leia-as e, em seguida, copie-as, em dois grupos: palavras em que essas vogais são pronunciadas na mesma sílaba e palavras nas quais as vogais *não* são pronunciadas na mesma sílaba.

guarda   zoo   cair   raiz   quase   louco   afiado   série   saída

> **ANOTE**
>
> Quando as vogais vizinhas estão na mesma sílaba, uma delas (a de som mais fraco) passa a ser chamada de **semivogal**. O som da vogal e da semivogal juntas na mesma sílaba chama-se **ditongo**.
> Ex.: *igual* (*i-gual*).
>
> Quando as vogais vizinhas são pronunciadas em sílabas diferentes, ocorre **hiato**. Ex.: *saúde* (*sa-ú-de*).

2. Leia a tira a seguir.

Overman, de Laerte.

a) Por que a pessoa que iria se encontrar com o Overman não apareceu?

b) No segundo quadrinho da tira, há duas palavras em que ocorre hiato. Quais são essas palavras?

c) Qual delas é acentuada?

d) Como você concluiu que se tratava de hiato e não de ditongo?

e) Há algum hiato ou ditongo no terceiro quadrinho? Qual?

> **ANOTE**
>
> Quando a segunda vogal do hiato for **i** ou **u** tônicos, acompanhados ou não de **s**, ela será acentuada.
> Ex.: *faísca, país, saúde, miúdo, caído, saí*.
>
> Há exceções a essa regra.
> • Não são acentuados os hiatos terminados em **i** seguidos de **nh**.
>   Ex.: *rainha, tainha*.
> • Não são acentuados os hiatos em que o **i** ou o **u** finais formam sílaba com outra letra que não o **s**.
>   Ex.: *ruim, cair, raiz*.

3. Leia o poema.

> **Fim de festa**
> O sol
> se acendeu.
>
> Sobrou
> o céu coberto
> desconsertado
> e incerto
> […]
>
> Maria Dinorah. *Ver de ver.* São Paulo: FTD, 1997. p. 14.

a) Copie as palavras da segunda estrofe em que há ditongo.
b) Qual dessas palavras é acentuada?

 ANOTE

Os ditongos abertos **ei**, **eu** e **oi** são acentuados quando aparecem na última sílaba de palavras oxítonas. Ex.: *papéis, chapéu, herói*.

4. Complete as frases com as palavras a seguir, acentuando-as quando necessário.

trofeu	bau	joia	juiz	saida

a) O ★ foi colocado no quarto da criança.
b) Não havia nenhuma indicação de ★ de emergência.
c) O ★ foi recebido pelo campeão da corrida.
d) A noiva recebeu uma ★ como presente.
e) O ★ declarou o final do jogo.

Entreletras

Acrósticos

1. Acróstico é um tipo de poema em que as primeiras letras de cada verso formam, no sentido vertical, uma palavra. Veja alguns exemplos de acrósticos.

M uito	**V** amos	**J** untos
A lém da	**I** nventar	**O** lhamos
R azão	**D** iversões	**G** randes
	A inda	**O** ceanos

2. Forme acrósticos com as palavras *lua*, *sol*, *casa* e *bola*.
3. Mostre seus acrósticos aos colegas e leia os deles.

[PARA SABER MAIS]

Livros

O poeta aprendiz, de Vinicius de Moraes. Editora Companhia das Letrinhas.
Manual de delicadeza, de Roseana Murray. Editora FTD.
O almirante louco, de Fernando Pessoa. Edições SM.

Sites

<http://www.algumapoesia.com.br/poesia3/poesianet267.htm>
<http://www.viniciusdemoraes.com.br>
Acessos em: 5 jan. 2012.

217

 **QUESTÕES GLOBAIS**

1. Leia o seguinte poema de Mario Quintana.

   > **Ela e eu**
   >
   > A minha loucura está escondida de medo embaixo da minha cama
   > Ou dançando em cima do meu telhado
   > E eu estou sentado serenamente na minha poltrona
   > Escrevendo este poema sobre ela.

   Mario Quintana. *A cor do invisível*. 2. ed. São Paulo: Globo, 2006. p. 53. © by Elena Quintana.

   a) Quais são as palavras que se referem à primeira pessoa do discurso?

   b) No verso "Escrevendo este poema sobre ela", a quem a palavra *ela* se refere? Como essa palavra pode ser classificada?

   c) Há um contraste entre a atitude do eu lírico e a atitude de quem ele chama de "ela". Como esse contraste está representado no poema?

2. Leia a tira.

   Recruta Zero, de Greg e Mort Walker.

   a) Qual foi a pergunta que o cozinheiro fez a Dentinho?

   b) O cozinheiro ficou surpreso ao ver a colher que Dentinho segurava. Que palavra do quadrinho indica a surpresa do cozinheiro?

   c) Como se explica o engano que Dentinho cometeu?

3. Leia a tira de Calvin.

   Bill Watterson. *Calvin e Haroldo*: estranhos seres de outro planeta! Rio de Janeiro: Cedibra, 1990.

   a) Calvin quer saber por que o Sol se põe. A resposta que seu pai lhe deu é correta? Explique.

   b) De quem parece ser a fala "Querido!" no último quadrinho? Justifique.

   c) Releia: "O sol está quente no meio do dia, por *isso* ele sobe alto no céu". A que o pronome *isso* se refere?

●●● O que você aprendeu neste capítulo

Poema
- **Poesia** é a arte de criar imagens e de inventar novos sentidos para os fatos do mundo. **Poema** é o texto poético organizado em versos.
- Cada linha do poema é um verso. Um conjunto de versos forma uma estrofe.
- Os poemas costumam apresentar linguagem figurada, caracterizada pelo uso de palavras com sentido diferente do seu sentido comum.
- **Eu lírico:** a voz que se expressa no poema.
- **Rimas:** sons semelhantes ou iguais que podem aparecer no final ou no interior dos versos.
- **Sílabas poéticas:** diferentes das sílabas gramaticais, sua contagem obedece ao modo como são pronunciados os sons.
- **Ritmo:** é construído pelo modo como as sílabas tônicas (fortes) e as sílabas átonas (fracas) estão dispostas. O ritmo, juntamente com as **rimas**, cria a musicalidade do poema.
- **Comparação:** aproximação de dois ou mais termos por meio de uma característica comum.
- **Aliteração:** repetição de consoantes.
- **Assonância:** repetição de vogais.

Pronome
- **Pronomes:** são palavras que substituem ou acompanham substantivos e outras formas nominais (nomes).
- **Pessoas do discurso:** primeira pessoa (quem fala), segunda pessoa (com quem se fala) e terceira pessoa (sobre quem ou o que se fala).
- **Pronomes de tratamento:** servem, em geral, para nos dirigirmos às pessoas de maneira respeitosa ou cerimoniosa.
- **Pronomes demonstrativos:** servem para situar os seres e objetos no espaço, no tempo ou no texto, em relação às pessoas do discurso.

Ditongos e hiatos
- **Ditongo:** ocorre quando se pronuncia uma vogal e uma semivogal na mesma sílaba.
- **Hiato:** ocorre quando duas vogais vizinhas são pronunciadas em sílabas diferentes.

Autoavaliação ●●●

Para fazer sua autoavaliação, releia o quadro *O que você aprendeu neste capítulo*.
- Do que você mais gostou nos poemas que leu? E nos que escreveu?
- Como foi a reescrita de seus textos? Você teve dificuldade nessa tarefa?
- Como foi participar da preparação da caixa de poemas? E da apresentação do poema?
- Quais dúvidas você ainda tem sobre poemas? E sobre os pronomes?

PROJETO

Jogos: os segredos da aventura

O que você vai fazer

Você vai criar um jogo de aventuras com desafios que devem ser ultrapassados para que a personagem alcance um objetivo.

Cada grupo da classe produzirá um jogo. Em um dia combinado com o professor, todos conhecerão os jogos elaborados pelos colegas e poderão divertir-se e descobrir os segredos da aventura.

Organização

A classe vai ser dividida em grupos de até seis alunos e cada grupo vai criar um jogo de percurso diferente sobre o tema Aventura. Para começar, os grupos devem decidir em que espaço as aventuras do jogo acontecerão: em uma floresta, em um castelo, em uma cidade, no mar, em outros planetas, etc.

> **O que é um jogo de percurso?**
>
> No jogo de percurso há um caminho a ser percorrido com vários obstáculos, que precisam ser superados pelos participantes para que se chegue a determinado objetivo.
>
> Para jogar são necessários um tabuleiro, com números e obstáculos, várias peças para percorrer o jogo e dados.

Planejamento

- Converse com seu grupo sobre as possibilidades de aventura que podem ocorrer no espaço escolhido. Primeiro faça uma lista de lugares por onde as personagens podem passar. Por exemplo: se a aventura for em uma floresta, elas poderão passar por rios, estradas de terra, bosques escuros, etc.
- Planeje depois quais serão as personagens que farão parte desse jogo. Caso o espaço escolhido seja o mar, por exemplo, uma das personagens pode ser um marinheiro ou um pirata.
- Escolhidos o lugar e as personagens da aventura, o próximo passo é definir o que essas personagens estão procurando e quais são seus objetivos.
- Também é necessário definir quais os obstáculos que precisarão ser ultrapassados para que as personagens atinjam o objetivo do jogo. Pode ser um inimigo, um perigo real, um acidente, um animal, etc.
- Para finalizar o planejamento, imagine quais os elementos que ajudarão as personagens a ultrapassar os obstáculos.
- Organize essas ideias em uma tabela como esta a seguir.

Espaço	
Personagens	
Objetivo	
Obstáculos	
Ajuda	

220

Criação do jogo

As regras

Você vai elaborar as regras para um jogo de percurso e registrá-las em uma folha de papel. No dia do jogo, um representante do grupo explicará aos demais colegas quais são essas regras.

Elementos que precisam constar das regras
- Material necessário.
- Número de jogadores.
- Objetivo do jogo.
- Como jogar.
- Quem ganha o jogo.

A construção do jogo

Agora você e seu grupo vão construir o jogo.

- Cole duas folhas de cartolina para fazer o tabuleiro. Desenhe os elementos do jogo. Você pode criar o fundo com imagens do espaço escolhido, por exemplo, uma cidade.

- Esse percurso poderá ser feito de casas pelas quais os jogadores deverão passar. Qual será a casa inicial e qual será a casa final do jogo?
- Desenhe também os obstáculos que vão aparecer durante o percurso.
- Crie as peças do jogo. Elas podem ser as personagens que precisam chegar ao fim do jogo ou peças coloridas e numeradas.
- Também é necessário providenciar dados.

O dia do jogo

No dia combinado, todos os grupos apresentam os jogos elaborados. Cada grupo organiza uma mesa com o tabuleiro, as peças e as regras do jogo.

Os alunos sortearão um dos jogos feitos pela classe para jogar.

Um representante do grupo deverá ficar junto dos colegas para ensinar as regras e acompanhar as jogadas.

221

Artigo expositivo de livro paradidático e artigo de divulgação científica

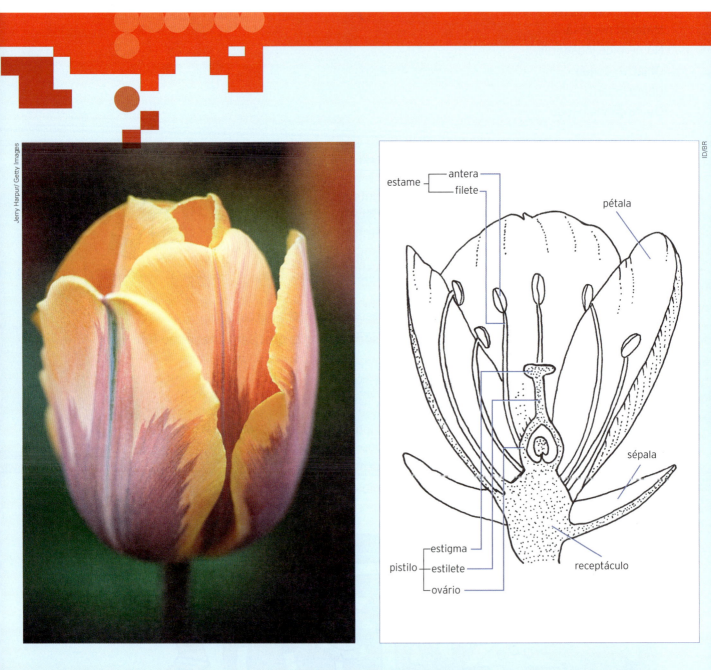

CAPÍTULO 7

 O QUE VOCÊ VAI APRENDER

- Características principais do artigo expositivo de livro paradidático e do artigo de divulgação científica
- Organização em rede nos textos de tipo expositivo
- Verbo: modo indicativo e seus tempos
- Acentuação das monossílabas e acento diferencial

CONVERSE COM OS COLEGAS

Órgão da reprodução sexuada das plantas superiores (fanerógamas). Cada flor consiste em um ovário cercado de outras estruturas, como os órgãos masculinos ou estames, que produzem o pólen. A maioria das flores tem pétalas em forma de folhas, que podem ser muito coloridas, e sépalas que frequentemente protegem a flor em botão. As flores podem ser solitárias como as tulipas ou nascer em grupos, que são chamados inflorescências. Em muitas árvores e em algumas plantas herbáceas, as flores são unissexuadas, tendo ou ovários ou estames. Quando os órgãos sexuais ocorrem em plantas diferentes diz-se que eles são dioicos (como a maioria dos animais). Quando juntos no mesmo indivíduo, na mesma flor ou não, diz-se que são monoicos. As flores podem ter menos de 1 mm, como em algumas árvores, ou até 1 m, como no parasita *Rafflesia arnoldi*, uma planta rara de Sumatra. As inflorescências podem ter muitos metros de altura em algumas palmeiras. O que geralmente é chamado de flor em plantas da família do girassol e em alguns outros grupos é, na verdade, uma inflorescência. A função das flores é apresentar os gametas para reprodução cruzada, que é efetuada pela dispersão dos grãos do pólen. Nas plantas cujo pólen é levado pelos insetos, as flores são sempre grandes, muito coloridas e com perfume, para atrair esses polinizadores. A maioria produz néctar, do qual os insetos se alimentam.

Nova enciclopédia ilustrada.
São Paulo: Publifolha,
1996. v. 1. p. 352.

1. Descreva o conjunto de textos verbais e não verbais que você lê ao lado.

2. Analise com cuidado as duas imagens e leia atentamente o texto da direita. Em seguida, reflita: Qual poderia ser o objetivo de apresentar cada um desses textos separadamente? E em conjunto?

3. As imagens apresentam as mesmas informações que o texto verbal? Explique?

4. Em sua opinião, em que tipos de livro imagens como essas costumam aparecer?

5. O esquema sobreposto à imagem central poderia ser expressado por um texto. Observe.

> A flor de uma angiosperma é composta de pétalas, sépalas, receptáculo, estame e pistilo. O estame é formado pela antera e pelo filete. Já as partes do pistilo são o estigma, o estilete e o ovário.

Suponha que você tenha de explicar a um amigo como são formados os órgãos reprodutores de uma angiosperma. Explique a ele as vantagens e as desvantagens de utilizar um texto como esse ou um esquema como o apresentado ao lado.

Neste capítulo, vamos iniciar o estudo dos textos de tipo **expositivo**. Textos didáticos e paradidáticos, artigos enciclopédicos, artigos de divulgação científica são alguns dos gêneros expositivos. Eles são importantes porque vão acompanhar toda sua vida escolar e profissional. Esses gêneros são estudados para ampliar nosso conhecimento sobre o mundo.

Reconhecer a estrutura desses textos pode ajudar você a compreendê-los melhor.

LEITURA 1

Artigo expositivo de livro paradidático

O QUE VOCÊ VAI LER

O texto que você vai ler foi reproduzido de um livro sobre os *vikings* e trata das runas, um alfabeto antigo de fundamental importância na vida desse povo. Os *vikings* são descendentes dos povos germânicos, provenientes dos países da Escandinávia (Dinamarca, Suécia e Noruega), e habitaram essa região entre os séculos VIII e XI.

Tornaram-se temidos e famosos por suas incursões às ilhas britânicas e à costa europeia. A maioria dos *vikings* vivia em fazendas e pequenos vilarejos e dependia da agricultura, da caça e da criação de animais.

Os resquícios do modo de vida e da cultura *viking*, como cemitérios, tesouros escondidos, esculturas em pedras e inscrições em alfabeto rúnico, podem ser encontrados ainda hoje por toda a Inglaterra.

Os símbolos do alfabeto rúnico, as runas, são compostos de linhas retas e sofreram modificações ao longo do tempo, de acordo com a necessidade de novos significados. O código rúnico é também conhecido por *futhark*, palavra formada pelo nome de suas primeiras letras.

As runas

As runas são um alfabeto antigo, que deriva do latim e de outros alfabetos europeus. No período *viking*, eram formadas por dezesseis letras fonéticas que serviam para nomear objetos ou que significavam uma ideia fundamental para a vida desse povo. Possuíam caráter mágico, já que eram consideradas um presente de Odin, deus associado à poesia e à magia. A origem da palavra é nórdica antiga, *run*, sinônimo de mistério.

Somente na Era *Viking* elas foram utilizadas em textos longos, destacando-se as finalidades jurídicas, comemorativas e, em algumas ocasiões, mágico-religiosas. Era caro pagar ao mestre rúnico a gravação e a decoração de estelas rúnicas, o que tornava essa arte acessível apenas aos mais abastados membros da comunidade. A maior inscrição de que se tem conhecimento possui 4 metros de comprimento por 1 metro e meio de altura, contém 750 letras e foi gravada em memória do filho de Varin. É conhecida como *runestone* (estela com runas) e está localizada na Suécia.

As runas eram gravadas em madeira, principalmente as de adivinhação, em ossos e em pedras, e quando o objetivo era obter proteção, gravavam-nas nas espadas. Havia também runas para uso cotidiano. As letras eram formadas por traços simples, próprios para inscrições, porém difíceis para um texto que deveria circular entre as pessoas. Apenas no século XI, formas mais simples de escrita foram inventadas pelos escandinavos.

Ricardo da Costa, Tatyana Nunes Lemos e Orlando Paes Filho. *Vikings*. São Paulo: Planeta, 2004. p. 15-16.

Estudo do texto

●●● Para entender o texto

1. O texto define as runas como um alfabeto que teve características específicas da cultura *viking*.
   a) De que línguas se origina esse alfabeto?
   b) Considerando essa origem, o que é possível supor sobre a cultura *viking* em geral?

2. A origem da palavra *runa*, segundo o texto, é *run*, palavra do nórdico antigo que significa *mistério*. Relacione esse significado da palavra ao uso desse alfabeto entre os *vikings*.

3. Releia.

   > "A maior inscrição de que se tem conhecimento [...] contém 750 letras e foi gravada em memória do filho de Varin."

   a) Mesmo sem saber quem foi Varin, o que é possível supor sobre a condição social dessa pessoa?
   b) Transcreva o trecho onde se encontra a informação que apoia essa suposição.

4. Observe esta imagem.

   a) Que informações do texto essa imagem comprova?
   b) Transcreva os trechos em que essas informações se encontram.

5. Segundo o texto, as runas eram consideradas um presente do deus Odin. Observe ao lado uma das várias representações desse deus. Que características de Odin a imagem sugere?

6. Odin era o maior dos deuses *vikings*, governante de Asgard e senhor de todas as magias. Possuía a lança Gungnir, que nunca errava o alvo e em cujo cabo havia runas que ditavam a preservação da lei. Possuía também um cavalo de oito patas chamado Sleipnir.
   - Quais elementos dessa descrição estão representados na figura ao lado?

7. Releia.

   > "Possuíam caráter mágico, já que eram consideradas um presente de Odin, deus associado à poesia e à magia."

   Com base na análise da imagem do deus Odin que você fez e na informação do texto, responda: que características poderiam ser atribuídas às runas? Isso explica sua importância para a cultura *viking*? Por quê?

225

Estudo do texto

🚩 **A estrutura do texto: organização em rede**

1. Qual é o assunto central do texto?
2. Em torno desse assunto central foram dadas várias informações. Entre todas essas informações, identifique seis que lhe pareçam as de maior relevância no texto. Copie o esquema a seguir e complete-o com as informações que você identificou.

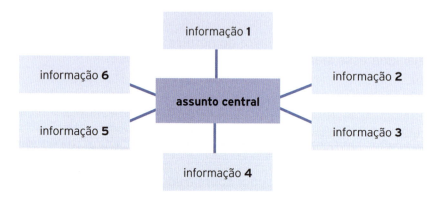

> **ANOTE**
>
> Esse artigo expositivo foi organizado em torno de um assunto central, ao qual estão ligadas as outras informações, formando uma espécie de **rede**.
>
> O assunto central e as informações a ele relacionadas compõem um conjunto que cumpre o objetivo do texto: expor e explicar um tema ao leitor.
>
> A **estrutura em rede** é uma das possíveis formas de organizar um artigo expositivo.

3. O texto é composto de três parágrafos. Identifique o assunto central de cada um.
4. Após estudar a estrutura do texto, ficou mais fácil compreendê-lo? Por quê?

Representações falsas

Muitas fontes relatam que os *vikings* usavam elmos com chifres, pois tinham medo de que o céu caísse sobre a cabeça deles. Apesar de as representações de um *viking* sempre usando elmo com chifres terem se consagrado, os *vikings* jamais utilizaram tais elmos.

Essa imagem foi uma invenção artística das óperas do século XIX, que representavam os *vikings* de um modo distante do real, já que os verdadeiros utilizavam capacetes cônicos e sem chifres.

Converse com seus colegas e o professor e discutam as seguintes questões.

I. A que interesses pode servir uma representação como essa dos *vikings*?
II. Você conhece outros povos cuja representação pode ser considerada preconceituosa? Quais? Explique.

OS NAVIOS *VIKINGS*

Os *vikings* também ficaram famosos por seus ótimos navios, que eram compridos e esguios e deslizavam rapidamente pelos mares.

Eram especialmente construídos de maneira que dispensavam os portos: as embarcações podiam alcançar a praia, onde então os *vikings* saltavam de seus barcos e davam início aos ataques inesperadamente.

Modelo de barco *viking*.

226

●●● O contexto de produção

1. Leia o título do livro de onde foi extraído o texto que você leu.
   a) De que assunto trata o livro?
   b) O que há em comum entre o trecho retirado do livro que você leu e o assunto geral de que trata a obra?

2. O que um leitor poderia procurar ao ler um livro como esse?

3. Dê exemplos de outras situações ou interesses que poderiam fazer um leitor procurar um livro como esse para se inteirar do assunto.

4. Considere a linguagem do texto. Copie as características que você associaria a ela.

> informal   formal   vocabulário muito específico   vocabulário acessível
> frases longas e difíceis   frases de fácil compreensão

> O artigo expositivo que você leu foi retirado de um livro paradidático sobre a cultura *viking*, que pode atrair diferentes leitores: alunos, professores ou simplesmente os que se interessam pelo assunto.
>
> Os **livros paradidáticos** abordam, em linguagem acessível, temas específicos de diferentes áreas do conhecimento.

●●● A linguagem do texto

1. Como visto anteriormente, *runa* origina-se de *run*, que quer dizer mistério. Copie do texto palavras derivadas de *run* e de *runa*.

2. Releia.

   > "Somente na Era *Viking* elas foram utilizadas em textos longos, destacando-se as finalidades jurídicas, comemorativas e [...] mágico-religiosas."

   a) Que palavra se refere a *runa* nesse trecho?
   b) Identifique, no terceiro parágrafo, outras palavras que substituem *runa*.

> Palavras que substituem outras cumprem mais de uma função em um texto.
> - Cumprem uma **função estilística:** permitem que não se repita demais uma mesma palavra, o que pode cansar o leitor.
> - Cumprem uma **função estrutural:** elas criam um sistema de referência responsável pela coesão sequencial no texto.
>
> **Coesão sequencial** é a ligação que se estabelece entre as partes de um texto. A coesão é, portanto, um dos recursos que permite a construção do sentido do texto.

3. Podemos afirmar que a linguagem do texto é formal e acessível. Justifique essa afirmação.

PRODUÇÃO DE TEXTO

Artigo expositivo de livro paradidático

AQUECIMENTO

- Reescreva o trecho a seguir eliminando as repetições excessivas e revendo sua pontuação. Faça outras alterações que julgar necessárias e não deixe de garantir coesão ao texto.

O Saci-Pererê é uma lenda do folclore brasileiro e originou-se entre as tribos indígenas do sul do Brasil.

O saci possui apenas uma perna, usa um gorro vermelho e sempre está com um cachimbo na boca. Inicialmente, o saci era retratado como um curumim endiabrado, com duas pernas, cor morena, além de possuir um rabo típico.

Com a influência da mitologia africana, o saci se transformou em um negrinho que perdeu a perna lutando capoeira, além disso, herdou o pito, uma espécie de cachimbo, e ganhou da mitologia europeia um gorrinho vermelho. A principal característica do saci é a travessura; muito brincalhão, ele se diverte com os animais e com as pessoas; muito moleque, ele acaba causando transtornos como: fazer o feijão queimar, esconder objetos, jogar os dedais das costureiras em buracos, etc. [...]

Disponível em: <www.brasilescola.com>. Acesso em: 3 jul. 2014.

●●● Proposta

Você vai elaborar um artigo expositivo supondo que ele fará parte de um livro paradidático sobre o folclore brasileiro, que será doado para a biblioteca do bairro.

Esse gênero textual, como você estudou, em geral é lido por quem procura uma determinada informação ou estuda algum assunto. Dessa forma, seu artigo deve estar claro e organizado, de modo que facilite o entendimento por parte de quem vai lê-lo. As informações devem ser organizadas em rede, como você viu neste capítulo.

●●● Planejamento e elaboração do texto

1. Leia as informações das fichas a seguir.

FICHA

Curupira
- Ser fantástico que habita as florestas.
- Possui a estatura de um menino, a pele escura e os calcanhares voltados para a frente.
- Protetor das plantas e dos animais.
- Seu corpo é peludo e seus dentes são verdes.
- Suas pegadas enganam os caçadores e seringueiros, fazendo-os se perder nas florestas.
- Tem cabelos vermelhos.
- Também faz as pessoas se perderem, imitando gritos humanos.
- Tolera os caçadores que caçam para comer, mas não tem pena dos caçadores maldosos, principalmente dos que matam filhotes.
- Quando uma tempestade se aproxima, ele corre por toda a floresta, batendo nos troncos das árvores, para verificar se elas estão fortes para aguentar a ventania e a chuva.

228

FICHA

Boitatá

- Nome de origem indígena que significa "cobra de fogo".
- Diz a lenda que há muito tempo uma noite se prolongou tanto que parecia que nunca mais haveria dia.
- Certa vez houve grande enchente e todos os bichos morreram, menos a cobra. Quando a água baixou ela comeu os olhos dos bichos, porque eram mais molinhos. De tanto comer olho, sua pele ficou transparente e ela virou uma cobra de luz.
- A cobra morreu de fraqueza, porque os olhos comidos encheram-lhe o corpo mas não lhe deram sustância.
- A luz que estava presa escapou e o sol apareceu de novo.
- Vive nas águas e pode se transformar também numa tora em brasa, queimando aqueles que põem fogo nas matas.
- Persegue quem faz queimadas nas matas.
- Às vezes, surge também com a aparência de um boi gigantesco, brilhante.

2. As informações que você leu em cada ficha estão em forma de tópicos e aparecem em ordem aleatória. Com base em uma das fichas, você escreverá um texto sobre a figura a que ela se refere.

   a) Selecione as informações que julgar mais pertinentes.

   b) Para ajudá-lo, copie o esquema ao lado e organize as informações que você vai desenvolver. Procure organizar essas informações na ordem que você pretende seguir no texto, acrescentando outras, caso julgue necessário.

   c) Você pode complementar a pesquisa consultando outras fontes: enciclopédias impressas ou eletrônicas, ou livros escritos por especialistas como Câmara Cascudo, um dos maiores estudiosos do folclore brasileiro.

   d) Dê um título que esclareça com objetividade o assunto de que o texto trata.

••• Avaliação e reescrita do texto

1. Troque seu texto com o de um colega. Cada um deverá avaliar o texto do outro com base nos seguintes critérios.

Critérios	Sim	Não
As informações selecionadas são suficientes para o entendimento do assunto?		
A sequência das informações contribui para a clareza do texto?		
O título é esclarecedor?		

2. Após a avaliação, reescreva as partes do texto conforme julgar necessário.

REFLEXÃO LINGUÍSTICA

Verbo

1. Leia o poema a seguir, de Manuel Bandeira.

   Neologismo

   Beijo pouco, falo menos ainda.
   Mas invento palavras
   Que traduzem a ternura mais funda
   E mais cotidiana.
   Inventei, por exemplo, o verbo teadorar.
   Intransitivo:
   Teadoro, Teodora.

   Manuel Bandeira. *Estrela da vida inteira*. Rio de Janeiro: Nova Fronteira, 2007.

   a) Nesse poema, o eu lírico se refere a ações que ele pouco pratica. Identifique-as.
   b) O eu lírico criou um neologismo, ou seja, inventou uma palavra nova. Que palavra é essa?
   c) Como ela foi criada?
   d) Embora essa palavra não exista, é possível conjugá-la no presente do indicativo. Escreva essa conjugação.

   A palavra que o eu lírico inventou é um **verbo**.

   > **Verbos** são palavras variáveis que indicam ação.
   > Ex.: "*Beijo* pouco, *falo* menos ainda.
   >   Mas *invento* palavras
   >   Que *traduzem* a ternura mais funda
   >   E mais cotidiana."

   Leia os textos a seguir.

   > **Chove 55 mm em Fortaleza durante a madrugada deste sábado**
   >
   > **Choveu** forte em Fortaleza durante a madrugada deste sábado [...]. Segundo o coordenador da Defesa Civil, Alísio Santiago, três ocorrências foram registradas durante a madrugada devido às chuvas. [...]
   >
   > A previsão da Funceme é de que o final de semana seja de céu parcialmente nublado com chuvas isoladas no litoral.
   >
   > Disponível em: <http://diariodonordeste.globo.com/>. Acesso em: 3 jul. 2014.

   > A baleia-azul **é** o maior animal do planeta. Ela tem até 33 metros de comprimento e pesa entre 100 e 120 toneladas.
   >
   > Disponível em: <http://recreionline.abril.com.br>. Acesso em: 26 jul. 2011.

   No primeiro trecho, a palavra *Choveu* indica um fenômeno da natureza. No segundo, a palavra *é* expressa uma qualidade própria da baleia, a de ser o maior animal do planeta. Essas palavras também são **verbos**.

230

Os **verbos** também indicam **fenômenos da natureza**, **estados** e **modos de ser**.

Ex.: *Ventou* muito forte naquela noite. (fenômeno da natureza)
Os alunos *permaneceram* revoltados. (estado)
As crianças *são* curiosas. (modo de ser)

Agora leia o seguinte trecho, retirado do *site* da revista *Capricho*.

Virgem

Superinteligente, você tem uma mente rápida e a capacidade de perceber os detalhes que ninguém mais percebe. Prestativa, está sempre pronta a ajudar e precisa se sentir útil, por isso, vive procurando alguma coisa para fazer.

Disponível em: <http://capricho.abril.com.br/horoscopo/>. Acesso em: 3 jul. 2014.

Nesse trecho, a expressão "vive procurando" indica um *hábito*. Essa expressão é composta de um **verbo principal** (*procurando*) e de um **auxiliar** (*vive*) e recebe o nome de **locução verbal**.

 Expressões formadas por um **verbo auxiliar** e um **verbo principal** são chamadas de **locução verbal**. Nas locuções verbais somente os verbos auxiliares são conjugados, pois o verbo principal vem sempre em uma das formas nominais (infinitivo, gerúndio ou particípio).

Ex.: O inquilino *vai deixar* o imóvel no próximo mês.

●●● Flexão de pessoa, número e tempo

Leia o trecho abaixo e observe os verbos destacados.

Domingo, 13 de outubro de 1991

Foi ótimo lá em Crnotina. **Acho** nossa casa (realmente ela **é** fora de série) e toda a natureza ao redor cada vez mais bonitas. A gente **colheu** pera, maçã, nozes, **desenhamos** um pequeno esquilo **roubando** nozes sorrateiramente, de noite **fizemos** grelhados. **Sou** especialista em *ćevapčići* [bolinhos de carne grelhada]. Vovó nos **fez** um strudel de maçã. **Colhi** folhas de todos os tipos para nosso herbário e **brinquei** com Ati.

O outono já **chegou** com tudo. **Devagar** mas **decidido**, ele **colore** a natureza com seu pincel. As folhas **amarelam**, **avermelham**, **caem**. Os dias **são** muito curtos, **faz** mais frio.

Zlata Filipović. *O diário de Zlata*: a vida de uma menina na guerra. 8. ed. São Paulo: Companhia das Letras, 1994. p. 22.

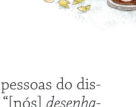

Nesse trecho, há vários verbos flexionados conforme as pessoas do discurso às quais se referem: "[Eu] *acho*", "A gente *colheu* pera", "[nós] *desenhamos* um pequeno esquilo", "As folhas *amarelam*".

 Os verbos sofrem variação (flexão) de acordo com as **pessoas do discurso** (primeira, segunda ou terceira) e o **número de pessoas** a que se referem (singular ou plural).

Ex.: Eu *vendo*, tu *vendes*, ele *vende*, nós *vendemos*, vós *vendeis*, eles *vendem*.

REFLEXÃO LINGUÍSTICA
Verbo

Há nesse texto verbos que indicam fatos já ocorridos, como: "Quando *olhei* ao redor [...]". Há também um verbo que indica uma ação que acontece no presente, como: "Eu *faço* curso de inglês com a minha prima [...]". Observa-se que o verbo se modifica conforme o tempo em que o fato ocorre (passado, presente ou futuro).

> **ANOTE**
>
> Os verbos sofrem variações de acordo com o **tempo** expresso por eles, podendo indicar ações no **presente**, no **passado** e no **futuro**.
>
> **Presente:** momento em que se fala.
>   Ex.: Ele *toca* guitarra.
>
> **Passado** ou **pretérito:** anterior ao momento em que se fala.
>   Ex.: Ele *tocou* guitarra.
>
> **Futuro:** posterior ao momento em que se fala.
>   Ex.: Ele *tocará* guitarra.

1. Elabore três frases: uma em que o verbo esteja no tempo presente, outra em que o verbo esteja no tempo passado e uma última em que o verbo esteja no tempo futuro.

Conjugação

Na frase "Minha prima, então, *teve* a ideia de se *agachar* e não se *mexer*, para a luz não se *acender*", há verbos que não estão flexionados e que não indicam a pessoa do discurso, nem o tempo verbal. Esses verbos estão no **infinitivo** e podem terminar em -**ar**, -**er**, -**ir** ou -**or**.

> **ANOTE**
>
> Os verbos dividem-se em **três conjugações**, conforme a sua terminação.
>
> **1ª conjugação:** verbos terminados em -**ar**. Ex.: toc**ar**.
> **2ª conjugação:** verbos terminados em -**er** e -**or**. Ex.: vend**er**, p**ôr**.
> **3ª conjugação:** verbos terminados em -**ir**. Ex.: part**ir**.

Leia o título da notícia a seguir.

> **EUA propõem força para desarmar bombas de fragmentação**
>
> Os Estados Unidos anunciaram que estão dispostos a criar uma força de reação rápida para desarmar bombas de fragmentação abandonadas depois de conflitos ao redor do mundo.
>
> Disponível em: <www1.folha.uol.com.br>. Acesso em: 26 jul. 2011.

No título "EUA propõem força [...]", o verbo *propor* aparece flexionado. Alguns verbos, como *compor, propor, repor, supor*, etc. derivam do verbo *pôr*.

Há muito tempo, esse verbo era escrito como *poer*. No entanto, por meio do fenômeno da variação linguística, *poer* acabou perdendo a vogal **e**. Por isso, pela classificação referente à conjugação verbal, o verbo *pôr* e todos os verbos terminados em -**or** são agrupados na 2ª conjugação.

232

●●● Flexão de modo

Leia os trechos das letras de canção abaixo.

> **Vem, morena, vem**
>
> Vem, morena, vem sambar
> Vem, morena, vem
> Que o samba está a lhe esperar
> Pois existe naquele cantinho
> Um piano de estimação
> Uma velha bateria
> Para fazer a marcação
> Um amigo inseparável
> O meu violão.

Jorge Ben Jor. Em: *Samba esquema novo*. São Paulo: Universal Music, 2001.

> **Garota de Ipanema**
>
> [...]
> Ah, se ela soubesse
> Que quando ela passa
> O mundo inteirinho se enche de graça
> E fica mais lindo
> Por causa do amor

Vinicius de Moraes e Antonio Carlos Jobim. *Jobim em vários tons*. São Paulo: Movieplay Music, 1999.

Rio de Janeiro, (RJ), cerca de 2007.

Os verbos podem expressar **atitudes** ou percepções do falante em relação ao que diz, como: **certeza**, **pedido**, **possibilidade**.

No primeiro trecho, o verbo *vem* ("*Vem*, morena, *vem*") expressa um **pedido**. O verbo *soubesse*, no segundo trecho ("Ah, se ela *soubesse*"), indica uma **hipótese**. Já no verso "O mundo inteirinho se *enche* de graça", o verbo *enche* expressa uma **convicção**.

> **ANOTE**
>
> Os modos verbais são três.
>
> **Indicativo:** de modo geral, expressa certeza, convicção.
> • Ele *colheu* as mudas e as *plantou* novamente.
> • Ele *colhe* as mudas e as *planta* novamente.
>
> **Subjuntivo:** de modo geral, expressa dúvida, possibilidade ou hipótese.
> • Seria ótimo se ele *plantasse* as mudas novamente.
> • Será ótimo quando ele *plantar* as mudas novamente.
>
> **Imperativo:** expressa ordem, pedido, conselho, instrução ou convite. Existem duas formas: o imperativo afirmativo e o imperativo negativo.
> • Imperativo afirmativo: *Colha* as mudas e *plante*-as.
> • Imperativo negativo: Não *colha* as mudas e não as *plante* novamente.

> **OS VERBOS NO DICIONÁRIO**
>
> Os verbos no dicionário aparecem sem flexão, ou seja, não estão conjugados. Isso torna a consulta mais fácil e prática. Se o dicionário apresentasse todas as formas conjugadas de um verbo, precisaria ter uma quantidade muito maior de páginas. Portanto, os verbos no dicionário se apresentam no modo **infinitivo**.
>
> Exemplos de como procurar verbos no dicionário:
> expressou = **expressar**
> falamos = **falar**
> faça = **fazer**

1. Formule, oralmente, uma frase em que o verbo esteja no modo imperativo, uma em que o verbo esteja no modo indicativo e outra em que o verbo esteja no modo subjuntivo.

REFLEXÃO LINGUÍSTICA Na prática

1. Leia o texto abaixo, que explica o significado das cores na bandeira brasileira.

   > **A bandeira brasileira**
   >
   > Você já deve ter lido que o verde de nossa bandeira representa as florestas; o amarelo, o ouro e as riquezas minerais; o azul, o céu; e o branco, a paz. Certo? Bem, esta é uma das interpretações. **Os historiadores preferem uma outra versão.** O verde e o amarelo entraram na nossa bandeira em 1822, num trabalho do pintor francês Jean-Baptiste Debret, fundador da Academia de Belas-Artes brasileira. O verde representava a Casa Real Portuguesa de Bragança (família de D. Pedro I), e o amarelo, a Casa Imperial Austríaca de Habsburgo (família da princesa Leopoldina). O losango foi uma homenagem de D. Pedro I ao general francês Napoleão Bonaparte (o losango dentro do retângulo era uma das formas preferidas das bandeiras militares napoleônicas). O azul e o branco também eram cores usadas em bandeiras portuguesas.
   >
   > Marcelo Duarte. *Almanaque das bandeiras*. São Paulo: Moderna, 2001. p. 12.

   a) Retire do texto as informações que completam a frase a seguir.

   > No ano de ★, o verde e o amarelo ★ na nossa bandeira por causa de um trabalho do ★ Jean-Baptiste Debret, o fundador da ★ brasileira.

   b) A frase do item anterior expressa a versão sobre a bandeira brasileira de qual grupo de pessoas?
   c) Qual é o único verbo da frase e em que tempo ele está conjugado?
   d) Por que foi utilizado esse tempo verbal?
   e) Releia a frase em destaque no texto e escreva em que tempo o verbo *preferir* foi conjugado. O que o uso desse tempo verbal pode revelar sobre a opinião dos historiadores?

2. No texto "A bandeira brasileira" aparecem verbos da 1ª, da 2ª e da 3ª conjugação.
   a) Copie pelo menos um exemplo de verbo de cada conjugação.
   b) Indique a forma no infinitivo de cada um desses verbos.

3. Leia a tira.

Recruta Zero, de Greg e Mort Walker.

   a) Dentinho tem um receio. Qual é?
   b) Observe a fala de Roque no primeiro quadrinho. Que modo verbal foi utilizado?
   c) Com que objetivo ele, provavelmente, utilizou esse modo verbal?
   d) Qual é a verdadeira intenção de Roque?

234

4. Reescreva a frase abaixo, trocando a locução verbal destacada por um verbo com o mesmo sentido.

> Monte seu cantinho de estudo – Para não perder tempo, tenha em mãos tudo de que **vai precisar**: livros, apostilas e cadernos das matérias, lápis, canetas e borracha, rascunho. [...]
>
> Disponível em: <http://atrevidinha.uol.com.br>. Acesso em: 26 jul. 2011.

5. Observe a frase abaixo. No texto original, havia uma locução verbal que foi substituída pelo verbo destacado. Qual seria essa locução?

> Aluna nota 10 – Neste ano, nada de marcar bobeira. Se você aprender a estudar, tirar notas azuis **será** a maior moleza.
>
> Disponível em: <http://atrevidinha.uol.com.br>. Acesso em: 8 dez. 2011 (adaptado).

6. Leia este trecho de um poema.

> **Vassoural**
>
> A bruxa tem um jardim
> plantadinho de vassouras.
> Quando as vassouras se esticam,
> amarelam, bem maduras,
> elas se largam do chão
> e voam pra noite escura.
>
> Sylvia Orthof. *A poesia é uma pulga*. 17. ed. São Paulo: Atual, 2009.

a) O poema faz uma associação curiosa entre vassouras e um jardim. Explique-a.

b) Transcreva em seu caderno os verbos de ação presentes no texto.

7. Leia o texto a seguir.

> **Plante um feijãozinho**
>
> Você vai precisar de:
>
> - Um copo plástico descartável
> - Cerca de 5 gramas de algodão [...]
> - Um grão de feijão
> - Água
>
> Primeiro você precisa umedecer o algodão com a água. Depois forre o fundo do copo descartável com o algodão umedecido.
>
> Coloque seu feijão sobre o algodão, coloque o copo em um local iluminado e não deixe o algodão secar. Vá colocando água sempre e aos pouquinhos.
>
> Mais ou menos em 3 dias a raiz começará a aparecer e um pouco mais tarde seu feijão vai começar a nascer.
>
> Disponível em: <www.acessa.com>. Acesso em: 3 jul. 2014.

a) Qual é a finalidade desse texto?

b) Localize os verbos do trecho lido, transcreva-os e classifique o modo verbal que foi utilizado em cada um deles.

c) Qual é a relação entre o modo verbal predominante no texto e a sua função?

d) Que outros gêneros textuais costumam apresentar predomínio desse modo verbal?

235

O presente histórico

1. O trecho a seguir faz parte da biografia de Vinicius de Moraes, importante poeta brasileiro.

   Marcus Vinitius da Cruz e Mello Moraes aos 9 anos de idade parece que pressente o poeta: **vai**, com a irmã Lygia, ao cartório na rua São José, centro do Rio, e **altera** seu nome para Vinicius de Moraes. Nascido em 19-10-1913 [...], desde cedo **demonstra** seu pendor para a poesia. Criado por sua mãe, Lydia Cruz de Moraes, que, dentre outras qualidades, era exímia pianista, e ao lado do pai, Clodoaldo Pereira da Silva Moraes, poeta bissexto, Vinicius **cresce** morando em diversos bairros do Rio, infância e juventude depois contadas em seus versos, que refletiam o pensamento da geração de 1940 em diante.

   Disponível em: <www.releituras.com>.
   Acesso em: 3 jul. 2014.

   Bairro do Flamengo, no Rio de Janeiro, (RJ), cerca de 1920.

   a) É possível afirmar, apenas com base no texto, que ao trocar de nome aos 9 anos Vinicius pressentiu seu futuro como poeta? De que maneira a troca de nome poderia estar relacionada à sua carreira como poeta?
   b) Em que tempo estão os verbos destacados no texto?
   c) O trecho da biografia se refere a fatos do passado. Por que os verbos foram flexionados nesse tempo? Copie em seu caderno a alternativa que melhor responde a essa questão.
   - O tempo verbal usado no texto faz com que os fatos ocorridos no passado pareçam atuais, e assim o leitor fica mais próximo do que é contado.
   - O tempo verbal usado confirma que os fatos ocorreram no passado, convencendo o leitor dos acontecimentos relatados.

> **ANOTE**
>
> Em textos que tratam de **assuntos históricos**, é comum que os verbos sejam conjugados no **presente**, ainda que se refiram a fatos do passado. Esse recurso é usado para aproximar o leitor dos fatos narrados e para realçar os acontecimentos apresentados.

2. Leia esta notícia e responda às questões a seguir.

   ### Crianças nas ruas de SP são 1 842 e a maioria está a trabalho, diz Fipe

   Em São Paulo, 1842 crianças e adolescentes trabalham ou vivem nas ruas. Esse é o resultado da pesquisa realizada pela Fundação Instituto de Pesquisas Econômicas (Fipe), encomendada pela Prefeitura. [...]. A pesquisa mostra que a maior parte deles – 1040 – está na rua para conseguir algum dinheiro. Os outros 802 não estavam trabalhando quando abordados pelos pesquisadores.

   Camilla Rigi. Crianças nas ruas de SP são 1 842 e a maioria está a trabalho, diz Fipe.
   O Estado de S. Paulo. Caderno Cidades, 10 set. 2007.

   a) Qual é o assunto abordado na notícia?

b) De acordo com a notícia, qual é a principal razão para que o fato noticiado ocorra?

c) Qual tempo verbal predomina nesse texto? Justifique o seu uso na notícia.

3. Leia mais esta notícia.

> **Polícia Ambiental realiza apreensões na Grande Natal**
>
> A Polícia Ambiental apreendeu cerca de 30 aves silvestres, 40 cutias, e resgatou um jabuti e dois jacarés. A ação dos policiais ocorreu durante todo este sábado (11). As aves foram apreendidas na feira livre de Parnamirim, Grande Natal. Dentre elas, estavam as espécies "Galo de Campina", "Azulão", "Concriz", "Bico de Laica", "Sanhaçu", "Papa-Capim", e "Canários da Terra".
>
> As cutias foram encontradas em um cativeiro no bairro de Jardim Planalto, ainda em Parnamirim. O proprietário do cativeiro entregou os animais à polícia voluntariamente. O jabuti foi capturado em Mirassol, na zona Sul de Natal. O réptil andava pelas ruas do bairro quando foi visto por moradores, que acionaram a Companhia de Polícia Ambiental (Cipam).
>
> Dos jacarés apreendidos, um foi entregue por um morador do bairro do Planalto no posto policial. O outro foi capturado na empresa Coteminas, no Igapó, zona Norte. O animal apareceu na sala de máquinas da empresa, e os funcionários acionaram a Cipam.
>
> Disponível em: <http://tribunadonorte.com.br>. Acesso em: 3 jul. 2014.

a) Do que trata a notícia apresentada?

b) Observe o título da notícia. Em que tempo está conjugado o verbo?

c) Por que é utilizado esse tempo verbal no título?

d) Justifique o uso do pretérito perfeito no corpo da notícia.

ANOTE

O uso do tempo **presente do indicativo** expressa com frequência algum fato que ocorre habitualmente. Esse tempo também pode ser usado nos **títulos de notícia**, mesmo que seja relativo a um fato passado. Esse é um recurso que aproxima os fatos já ocorridos do tempo do leitor.

4. Leia alguns dados sobre a vida de um grande escritor brasileiro, que servirão de base para você escrever um pequeno texto biográfico sobre ele.

AQUECIMENTO

Luis Fernando Verissimo

Nascimento: 26 de setembro de 1936, em Porto Alegre. Filho do renomado escritor Erico Verissimo.

Estudos: Instituto Porto Alegre e escolas nos Estados Unidos.

Curiosidade: músico inseparável de seu saxofone.

Profissão: escritor e jornalista.

Personalidade: extremamente tímido.

Destaque como jornalista: sua coluna no jornal *Zero Hora* (Porto Alegre), origem de seu primeiro livro.

Características de suas obras: vasta produção de crônicas e contos, mas também de romance, poesia e literatura infantojuvenil, sempre com muito humor. Textos publicados em livros e em jornais.

a) Escolha as informações que farão parte de seu texto.

b) Ao escrevê-lo, lembre-se de usar o presente histórico.

LEITURA 2

Artigo de divulgação científica

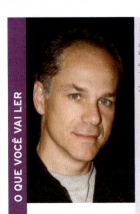

Marcelo Gleiser (1959), professor de física em Hanover (EUA). Fotografia de 2005.

O artigo a seguir, escrito pelo físico e astrônomo brasileiro Marcelo Gleiser, publicado no jornal *Folha de S.Paulo*, trata de um assunto que desperta a curiosidade de muita gente: Existe vida inteligente fora da Terra?

O físico italiano Enrico Fermi se fez essa mesma pergunta e, em 1950, durante um almoço, debateu-a com seus colegas. O questionamento veio à tona devido a uma charge publicada por uma revista que satirizava o desaparecimento de latas de lixo da cidade de Nova York. O autor da charge quis brincar com a ideia de que as latas estavam sendo roubadas por ETs. Instigado pela charge, Fermi lançou a pergunta: "Cadê todo mundo?" Afinal, devido ao tamanho e à idade de nossa galáxia e do Sol, é intrigante pensar que apenas na Terra a vida tenha se desenvolvido. Foi essa aparente contradição que se batizou de "paradoxo de Fermi". É disso que Gleiser trata a seguir.

O paradoxo de Fermi (ou Onde estão os extraterrestres?)

Enrico Fermi foi um dos grandes físicos do século XX e da história. Além de descobrir uma das propriedades mais importantes da matéria [...], foi o pioneiro do estudo de reação nuclear em cadeia, importante para bombas atômicas e reatores nucleares. Além de sua legendária rapidez de cálculo e habilidade em estimar respostas para perguntas aparentemente absurdas ("Quantos afinadores de piano moram em São Paulo?", por exemplo), Fermi gostava de criar paradoxos.

No verão de 1950, ele estava em Los Alamos, onde a bomba nuclear americana foi desenvolvida. A revista *New Yorker* tinha publicado uma charge com um ET roubando todas as latas de lixo de Nova York, aparentemente explicando o seu misterioso sumiço. Durante o almoço, Fermi comentou o assunto. De repente, no meio da conversa, ele exclamou: "Cadê todo mundo?". Seus colegas sabiam que Fermi falava dos ETs. Mesmo que ninguém tenha publicado o que foi dito, podemos estimar o teor da discussão.

"A evidência de que dispomos diz que estamos sozinhos"

Nossa galáxia tem 100 mil anos-luz de diâmetro e uma idade aproximada de 10 bilhões de anos. Vamos supor que a vida só é possível em planetas como a Terra, girando em torno de estrelas como o Sol. Foram necessários 5 bilhões de anos para que a vida inteligente se desenvolvesse aqui na Terra, metade da idade da galáxia, a segunda metade. É razoável supor que estrelas como o Sol tenham surgido também durante os cinco primeiros bilhões de anos de existência da galáxia. Portanto, deveria haver várias civilizações inteligentes, muito mais antigas que a nossa, talvez bilhões de anos mais antigas. Supondo que existam, imaginemos uma "apenas" 1 bilhão de anos mais velha. Se os ETs fossem capazes de viajar a 1/10 da velocidade da luz, em 1 bilhão de anos já poderiam ter atravessado a galáxia mil vezes. Ou seja, essa civilização já poderia ter colonizado a galáxia inteira. Cadê todo mundo? Esse é o paradoxo de Fermi.

Ilustração baseada na charge de Alan Dunn, publicada em *The New Yorker Magazine*, em 20 de maio de 1950.

Inúmeras soluções foram propostas ao longo dos anos. Não tendo espaço para discuti-las em detalhe (o leitor pode consultar o livro de Stephen Webb, *Where is Everybody?*), menciono os três tipos de solução.

1. "Eles estão aqui." A mais popular para os que acreditam em objetos voadores não identificados e em intrigas secretas, especialmente as atribuídas ao governo americano. Infelizmente, não existem provas convincentes. Uma ideia curiosa é a de que vivemos em uma zona de proteção criada por ETs. "Eles" não querem que saibamos de sua existência. Esse cenário, embora interessante, não pode ser testado.

2. "Eles existem, mas ainda não se comunicaram conosco." Ou porque os sinais ainda não chegaram, ou porque ainda não somos capazes de decodificá-los, ou porque os alienígenas não querem se comunicar.

3. "Eles não existem." Planetas rochosos com água são raros, a vida é rara e a vida inteligente mais ainda, especialmente no mesmo nível mental e tecnológico alcançado por nós.

A evidência de que dispomos aponta em uma direção: estamos sozinhos. Felizmente, ainda não podemos concluir nada com base nisso. A situação pode mudar a qualquer momento, com um sinal de rádio, uma visita com provas. Mas, se estamos sozinhos, temos a responsabilidade de preservar nosso planeta e a vida nele. Até estarmos prontos para colonizar a galáxia.

Marcelo Gleiser. O paradoxo de Fermi (ou Onde estão os extraterrestres?). *Folha de S.Paulo*, 3 jul. 2005.

GLOSSÁRIO

Legendário: lendário, famoso, célebre.
Paradoxo: pensamento ou argumento que contraria os princípios básicos que orientam o pensamento humano.
Pioneiro: o primeiro a realizar algo; precursor; desbravador.
Teor: conteúdo; tipo.

Estudo do texto

••• Para entender o texto

1. Um paradoxo é um raciocínio aparentemente contraditório. Vamos entender o paradoxo de Fermi comentado no texto.
   Copie e complete os dados a seguir, substituindo o símbolo ★ pela informação que falta. Para isso, consulte o texto.

Considerações	Nossa galáxia tem ★ anos.
	Foram necessários ★ de anos para que a vida inteligente se desenvolvesse na Terra.
Suposição 1	Durante os cinco primeiros bilhões de anos de existência da galáxia também podem ter surgido ★.
Conclusão 1	Considerando a suposição 1, ★ deveriam ter-se desenvolvido durante os cinco primeiros bilhões de anos de existência da nossa galáxia.
Suposição 2	Se de fato existirem ★.
	Se pelo menos uma delas, 1 bilhão de anos mais velha, e que fosse capaz de viajar a 1/10 da velocidade da luz, então em 1 bilhão de anos ★.
Conclusão 2	Os ★ já deveriam estar aqui.
Paradoxo	Mas não estão.

2. O artigo enumera algumas soluções para o paradoxo. Copie e complete o esquema a seguir.

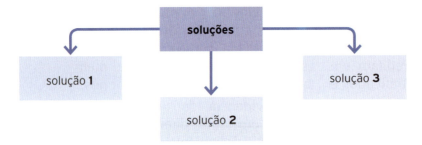

> **ANOTE**
> Na primeira parte deste capítulo você estudou um artigo expositivo de livro didático que traz as **informações organizadas em forma de rede**.
> Essa estrutura também aparece nesse artigo de divulgação científica, mas corresponde a apenas um trecho do texto.
> Isso é o que acontece na maioria das vezes: poucos textos apresentam uma **estrutura pura**, mas usam as mais adequadas para atender às necessidades de comunicação dos diferentes tipos de informação.
> Assim, em um mesmo texto as informações podem estar organizadas em rede para acrescentar informações a um assunto central, mas podem também aparecer em **sequência**, se em algum trecho for necessário descrever um processo, por exemplo.
> Observar as estruturas de um texto pode ajudar a compreendê-lo melhor.

3. A que conclusão a leitura do texto permite chegar?

●●● O texto e o leitor

1. O artigo que você leu foi publicado no jornal *Folha de S.Paulo*. A que tipo de público o artigo se dirige? Descreva a faixa etária, o grau de instrução e os interesses desse público.

2. Em determinado trecho, o artigo se refere a crenças ou suposições comuns de certas pessoas, entre as quais pode se incluir o próprio leitor do texto. Copie o trecho em que se faz essa referência.

3. O texto que você leu é um artigo de divulgação científica. Caso você tenha tido dificuldade para compreender alguma passagem do texto, anote-a. Faça o mesmo com as palavras desconhecidas.

> **ANOTE**
>
> O **artigo de divulgação científica** comunica ao público em geral os fatos e os princípios da ciência. Esses artigos colocam a sociedade em contato com pesquisas realizadas, experimentos em andamento e recentes descobertas.
>
> Costumam citar as fontes científicas e instituições ou pesquisadores notórios em determinado tema. São publicados principalmente em jornais e revistas impressos ou eletrônicos.

●●● Comparação entre os textos

1. Você leu um artigo expositivo publicado em um livro paradidático e um artigo de divulgação científica. Compare-os segundo estes critérios:
   a) Linguagem.
   b) Público: a que público cada um se dirige?
   c) Estrutura: como estão organizadas as informações?

2. O artigo expositivo de livro paradidático trata das runas, o antigo alfabeto *viking*. Por sua vez, o artigo de divulgação científica parte do paradoxo de Fermi para discutir a existência de ETs. O que há de comum entre esses temas?

●●● Sua opinião

1. Qual é a importância dos artigos de livros paradidáticos e dos de divulgação científica para que as informações não fiquem restritas aos pesquisadores e estudiosos?

ENRICO FERMI

Fermi na década de 1950.

Enrico Fermi nasceu na Itália em 1901 e morreu em 1954. Em 1922, concluiu seu doutorado em Física pela Universidade de Pisa e dois anos depois já era professor da Universidade de Florença.

Ficou conhecido por ter realizado a primeira reação nuclear controlada. Investigou a produção de radioatividade artificial e por esse trabalho recebeu o prêmio Nobel de Física em 1938.

Preservação do planeta

Releia um trecho do artigo de Marcelo Gleiser.

"[...] se estamos sozinhos, temos a responsabilidade de preservar nosso planeta e a vida nele. Até estarmos prontos para colonizar a galáxia."

Converse com seus colegas e o professor e discuta com eles as questões a seguir.

I. Você concorda com a opinião do autor? Por quê?
II. Quando estaríamos "prontos para colonizar a galáxia"?
III. Na sua opinião, deveríamos mesmo colonizar a galáxia? Por quê?

PRODUÇÃO DE TEXTO

Artigo de divulgação científica

AQUECIMENTO

- O texto abaixo foi retirado do *site* Ciência Hoje das Crianças *On-line* e traz informações sobre o beija-flor. A ordem dos parágrafos desse texto foi alterada. De que forma você os organizaria para que ficassem na ordem correta? Reescreva-os.

Beija-flores: balé no ar.
Conheça os beija-flores, aves incríveis que conseguem parar no ar e até voar para trás!

Durante o dia, dificilmente eles pousam para descansar. O rápido bater das asas e as acrobacias durante o voo fazem com que os beija-flores gastem muita energia. Eles a repõem se alimentando: quando dizemos que estão beijando as flores, na verdade estão sugando o néctar, uma substância açucarada que fica no cálice das flores e é a refeição favorita dessas pequenas aves.

[...] Buscando alimento em uma flor e outra, os beija-flores sem querer levam no bico e nas penas alguns grãos de pólen. Ao pousarem em flores da mesma espécie, esses grãos podem cair dentro do cálice delas e fecundá-las, formando uma nova semente: é o processo da polinização.

Eles são exibidos, inventam piruetas, vão de um lado para o outro numa velocidade incrível, conseguem parar no ar e até voar para trás. Temos a impressão de assistir a um balé. A única diferença é que os atores desse espetáculo não têm pernas e braços e sim asas. Estamos falando dos beija-flores!

Disponível em: <http://chc.cienciahoje.uol.com.br>.
Acesso em: 3 jul. 2014 (adaptado).

●●● Proposta

Suponha que você tenha de escrever um artigo de divulgação científica para um *site* voltado para crianças de mais ou menos 10 anos. O seu artigo deverá falar sobre o *Cerrado brasileiro*.

Apresentamos a seguir algumas informações sobre essa vegetação, organizadas em itens e também fotografias. Você poderá complementar a pesquisa em *sites*, livros e enciclopédias.

- A área central do Cerrado está concentrada nos seguintes estados: Piauí, Maranhão, Tocantins, Bahia, Minas Gerais, Goiás, Mato Grosso, Mato Grosso do Sul, São Paulo e Paraná, chegando também a Rondônia, ao Amazonas, a Roraima e ao Amapá.
- Contém nada menos que um terço da biodiversidade do nosso país.
- Abriga metade das aves brasileiras e 40 de cada 100 mamíferos do país.
- Além de inúmeros animais, abriga quase 7 mil espécies de plantas.
- É considerado o segundo maior bioma (conjunto de espécies animais e vegetais que vivem em uma mesma área) do Brasil.
- É um tipo de savana – vegetação que ocorre em lugares que sofrem períodos de seca.
- Ocupa boa parte do território brasileiro.

Paisagem típica do Cerrado, na Chapada dos Guimarães, (MT), 2004.

Rio Formoso, Parque Nacional das Emas, em Mineiros, (GO), 2002.

••• Planejamento e elaboração do texto

1. Após fazer sua pesquisa, observe as fotografias e selecione outras informações, copie e preencha o esquema a seguir para organizar os dados.

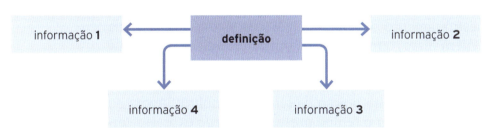

2. Após preencher o esquema acima, elabore pelo menos um parágrafo para cada item, com o objetivo de desenvolver e concluir seu texto.

3. Lembre-se: a linguagem deve estar adequada ao público para o qual se está escrevendo.

4. Para atestar a confiabilidade das informações, cite suas fontes de pesquisa.

5. No final, complemente o seu texto com fotografias do Cerrado.

••• Avaliação e reescrita do texto

1. Avalie seu texto pelos seguintes critérios.
   a) O texto apresenta todos os itens solicitados no planejamento?
   b) Foi elaborado pelo menos um parágrafo para cada item?
   c) As informações acrescentadas após a primeira parte do texto fornecem dados novos?

2. Troque a sua produção com a de um colega e, sobre o texto dele, responda às mesmas questões da atividade 1.

3. Com base nos comentários do seu colega e na sua própria avaliação, reescreva seu texto fazendo as alterações que julgar necessárias.

REFLEXÃO LINGUÍSTICA

Verbo: modo indicativo

1. Leia a seguinte tira.

Mafalda, de Quino.

a) Que tipo de questionamento preocupa Mafalda?
b) Manolito entendeu o sentido do questionamento de Mafalda? Explique.
c) A pergunta de Mafalda no primeiro quadrinho se organiza em torno de um verbo. Qual é o verbo e em que tempo está?
d) Por que Mafalda utilizou esse tempo verbal na sua pergunta?

Como é possível observar pelo tempo verbal empregado nas perguntas de Mafalda, seu questionamento se refere a situações vivenciadas por ela naquele momento. Além disso, o modo verbal utilizado indica tratar-se de um fato, isto é, de um evento real ("milhões de pessoas vivem no mundo"; "a gente está no mundo").

O mesmo ocorre com a primeira oração da fala de Manolito, "Agora eu estou com pressa". Além de indicar o tempo presente, o verbo expressa certeza, pois Manolito afirma estar ocupado naquele momento.

> **ANOTE**
>
> Os verbos no modo indicativo podem ser flexionados em diferentes tempos, indicando **presente**, **passado** (ou pretérito) ou **futuro**.
>
> No modo indicativo existem seis tempos verbais, e cada um deles expressa um sentido: presente, pretérito perfeito, pretérito imperfeito, pretérito mais-que-perfeito, futuro do presente e futuro do pretérito.

As terminações dos verbos da tabela a seguir, em negrito, são chamadas **desinências** e indicam a pessoa do discurso (primeira, segunda ou terceira), e o número (singular ou plural), o modo (indicativo, subjuntivo e imperativo) e o tempo (presente, passado e futuro).

Observe os exemplos.

Milhões e milhões de pessoas viv**em** no mundo.
   terceira pessoa, plural, indicativo, presente

Eu investigar**ia** a resposta agora, se não estivesse com pressa.
   primeira pessoa, singular, indicativo, futuro do pretérito

244

Modo Indicativo

Tempos verbais	1ª conjugação: verbos terminados em -ar. Cantar	2ª conjugação: verbos terminados em -er. Correr	3ª conjugação: verbos terminados em -ir. Partir
Presente 1. Expressa um fato que ocorre no mesmo momento em que se fala. Ex.: O dia **está** chuvoso. 2. Expressa um fato que acontece sempre. Ex.: Eu **corro** todos os dias no parque ao lado de casa.	Eu canto Tu cantas Ele canta Nós cantamos Vós cantais Eles cantam	Eu corro Tu corres Ele corre Nós corremos Vós correis Eles correm	Eu parto Tu partes Ele parte Nós partimos Vós partis Eles partem
Pretérito perfeito Expressa um fato que já ocorreu e está perfeitamente acabado. Ex.: Eu **corri** ontem no parque ao lado de casa.	Eu cantei Tu cantaste Ele cantou Nós cantamos Vós cantastes Eles cantaram	Eu corri Tu correste Ele correu Nós corremos Vós correstes Eles correram	Eu parti Tu partiste Ele partiu Nós partimos Vós partistes Eles partiram
Pretérito imperfeito Expressa um fato que acontecia no passado com frequência, de forma contínua. Ex.: Eu **corria** todos os dias de manhã, mas agora não posso mais ir ao parque nesse horário.	Eu cantava Tu cantavas Ele cantava Nós cantávamos Vós cantáveis Eles cantavam	Eu corria Tu corrias Ele corria Nós corríamos Vós corríeis Eles corriam	Eu partia Tu partias Ele partia Nós partíamos Vós partíeis Eles partiam
Pretérito mais-que-perfeito Expressa um fato passado, anterior a outro fato também passado. Ex.: Quando ele chegou na rodoviária, o ônibus já **partira**.	Eu cantara Tu cantaras Ele cantara Nós cantáramos Vós cantáreis Eles cantaram	Eu correra Tu correras Ele correra Nós corrêramos Vós corrêreis Eles correram	Eu partira Tu partiras Ele partira Nós partíramos Vós partíreis Eles partiram
Futuro do presente Expressa um fato que ocorrerá em um momento posterior à fala. Ex.: A partir da próxima semana, nós **correremos** juntas todos os dias.	Eu cantarei Tu cantarás Ele cantará Nós cantaremos Vós cantareis Eles cantarão	Eu correrei Tu correrás Ele correrá Nós correremos Vós correreis Eles correrão	Eu partirei Tu partirás Ele partirá Nós partiremos Vós partireis Eles partirão
Futuro do pretérito Expressa a ideia de uma ação futura que ocorreria desde que certa condição fosse cumprida. Ex.: Eu **correria** todos os dias, se tivesse companhia.	Eu cantaria Tu cantarias Ele cantaria Nós cantaríamos Vós cantaríeis Eles cantariam	Eu correria Tu correrias Ele correria Nós correríamos Vós correríeis Eles correriam	Eu partiria Tu partirias Ele partiria Nós partiríamos Vós partiríeis Eles partiriam

REFLEXÃO LINGUÍSTICA Na prática

1. Leia o trecho de uma reportagem.

   Joe Sacco, criador do jornalismo em quadrinhos, fala sobre como escolheu sua carreira

   Joe Sacco não é um jornalista tradicional. Enquanto os seus colegas da faculdade de Jornalismo **escolheram** texto, fotografia ou vídeo para contar suas histórias, ele **uniu** a paixão pela profissão e pelo desenho e **criou** a sua própria maneira de informar: o jornalismo em quadrinhos..

   Joe Sacco em Parati, (RJ), 2011.

   Guilherme Dearo. Disponível em: <http://guiadoestudante.abril.com.br>. Acesso em: 8 ago. 2011.

   a) Pelo trecho da matéria você consegue imaginar se os fatos já aconteceram e estão terminados ou se continuam acontecendo? Justifique.

   b) Copie o trecho, alterando os verbos em destaque de modo que o sentido do trecho seja falar de fatos que aconteciam periodicamente.

2. Leia este trecho da autobiografia da escritora Ana Maria Machado.

   Primeiras histórias

   Verão e Manguinhos exigem um capítulo à parte. Sem eles eu não escreveria o que escrevo. **Foram** a principal fonte na qual me **alimentei** de histórias e do prazer de ler pela vida afora.

   Sempre que **podíamos**, nos **reuníamos** em casa de meus avós maternos, em Vitória, para o Natal – que nunca, em hipótese alguma, **dispensava** entre os presentes alguns livros e o *Almanaque do Tico-Tico* [...]. E, logo depois [...], nós todos **íamos** para Manguinhos, uma praia selvagem e quase deserta num povoado de pescadores [...].

   Manguinhos, (ES), 1988.

   [...] **Tinha** mar na porta, árvores no quintal, mata nos fundos, riozinho para pescar, carroça, animais, frutas. E um monte de livros, que ninguém **dispensava** levar uma boa provisão e **era** um troca-troca de dar gosto...

   [...]

   Ana Maria Machado. *Esta força estranha*: trajetória de uma autora. 6. ed. São Paulo: Atual, 2006.

   a) O texto acima faz parte de uma autobiografia. Como a autora avalia as lembranças do passado? Transcreva do texto trechos que justifiquem sua resposta.

   b) Copie os verbos destacados e escreva em que tempos verbais do modo indicativo eles estão conjugados.

   c) Cite um trecho em que a autora tenha utilizado o pretérito perfeito. Por que foi utilizado esse tempo verbal? Justifique.

   d) Releia o trecho abaixo. Note que os verbos destacados estão conjugados diferentemente dos demais utilizados no texto. Escreva qual foi o tempo verbal utilizado e o porquê de sua utilização.

   "Verão e Manguinhos **exigem** um capítulo à parte. Sem eles eu não escreveria o que **escrevo**."

3. Leia este quadrinho.

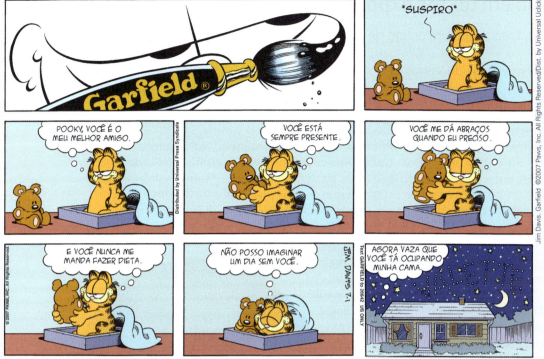

Garfield, de Jim Davis.

a) A quem Garfield está se dirigindo?

b) Quais locuções verbais estão presentes nas afirmações feitas por Garfield?

c) Os verbos e locuções verbais utilizados por Garfield estão em qual tempo? Por que Garfield utiliza os verbos nesse tempo?

d) Qual verbo é utilizado por Garfield para indicar que ele não quer mais o ursinho Pooky em sua cama? Como ele contribui para o humor do texto?

4. Leia este trecho.

> **Viagem à Grécia – Bem-vindos à terra dos deuses, filósofos e artistas**
>
> Imagine que você está no século V antes de Cristo e mora na Grécia. Imagine ainda que você está faminto. O que fazer? *Pizza* com refrigerante nem pensar! Essas iguarias não são daquele tempo. Aliás, nem os talheres tinham surgido. Os gregos comiam com as mãos. Eles se alimentavam de pão, mingau, figo, peixe, legumes e verduras. As aves e os animais de carne vermelha só faziam parte dos banquetes de cerimônias religiosas. Imagine agora que você quer se divertir um pouco. Nem adianta pensar em parque de diversões. Isso não existia na Grécia Antiga! Então, que tal um passeio pela pólis? Aposto que você vai adorar!
>
> Fernanda Marques. Disponível em: <http://chc.cienciahoje.uol.com.br>. Acesso em: 26 jul. 2011.

a) Transcreva os hábitos alimentares dos antigos gregos.

b) Como o trecho do item anterior ficaria se o texto descrevesse os hábitos atuais dos gregos? Que tempo verbal seria utilizado?

c) O texto dialoga com o leitor. Transcreva as marcas que confirmam isso. Em seguida, responda: qual é a função do diálogo nesse texto?

d) Escreva em seu caderno um verbo do texto que não esteja no modo indicativo.

e) Em que modo esse verbo está? Por que ele foi usado nesse texto?

LÍNGUA VIVA

O verbo em textos expositivos

1. Leia os trechos de um artigo de divulgação científica a seguir.

   Os mistérios de Vênus

   Embarque nessa missão espacial e surpreenda-se com o planeta mais próximo da Terra

   [...]

   Vênus é o planeta mais próximo da Terra: a distância entre ambos varia entre 39 e 260 milhões de quilômetros. Seu brilho é inconfundível: depois do Sol e da Lua, é o astro que mais se destaca no céu! Muitos astrônomos chamam-no de "gêmeo da Terra", já que os dois planetas apresentam massa e tamanho bastante similares – a Terra possui 12 756 km de diâmetro enquanto Vênus possui 12 103 km. [...]

   O fato de Vênus girar em torno de seu próprio eixo em direção oposta à da Terra e da maioria dos outros planetas do Sistema Solar também é um mistério que precisa ser explicado. Estudos recentes sugerem que o planeta girava em torno do seu eixo do mesmo modo realizado pela Terra até que algo o paralisou e o fez girar de forma invertida (ou retrógrada). [...]

   A rotação desse planeta ocorre de forma bastante lenta: ela leva cerca de 250 dias terrestres para se completar, ou seja, essa é a duração de um dia em Vênus! O mais engraçado é que, lá, o ano é mais curto que o dia! Isso mesmo: o astro leva 224 dias para completar uma volta em torno do Sol – a translação.

   [...]

   Vênus fotografado pela Missão Magalhães, da Nasa, em 1996.

   Elisa Martins. Disponível em: <http://chc.cienciahoje.uol.com.br>. Acesso em: 3 jul. 2014.

   a) Qual é o tema exposto no texto?
   b) Qual é o objetivo desse texto?

2. Por que os astrônomos chamam Vênus de "gêmeo da Terra"?

3. Que mistério a respeito de Vênus ainda deve ser explicado?

4. Releia o terceiro parágrafo do texto.
   a) Quais verbos desse trecho estão flexionados no presente e indicam certeza?
   b) Caso fossem utilizados verbos no passado, o sentido do texto seria o mesmo? Por quê?

> **ANOTE**
>
> Os verbos no **modo indicativo**, ao expressar certeza, são os mais utilizados em **textos expositivos**.
>
> O uso dos verbos no **tempo presente** indica que as características expostas nos textos são, em geral, **permanentes**.

QUESTÕES DE ESCRITA

Alguns casos de acentuação

●●● Acentuação dos monossílabos tônicos

1. Leia esta tira.

O Menino Maluquinho, de Ziraldo.

Copie no caderno todas as palavras formadas por uma única sílaba que aparecem nas falas das personagens.

 As palavras formadas por uma única sílaba são chamadas de **monossílabos**.

Se você ler em voz alta as falas dessa tira, vai observar que alguns desses monossílabos são pronunciados com mais força, dentro da sequência de palavras em que aparecem. Ex.: *já, seu, eu, são,* etc.

Outros são pronunciados com menos força e, no som, parecem se juntar às palavras vizinhas. Ex.: *o, pra, em, da, na*.

 Os monossílabos pronunciados com mais intensidade são chamados de **tônicos**. Ex.: *eu, lê, mão, tem*.

Os monossílabos pronunciados com menor intensidade são chamados de **átonos**. Ex.: *com, de, se, um*.

2. Observe os conjuntos de monossílabos tônicos abaixo. O que cada conjunto tem em comum?

    a) pá, cá, há, lá, chás

    b) vê, três, crê, ré, pés

    c) pó, nó, nós, dó, só

    d) rói, véu, céus, dói, réis

 Recebem acento agudo os monossílabos tônicos terminados com **a**(s), **e**(s), **o**(s) ou com os ditongos **ei**(s), **eu**(s), **oi**(s). Ex.: *já, fé, pó, fiéis, réu, mói*. (timbre aberto)

Recebem acento circunflexo os monossílabos tônicos terminados em **e**(s), **o**(s). Ex.: *crê, rês, avô, pôs*. (timbre fechado)

249

●●● Acento diferencial

1. Leia esta tira.

Recruta Zero, de Greg e Mort Walker.

a) Releia a tira do Menino Maluquinho na página anterior. Observe a forma como o verbo *ter* é grafado naquela tira e na desta página, acima. Que diferença há entre elas?

b) Na tira de *O Menino Maluquinho*, a quem o verbo *ter* se refere?

c) A quem o verbo *ter*, que aparece na tira acima, está se referindo?

Em português, existe um tipo de acento que serve apenas para diferenciar palavras iguais ou parecidas, e por essa razão é chamado **acento diferencial**.

Usos do acento diferencial
Verbos *ter* e *vir*

Emprega-se o acento diferencial para distinguir, no presente do indicativo, a terceira pessoa do singular da terceira pessoa do plural dos verbos *ter* e *vir*.

Ex.: ele tem – eles têm
 ela vem – elas vêm

Verbos derivados de *ter* e *vir*

O acento diferencial também distingue, no presente do indicativo, a terceira pessoa do singular da terceira pessoa do plural dos verbos derivados de *ter* e *vir*, como *conter*, *deter*, *obter*, *convir*, *intervir*, etc. Nesses casos, usa-se acento agudo para a terceira pessoa do singular e acento circunflexo para a terceira pessoa do plural.

Ex.: ele mantém – eles mantêm
 ela convém – elas convêm

Outros casos

Leia a tira.

Fernando Gonsales. *Níquel Náusea*: os ratos também choram. São Paulo: Bookmakers, 1999. p. 8

Se a fala "O papagaio está sem voz! Ele não pode me imitar!" estivesse se referindo ao passado, o verbo *poder* levaria acento diferencial: *pôde*. Assim, o acento diferencial distingue também as seguintes palavras:
• pôde (verbo *poder* no pretérito) – pode (verbo poder no presente)
• pôr (verbo) – por (preposição)

ANOTE

O acento diferencial distingue palavras semelhantes na grafia e no som.
Ex.: ele tem – eles têm; ele contém – eles contêm; por (preposição) – pôr (verbo).

2. Identifique nas frases a seguir as palavras que devem receber acento diferencial e reescreva-as.
   a) O caminho por onde você veio é mais longo.
   b) A vista do por do sol na praia é linda.
   c) Ele não pode receber os clientes ontem.
   d) Ele não pode atender o telefone agora.

••• Trema

Usa-se trema (¨) apenas em nomes próprios estrangeiros e em palavras da língua portuguesa derivadas deles. Ex.: *Müller, mülleriano*.

📘 Entreletras

Enigmas

Antigamente, decifrar enigmas era prova de inteligência. Com o passar do tempo, esses pequenos textos encontraram na voz do povo a melhor forma de divulgação. Tente responder aos enigmas a seguir.

a) Quanto tempo leva um trem, de 1 km de comprimento, para atravessar um túnel de 1 km de comprimento, andando a 1 km por minuto?

b) Uma pergunta de lógica jurídica: um homem pode se casar com a irmã de sua viúva?

c) Você precisa cozinhar um ovo por 2 minutos exatos, mas tem somente uma ampulheta que marca 5 minutos e outra que marca 3 minutos. Como fazer?

Disponível em: <www.jogos.antigos.nom.br>. Acesso em: 26 jul. 2011.

[PARA SABER MAIS]

Livros

Pequena história da guerra e da paz, de Sylvie Baussier. Edições SM.
Vikings, de Ricardo da Costa, Tatyana Nunes Lemos e Orlando Paes Filho. Planeta.
A civilização inca, de Rosana Bond. Ática.

Sites

<http://www.canalkids.com.br>
<http://www.planetariodorio.com.br>
<http://www1.uol.com.br/ecokids/>
<http://chc.cienciahoje.uol.com.br>
Acessos em: 5 jan. 2012.

251

QUESTÕES GLOBAIS

1. Leia esta tira.

Hagar, o Horrível, de Chris Browne.

a) No primeiro quadrinho, Hagar conta a Hamlet, seu filho, uma ação habitual que ocorria no passado. Quais verbos indicam isso?
b) Em sua primeira fala, Hagar faz uma afirmação sobre as crianças de hoje. Em que modo e pessoa o verbo está flexionado?
c) A certeza expressa nessa afirmação corresponde à realidade? Por quê?
d) No segundo quadrinho, qual verbo mostra a reação de Hamlet à sua afirmação? Em qual modo e pessoa do discurso esse verbo está flexionado?
e) Qual situação presente na tira provoca humor?

2. Leia o seguinte poema, de Paulo Leminski.

> Minha mãe dizia
> – ferve, água!   – pinga, pia!
> – frita, ovo!   e tudo obedecia.
>
> Paulo Leminski. *Caprichos e relaxos*. São Paulo: Brasiliense, 1983.

a) Nesse poema, o eu lírico faz uma brincadeira com ações habituais de sua mãe, ocorridas no passado. Explique: em que consiste essa brincadeira?
b) Quais verbos presentes nesse poema expressam ordens?
c) Esses verbos estão flexionados em qual modo verbal?
d) Em que modo foi flexionado o verbo do último verso? Por que foi empregado esse modo verbal?

3. Leia este trecho de um conto de Marina Colasanti.

> **Luz de lanterna, sopro de vento**
>
> Mas, ao abrir a porta na manhã seguinte, deparou-se com a lanterna apagada. "Foi o vento da madrugada", pensou, olhando para o alto como se pudesse vê-lo soprar.
>
> À noite, antes de deitar, novamente acendeu a lanterna que, a distância, haveria de indicar ao seu homem o caminho de casa.
>
> Ventou de madrugada. Mas era tão tarde e ela estava tão cansada que nada ouviu, nem o farfalhar das árvores, nem o gemido das frestas, nem o ranger da argola da lanterna. E de manhã surpreendeu-se ao encontrar a luz apagada.
>
> Marina Colasanti. *Um espinho de marfim e outras histórias*. Porto Alegre: L&PM, 1999. p. 165.

a) Segundo as informações apresentadas no texto, por que a mulher ficou surpresa?
b) Observe os verbos que indicam passado. Em que tempos estão conjugados? Exemplifique.
c) Explique o uso de cada tempo verbal para indicar as ações do passado.

●●● O que você aprendeu neste capítulo

Artigo expositivo de livro paradidático	• Expõe e explica em linguagem acessível temas de diferentes áreas do conhecimento. Destinado, em geral, a estudantes, professores e interessados no tema em questão. • **Coesão sequencial:** ligação que se estabelece entre as partes de um texto, permitindo a construção de sentido.
Artigo de divulgação científica	• **Comunica ao público** em geral, em linguagem acessível, descobertas e investigações da Ciência. Publicado principalmente em jornais e revistas impressos e eletrônicos.
Estrutura em rede	• Forma de organização textual em torno de um assunto central ao qual estão ligadas as outras informações.
Verbos	• São palavras variáveis que indicam ação, fenômenos da natureza, estados e modos de ser. • **Dividem-se em três conjugações:** 1ª (verbos terminados em **-ar**), 2ª (verbos terminados em **-er** e **-or**) e 3ª (verbos terminados em **-ir**). • **Locução verbal:** formada por um verbo auxiliar e um verbo principal (no gerúndio, infinitivo ou particípio). • **Flexão dos verbos:** de pessoa (1ª, 2ª e 3ª pessoa), de número (singular e plural), de tempo (passado, presente, futuro), de modo (indicativo, subjuntivo e imperativo). • **Modos verbais:** indicativo (indica certeza), subjuntivo (expressa dúvida ou possibilidade) e imperativo (ordem, pedido, conselho, instrução ou convite).
Tempos do modo indicativo	• **Presente:** expressa um fato que ocorre no mesmo momento em que se fala; expressa também um fato que acontece sempre. • **Pretérito perfeito:** expressa fato que já ocorreu e está perfeitamente acabado. • **Pretérito imperfeito:** expressa um fato que acontecia no passado com frequência, de forma contínua. • **Pretérito mais-que-perfeito:** expressa um fato passado, anterior a outro fato também passado. • **Futuro do presente:** expressa um fato que ocorrerá em um momento posterior à fala. • **Futuro do pretérito:** expressa a ideia de uma ação futura, que ocorreria desde que certa condição fosse cumprida.

Autoavaliação ●●●

Para fazer sua autoavaliação, releia o quadro *O que você aprendeu neste capítulo*.

- Você entendeu o que é um artigo expositivo de livro paradidático e um artigo de divulgação científica? Em caso negativo, que dúvidas permanecem?
- Você entendeu o que é uma estrutura textual em rede?
- Os textos que você produziu estão adequados ao público leitor a que se destinam?
- Quais são suas dúvidas sobre os verbos, os modos e as conjugações?
- Como foi sua participação nas discussões propostas ao longo do capítulo?

ORALIDADE

Exposição oral

1. As cantigas de roda e de ninar, as parlendas e as adivinhas que dizemos quando somos crianças pertencem à chamada cultura popular. Muitas festas, comidas e brincadeiras também fazem parte dessa tradição. Leia um texto que fala de uma brincadeira típica das festas juninas.

> **Dança da laranja** – Formam-se os pares para a dança. Coloca-se uma laranja apoiada entre as testas dos dois integrantes de cada par. Ao começar a música, os pares devem dançar procurando ao mesmo tempo evitar que a laranja caia. É proibido usar as mãos para manter o equilíbrio. Se a laranja cair no chão, a dupla é desclassificada. A música deve prosseguir até que só reste um par com a laranja.
>
> Disponível em: <http://jangadabrasil.com.br>. Acesso em: 3 jul. 2014.

a) Você conhece outras brincadeiras das festas juninas? Quais?

b) Quando era menor, você brincava de pular corda, esconde-esconde, cabra-cega, roda ou alguma outra brincadeira tradicional? Conte como era.

c) Qual era – ou é – sua brincadeira favorita? Imagine que você tivesse de explicar a uma pessoa que não conhece essa brincadeira como ela é: as regras, os participantes, quem ganha, etc. O que você diria?

d) Além de explicar oralmente, que outros recursos você poderia usar para apresentar uma brincadeira tradicional para uma pessoa que não a conhece?

Produção de texto: exposição oral

O que você vai fazer

Você vai se preparar para fazer uma exposição oral sobre um tema relacionado à cultura popular. A plateia será composta pelos colegas e pelo professor.

Seleção do tema e pesquisa

2. Forme um grupo com cinco colegas. O professor vai sortear o tema que caberá a seu grupo.

• Brincadeiras tradicionais	• Literatura de cordel	• Festa do Divino
• Artesanato	• Bumba meu boi	• Festas juninas
• Comidas típicas da região	• Capoeira	• Folia de reis

3. No gênero exposição oral, uma pessoa que entende bem de um assunto fala sobre ele a um público que não o conhece tão bem. O objetivo da exposição é ampliar o conhecimento da plateia sobre esse assunto. Para realizar uma exposição oral, o primeiro passo é você e seu grupo dominarem o tema da exposição, e para isso será preciso buscar informações em fontes confiáveis.

a) Qualquer que seja o tema do grupo, vocês devem obter respostas a algumas questões preliminares (veja a seguir), pesquisando em enciclopédias, *sites*, etc.

- O que é? Qual a origem?
- Quando ocorre? Ou quando se pratica?
- Quem participa? Ou quem executa?
- Onde acontece? Ou onde se executa?
- Quem são os atores mais importantes?
- Qual é a importância em nossa vida?

Conversem com pessoas mais velhas, que costumam conhecer as tradições mais antigas. Copiem ou imprimam as informações que conseguirem.

b) Pesquisem curiosidades, exemplos, depoimentos, etc. sobre o tema.

c) Apresentar imagens é um recurso para atrair a atenção do público. Por isso, tentem conseguir fotos, ilustrações, mapas e gráficos relacionados ao tema para mostrá-los durante a exposição oral. Conforme o tema, pode ser interessante também mostrar objetos e tocar músicas relacionadas.

Organização das informações

4. Juntem e leiam as informações coletadas por todos os componentes do grupo. Marquem as que contêm os dados fundamentais e eliminem as repetidas. Definam a ordem em que as informações devem ser apresentadas. Com base nessas anotações, redijam uma ficha com todas as informações que serão dadas. Durante a exposição, consultem-na sempre que necessário.

A exposição

5. Decidam qual ou quais de vocês farão a exposição e planejem as seguintes etapas.

1ª) Início – Comecem apresentando o grupo à plateia, dizendo quais de vocês falarão, qual o tema a ser tratado e quais serão as partes da exposição.

2ª) Exposição – Durante a fala, tenham sempre em mente que o objetivo desta atividade não é simplesmente expor uma série de conteúdos diante dos colegas, mas tentar envolvê-los com aquilo que estão falando. Há recursos para isso.

- Fiquem atentos às reações da plateia; se perceberem que algo não foi entendido, expliquem de outra maneira, deem exemplos, perguntem diretamente às pessoas se estão entendendo as explicações.
- Tentem prever as dificuldades dos colegas. Por exemplo: eles conhecem as palavras e expressões que vocês vão usar? Conhecem os lugares que serão mencionados? Se preciso, expliquem o vocabulário e apontem localizações em um mapa.
- Usem um tom de voz que todos possam ouvir. Façam pausas estratégicas para a plateia ter tempo de assimilar certas explicações.

3ª) Encerramento – Perguntem se alguém tem alguma dúvida ou quer acrescentar algo. Depois, agradeçam a atenção da plateia e encerrem a exposição.

Avaliação

- Avaliem a exposição oral com os colegas e o professor.

a) Os alunos expositores mostraram-se seguros e bem informados a respeito do assunto exposto?

b) Usaram outros recursos, além da fala, para manter a atenção da audiência?

c) A plateia teve um comportamento colaborativo com os colegas que estavam fazendo a exposição (manteve-se em silêncio e atenta)?

d) O que poderia ser melhorado em uma próxima exposição oral?

255

Entrevista

O QUE VOCÊ VAI APRENDER

- Características principais da entrevista
- Argumentação e ponto de vista
- Verbo: subjuntivo e seus tempos
- Formas nominais do verbo
- Uso das consoantes **g** e **j**

CAPÍTULO 8

CONVERSE COM OS COLEGAS

1. Observe a imagem ao lado, que retrata uma situação de comunicação bastante frequente nos meios jornalísticos.
    a) Para quem o jogador de costas está falando?
    b) Além dos jogadores que estão em campo, há outros ouvintes? Explique.

2. Uma entrevista, como a representada ao lado, caracteriza-se pela coleta e transmissão de declarações.
    a) De que forma o entrevistador coleta declarações do entrevistado?
    b) O entrevistador coleta declarações que só interessam a ele? Explique.

3. Nas entrevistas com jogadores de futebol, costuma-se utilizar linguagem formal ou informal?

4. Se, no final do jogo, o jogador e um dos repórteres comentassem como foi a partida, qual deles emitiria um ponto de vista mais isento?

5. Que tipo de declaração você imagina que o jogador estaria dando na entrevista registrada pela fotografia?

6. Se essa entrevista fosse publicada, onde provavelmente ela seria encontrada?

Campeonato Paulista, 2010.
Fotografia de 2010, Barueri, (SP).

Há muitas maneiras de obtermos informações sobre determinado assunto ou sobre a vida de alguém. Uma delas é realizar uma entrevista com pessoas que se relacionem ao nosso foco de interesse.

Neste capítulo, estudaremos as principais características de mais um gênero, a **entrevista**. Conforme o objetivo do entrevistador e do meio de comunicação em que a entrevista será publicada, são selecionados os entrevistados e os assuntos que serão abordados.

257

LEITURA 1

Entrevista

O QUE VOCÊ VAI LER

A entrevista a seguir foi realizada com Fernanda Takai, vocalista da banda mineira Pato Fu (formada em 1992), na época do lançamento do oitavo álbum do grupo, *Toda cura para todo mal*, em 2005.

Nesta entrevista, publicada em um *site* dedicado à cultura *pop*, Fernanda conversou sobre vários assuntos e sobre uma grande conquista da banda. Leia o texto e descubra do que se trata.

Fernanda Takai (Pato Fu)

Integrantes da banda Pato Fu. Fotografia de 2005.

A banda mineira Pato Fu [...] passa por um momento especial, tanto no campo musical como no pessoal.

Os cinco integrantes estão encerrando um período importante para a carreira do grupo, pois colocaram na praça seu oitavo álbum, *Toda cura para todo mal* [...], e conseguiram algo sonhado pela maioria das bandas: liberdade para criar. Atualmente, são eles que produzem seus discos em um estúdio caseiro e todos os clipes desse trabalho (11 até agora) foram feitos de forma independente [...].

Além disso, o casal Fernanda e John tenta conciliar a vida artística com os cuidados com a filhinha Nina (de dois anos e dois meses), responsável por levar um clima familiar ao cotidiano da banda. "Tudo que fazemos daqui pra frente é pra ela", diz a vocalista.

[...] Confira o bate-papo.

Entrevistador: Muitos *shows* pela frente?

Fernanda: Esperamos que sim. Tivemos alguns meses bons este ano (2005), a expectativa é de que a turnê esquente em 2006, pois viajaremos até o fim do ano que vem com este *show*. [...]

Entrevistador: Como funciona a vida de um casal que faz parte da mesma banda? Lidar com as diferenças, ciúme, esse tipo de coisa. Isso rola?

Fernanda: Acho que estamos juntos há tanto tempo que esse nosso jeito de viver e trabalhar é muito natural. Temos os mesmos horários, os mesmos objetivos e nossas diferenças/semelhanças nos ajudam a enfrentar o dia a dia. Agora, ciúme é algo inexistente, tanto do meu lado quanto do John. A gente acha uma grande

GLOSSÁRIO

Conceito estético: ideia de arte e beleza que se exprime na obra.

Crítico: indivíduo que avalia, julga.

Mentor: pessoa que inspira, cria, orienta.

Suprir: substituir, remediar.

perda de tempo. Se estamos juntos é porque estamos felizes assim. Quando não for mais dessa forma, acaba. Ciúme só implode as coisas.

Entrevistador: A relação de vocês influi até que ponto nas composições? Qual canção do Pato Fu retrata da melhor maneira a vida de vocês?

Fernanda: A gente é muito discreto na vida pessoal. Talvez isso seja uma característica de se ter uma vida a dois mais centrada. O cotidiano em geral é grande fonte de inspiração, mas poucas vezes nos expomos nas letras. Foram raras as vezes que explicitamente isso aconteceu. A canção que mais se parece com a gente? Não há como escolher uma só. Isso é típico de um casal Pato Fu...!

Entrevistador: Vocês têm uma filhinha (Nina, de dois anos e dois meses) e às vezes a levam para os *shows*. Como vocês fazem para suprir a falta dela e a falta que você e o John possam fazer a ela? Quais os cuidados tomados?

Fernanda: Ela viajou com a gente em turnê ou divulgação pouquíssimas vezes. A estrada não é uma coisa boa para uma criança. Come-se fora de hora, dorme-se pouco e nem sempre os locais de hospedagem são bons. Ela entrou cedo na escolinha pra ter sua própria vida, seus próprios horários. Quando estamos viajando, ela fica com minha mãe, que mora perto de nossa casa. Acho que Nina já entendeu o tipo de profissão que temos. Pede pra ouvir o CD mais recente sempre que não estamos e gosta de assistir a videoclipes, porque sabe que a gente pode aparecer a qualquer momento. [...]

Entrevistador: A banda vive seu momento de maturidade ou isso é conversa fiada de crítico musical?

Fernanda: Não é conversa fiada, mas é uma coisa natural pra uma banda que tem 13 anos de carreira e para integrantes que já passaram todos dos 33. Vixe! Nem é bom comentar... he he. Procuramos evoluir a cada trabalho que fazemos – tanto no conceito estético quanto na construção das letras.

Entrevistador: Vendas não representam qualidade. O Pato Fu é uma banda que costuma receber elogios dos críticos e que possui belas canções que grudam nos ouvidos e tocam em rádios. Mas, comercialmente falando, não vende tanto quanto seus companheiros mineiros como Jota Quest e Skank. A que isso se deve?

Fernanda: Talvez investimento em promoção ou talvez não sejamos tão *pop* quanto eles. Isso na verdade não importa muito. Não dá pra ficar comparando as bandas. Somos muito diferentes, apesar da coincidência geográfica. Não fazemos parte da mesma turma fora da estrada ou fora de ambientes comuns à música. [...]

Entrevistador: E as mulheres na música *pop* brasileira? Até que ponto você pode ter influenciado no crescimento do número de meninas tocando em formações *rock* e *pop* no Brasil, que atualmente tem a Pitty, a Bianca Jordão do Leela, entre outras? Gosta de alguma em especial?

Fernanda: Minha voz feminina preferida da nova geração é a Vanessa Krongold, do Ludov. A minha participação no Pato Fu sempre foi dividida com os outros integrantes, com o John principalmente. Nunca fomos a banda da Fernanda, pelo contrário. Acho que hoje está claro pra todo mundo que nosso mentor é o John! Acho ótimo que estejam surgindo novos nomes femininos, quanto mais gente melhor. Mais garotas se sentirão incentivadas! [...]

Entrevistador: Obrigado pela atenção e deixe um recado para os fãs...

Fernanda: Espero que tenham a oportunidade de ver a turnê nova no ano que vem! Até qualquer dia na estrada.

André Azenha. Disponível em: <www.screamyell.com.br>. Acesso em: 3 jul. 2014.

Estudo do texto

●●● Para entender o texto

1. No texto de introdução, que informações exemplificam o momento especial que a banda Pato Fu vivia no campo musical e pessoal?

2. De acordo com as respostas dadas por Fernanda durante a entrevista, o que ela quis dizer com a expressão "isso é típico de um casal Pato Fu"?

3. Como Fernanda justificou o momento de maturidade musical da banda?

4. Por que Fernanda não gosta da comparação entre a banda da qual faz parte e as outras bandas?

5. Crie para a entrevista um título que destaque algum aspecto importante dela e chame a atenção do leitor.

 O **título** tem como uma de suas funções chamar a atenção do leitor para a entrevista. Ele pode ser o destaque de uma fala ou de uma informação que faça o leitor se interessar em ler o texto na íntegra.

💬 Ponto de vista e argumentação

1. Em vários trechos da entrevista são apresentadas as opiniões de Fernanda Takai. Releia a seguinte fala:

   > "**Acho** que hoje está claro pra todo mundo que nosso mentor é o John! [...] **Acho** ótimo que estejam surgindo novos nomes femininos, quanto mais gente melhor. Mais garotas se sentirão incentivadas!"

   a) Sobre quais assuntos a cantora expressa suas opiniões nesse trecho?

   b) Ela justifica tais opiniões? Explique.

   A entrevista muitas vezes apresenta a **opinião** ou o **ponto de vista** do entrevistado. Dessa maneira, podemos conhecer o modo como ele vê o mundo, seus gostos, suas ideias.

2. Algumas opiniões são justificadas com exemplos. Complete o esquema a seguir, revendo as opiniões e os argumentos que aparecem nas falas de Fernanda e do entrevistador.

   a) Afirmação de Fernanda Takai.

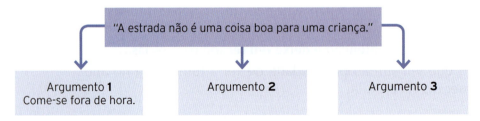

b) Afirmação do entrevistador.

> **Argumentar** é apresentar razões para convencer alguém sobre determinado ponto de vista.
>
> A argumentação pode se dar por meio de exemplos, comparações, apresentação de causas e consequências, entre outras possibilidades.

3. O entrevistador afirma que "Vendas não representam qualidade". A cantora concorda com essa ideia? Explique sua resposta.

4. Veja outros exemplos de argumentação. Leia o trecho de uma crônica de Fernando Sabino.

Hora de dormir

– Por que não posso ficar vendo televisão?
– Porque você tem de dormir.
– Por quê?
– Porque está na hora, ora essa.
– Hora essa?
– Além do mais, isso não é programa para menino.
– Por quê?
– Porque é assunto de gente grande, que você não entende.
– Estou entendendo tudo.
– Mas não serve para você. É impróprio.
– Vai ter mulher pelada?
– Que bobagem é essa? Ande, vá dormir que você tem colégio amanhã cedo.
[...]
– Quem é que anda lhe ensinando esses modos? Você está ficando é muito insolente.
– Ficando o quê?
– Atrevido, malcriado. Eu com sua idade já sabia obedecer. Quando é que eu teria coragem de responder a meu pai como você faz. [...] Quando ele falava está na hora de dormir, estava na hora de dormir.
– Naquele tempo não tinha televisão.
– Mas tinha outras coisas.
– Que outras coisas?
– Ora, deixe de conversa. Vamos desligar esse negócio. Pronto, acabou-se. Agora é tratar de dormir. [...]

Fernando Sabino. *Crônicas 1*. 28. ed. São Paulo: Ática, 2011 (Coleção Para Gostar de Ler).

a) O pai tenta convencer seu filho a ir dormir e não consegue. Por que isso ocorre?

b) Copie três exemplos de argumentos usados pelo pai para convencer o filho a ir dormir.

c) O pai usou um argumento objetivo. Qual foi ele?

d) Outro tipo de argumento que aparece no texto é uma comparação. O que é comparado?

261

Estudo do texto

Os **argumentos** usados para convencer o interlocutor do ponto de vista de quem fala podem ser **objetivos**, baseados em fatos concretos, em dados. Podem também ser **subjetivos**, elaborados com base na vivência pessoal ou na observação da realidade pela ótica de um indivíduo.

●●● O contexto de produção

1. A entrevista com Fernanda Takai foi publicada em um *site* dedicado à cultura *pop*.
   a) Qual é o possível público leitor dessa entrevista?
   b) Considerando os assuntos abordados, qual a faixa etária do público-alvo dessa entrevista?

2. Antes das perguntas, a entrevista tem uma apresentação.
   a) Que tipo de informação aparece nesse texto?
   b) Qual é a finalidade desse tipo de informação?

3. No final do trecho que antecede a entrevista de Fernanda Takai é feito um convite.
   a) A quem é direcionado esse convite?
   b) A que se refere esse convite?
   c) O que a linguagem utilizada nesse convite sugere ao leitor?
   d) Que palavra foi usada para se referir à entrevista?

4. Há um momento na entrevista em que Fernanda se dirige especialmente aos leitores. Quando isso ocorre?

●●● A linguagem do texto

1. A entrevista que você leu foi destinada a pessoas que gostam de música. Observe a linguagem do texto.
   a) A situação de produção da entrevista parece ser mais formal ou informal?
   b) Justifique a sua resposta à questão anterior utilizando como exemplo alguma das falas do entrevistador.

2. A entrevista foi realizada oralmente, mas o leitor tem acesso apenas ao registro escrito. Algumas marcas de oralidade foram mantidas no texto.
   a) Dê alguns exemplos dessas marcas de oralidade.
   b) Por que essas marcas de oralidade foram mantidas?

Ao transcrever a fala dos entrevistados, o entrevistador pode eliminar ou não as **marcas de oralidade**, dependendo do contexto de produção: quem é o leitor, em que suporte é publicada a entrevista, etc.

3. Nessa entrevista, algumas palavras foram usadas no sentido figurado. Indique com suas palavras o significado dos termos em destaque nos trechos abaixo.
   a) "[...] a expectativa é de que a turnê *esquente* em 2006 [...]."
   b) "Ciúme só *implode* as coisas."
   c) "O Pato Fu [...] possui belas canções que *grudam nos ouvidos* [...]."

262

> **ANOTE**
>
> A **linguagem** utilizada em uma entrevista pode aproximar-se do modo próprio de fala do seu público leitor.

4. Você vai ler outra entrevista e reconhecer os elementos que caracterizam o gênero. A entrevista a seguir foi feita com o irlandês Neville Isdell, presidente de uma empresa de refrigerantes. O desafio dele, diante da queda do consumo da bebida, é dar novo impulso à marca e continuidade ao crescimento das vendas do principal produto da empresa.

Com gás e sem açúcar

Veja – Nos últimos três anos, o consumo de refrigerantes nos Estados Unidos caiu, pela primeira vez na história. Isso significa que a era dos refrigerantes já atingiu o seu auge no maior mercado do mundo?

Isdell – Certamente que não. Na verdade, a sensação que se tinha desde quando eu retornei era que isso ocorria no mercado global também. Mas o que se viu, país a país, é que viramos o jogo. A situação nos Estados Unidos tem peculiaridades. Houve uma elevação no preço do açúcar muito maior que a inflação no período, o que levou a aumento de preços. Mas o mais importante é que nós havíamos parado de acreditar [...] no nosso jeito de fazer as coisas. Nos negócios, muitas vezes os problemas que se manifestam ocorrem porque se deixa de acreditar. É preciso fazer com que as pessoas se sintam energizadas pelo negócio. É claro que se tem de trazer a inovação também, o que não é simples. Assim que assumi, investi 400 milhões de dólares em inovação. Isso funcionou nos Estados Unidos, senão teríamos tido um decréscimo ainda maior do que tivemos.

Lauro Jardim. Revista *Veja*. São Paulo, Abril, 24 out. 2007.

Neville Isdell. Fotografia de 2007, Suíça.

a) Qual é o assunto do trecho acima?

b) O título "Com gás e sem açúcar" não é uma fala do entrevistado. Em sua opinião, por que ela foi escolhida como título?

c) Compare a linguagem do trecho desta entrevista com a da banda Pato Fu. Que diferenças você nota?

d) Por que essas diferenças ocorrem?

Respeitar as diferenças

O Pato Fu é uma banda que faz sucesso entre os críticos, mas não vende tantos CDs quanto outros grupos.

Fernanda Takai parece não dar muita importância para esse fato, pois, segundo a cantora, o Pato Fu talvez não seja uma banda tão *pop*.

"Somos muito diferentes, apesar da coincidência geográfica. Não fazemos parte da mesma turma...", afirma Fernanda.

Discuta com seus colegas e o professor as questões a seguir.

I. O que é ser uma pessoa de sucesso?

II. Para fazer sucesso, temos de perder nossa individualidade? Explique.

III. Você concorda com a opinião de Fernanda? Por quê?

PRODUÇÃO DE TEXTO

Entrevista

AQUECIMENTO

Leia a seguir o trecho de uma entrevista com a cineasta Laís Bodanzky, veiculada na revista *Marie Claire*, sobre seu filme *As melhores coisas do mundo*.

Marie Claire: Os atores do filme foram descobertos nessa pesquisa feita nos colégios. Como foi esse processo?

Laís Bodanzky: O Francisco se destacou num desses grupos de discussão. Nem estava pensando em elenco. Demorei para falar que ele era o Mano. No primeiro dia de filmagem, ele brincou: "E aí, vou fazer o Mano mesmo?" [risos]. A mãe dele me contou que nunca teve que acordá-lo para a filmagem, que começava às 5 da manhã. Já para a escola... [risos] [...].

Marie Claire: Mas não se preocupa com o que acontece com eles depois?

Laís Bodanzky: No caso do Francisco, ele é tão maduro... E tem uma família bacana, com pais que dão liberdade e estímulo. "Malhação" chamou para teste, ele não quis nem fazer [depois da filmagem, Fiuk virou astro da novela]. Disse que agora não... Engraçado que sou mais amiga do Francisco, que tem 15 anos, do que dos pais dele.

Mariane Morisawa. Disponível em: <http://revistamarieclaire.globo.com>. Acesso em: 3 jul. 2014.

Laís Bodanzky.

- Quando as pessoas falam, muitas vezes planejam seu texto ao mesmo tempo em que o produzem. Uma das consequências disso é nem sempre darem respostas diretas ou completas para as perguntas que lhes são feitas, como aconteceu com a segunda resposta dada por Laís Bodanzky. Reescreva essa segunda resposta, mostrando a preocupação da cineasta com os atores do filme.

••• Proposta

Você vai entrevistar um fã de algum gênero musical (*rap*, samba, pagode, *heavy metal*, MPB, axé, *pop*, etc.) e registrar sua entrevista em áudio ou em vídeo, imaginando que ela poderia integrar um programa de rádio ou de televisão especializado em música. O professor vai combinar com a classe uma data para as entrevistas serem vistas ou ouvidas por todos.

••• Planejamento e elaboração do texto

Sua classe será dividida em duplas para a realização da entrevista.

Cada integrante da dupla ficará encarregado de uma função. Haverá um produtor e um entrevistador.

1. Cabe ao produtor planejar a entrevista. O planejamento envolve duas etapas.

Primeira etapa – Escolha do entrevistado	
Escolha do entrevistado	Pode ser uma pessoa da escola ou amigo envolvido com música.
Contato com o entrevistado	Informe à pessoa convidada o contexto do trabalho (dizer por que, para que e com quem ele vai ser realizado) e explique que a entrevista será exibida para um grupo de estudantes.

264

Segunda etapa – Planejamento da entrevista	
Pré-entrevista	Informalmente, peça à pessoa convidada para contar-lhe previamente sobre o gênero musical do qual ela é fã: como o conheceu, quais são suas bandas preferidas, histórias de rivalidade ou de amizade com pessoas de outras "tribos", número de CDs que compõem sua coleção, etc. Depois, organize esses dados e os entregue, em folha avulsa, para o entrevistador, de modo que ele possa conhecer um pouco a pessoa a ser entrevistada e para ajudá-lo a elaborar as perguntas a serem feitas.
Agendamento	Combine dia e horário para a realização da entrevista. O lugar deve ser silencioso para que o ruído do ambiente não atrapalhe a captação do som da conversa.

2. Cabe ao entrevistador gravar a entrevista. Para isso, leve em consideração os itens a seguir.

   a) Seja pontual. O entrevistado está fazendo um favor para você.

   b) Tenha em mãos um roteiro de perguntas previamente planejadas com base nas informações recolhidas pelo produtor. Estude-o bem.

   c) Verifique, com antecedência, se o equipamento de gravação de áudio ou vídeo está funcionando adequadamente e com baterias carregadas.

   d) Inicie o trabalho apresentando o entrevistado, utilizando os dados obtidos pelo produtor na pré-entrevista. Para elaborar as perguntas, selecione das informações coletadas os temas que poderão interessar mais ao público-alvo. Fale com a voz pausada e clara, mas de maneira expressiva.

   e) Priorize questões que levem o entrevistado a *argumentar* a favor de seu gênero preferido. Por exemplo, em vez de perguntar "Quais são suas bandas preferidas?", dê essa informação ao ouvinte na apresentação e use o tempo com o entrevistado para perguntar "Por que X e Z são suas bandas preferidas?"; em vez de perguntar se ele acha ruim determinado tipo de música, peça-lhe que *compare* dois ou mais tipos.

   f) O seu roteiro de perguntas é uma orientação, não fique restrito a ele. Aproveite as falas de seu entrevistado e, se for o caso, improvise outras questões interessantes.

   g) Ao concluir a conversa, agradeça ao seu entrevistado e repita um trechinho da apresentação. Por exemplo: "Este foi (fulano), grande fã de (nome das bandas), que conversou conosco a respeito de (gênero musical)".

••• Avaliação e reescrita do texto

1. Escute com seu colega de dupla o registro da entrevista que vocês fizeram e procurem avaliar os itens a seguir. Se for necessário, editem a gravação.

   a) Há a apresentação do entrevistado?

   b) As perguntas estão relacionadas aos objetivos da entrevista?

   c) As perguntas elaboradas levaram o entrevistado a expressar suas opiniões e a justificá-las?

   d) A linguagem e o conteúdo estão adequados ao público-alvo?

2. Combinem com o professor o dia da apresentação das entrevistas. Nesse dia, a dupla deve trazer a entrevista gravada para apresentá-la aos demais colegas de classe.

REFLEXÃO LINGUÍSTICA

Verbo: modo subjuntivo

1. Leia a seguir trechos da letra da canção "Eu apenas queria que você soubesse", de Gonzaguinha.

   > Eu apenas queria que você soubesse
   > Que aquela alegria ainda está comigo
   > E que a minha ternura não ficou na estrada
   > Não ficou no tempo presa na poeira
   > [...]
   > E que a atitude de recomeçar é todo dia toda hora
   > É se respeitar na sua força e fé
   > E se olhar bem fundo até o dedão do pé
   >
   > Eu apenas queria que você soubesse
   > Que essa criança brinca nesta roda
   > E não teme o corte de novas feridas
   > Pois tem a saúde que aprendeu com a vida [...]

   Gonzaguinha. Eu apenas queria que você soubesse. Intérprete: Gonzaguinha. Em: *Meus momentos:* Gonzaguinha. EMI, 2000. CD 1. Faixa 8.

   Gonzaguinha. Fotografia de 1988.

   a) Quais são os sentimentos expressos pelo eu lírico?
   b) No trecho "minha ternura não ficou na *estrada*", a palavra em destaque está no sentido figurado. Explique essa afirmação.
   c) Identifique os verbos dos quatro primeiros versos.
   d) Os quatro primeiros versos podem ser divididos em dois grupos: um deles expressa desejo, hipótese; os versos restantes indicam fatos concretos. Qual é o verso que expressa desejo e quais os versos que indicam fatos concretos?
   e) Leia a última estrofe e responda: a quem o eu lírico se refere com a expressão "essa criança"? Explique.
   f) Releia.

   > "E não teme o corte de novas feridas
   > Pois tem a saúde que aprendeu com a vida"

   As ideias apresentadas nos dois versos acima estão no sentido figurado. Explique.

Na letra da canção, os verbos *estar* e *ficar* estão conjugados no modo indicativo e demonstram um fato concreto: que a alegria e a ternura que existiam no passado permanecem até hoje.

Já o verbo *saber*, flexionado como *soubesse*, expressa o desejo do eu lírico de mostrar algo à pessoa com a qual ele fala. Esse modo verbal, que expressa um desejo e não um fato concreto, é chamado de modo **subjuntivo**.

O **subjuntivo** é o modo verbal que expressa **dúvida, hipótese, desejo, intenção, condição**. Os verbos no subjuntivo indicam uma possibilidade de algo acontecer ou ter acontecido.

266

Releia este verso da letra da canção de Gonzaguinha.

> "Eu apenas queria que você soubesse"

O verbo *saber* está conjugado no pretérito imperfeito do modo subjuntivo, indicando um fato improvável, uma condição relacionada ao momento passado.

Observe a fala do Cebolinha na tira a seguir.

Turma da Mônica, de Mauricio de Sousa.

Na frase "Não quero que seja minha mãe!", o verbo *ser* está no tempo presente do modo subjuntivo e indica um desejo de Cebolinha.

Os verbos no **modo subjuntivo** podem ser flexionados em três tempos: **presente**, **pretérito imperfeito** e **futuro**.

Leia a tabela com verbos conjugados no modo subjuntivo.

Tempos verbais	1ª conjugação cantar	2ª conjugação correr	3ª conjugação partir
Presente Indica um fato incerto no presente ou um desejo. "Mesmo que eu **cante**, será necessário contratar mais cantores para o musical." "Eu quero que você **saiba** que vou cantar em um musical."	Que eu cant**e** Que tu cant**es** Que ele cant**e** Que nós cant**emos** Que vós cant**eis** Que eles cant**em**	Que eu corr**a** Que tu corr**as** Que ele corr**a** Que nós corr**amos** Que vós corr**ais** Que eles corr**am**	Que eu part**a** Que tu part**as** Que ele part**a** Que nós part**amos** Que vós part**ais** Que eles part**am**
Pretérito imperfeito Indica um fato que poderia ocorrer diante de certa condição ou um fato incerto no passado, no presente ou no futuro. "Se eu **cantasse** bem, poderia ter participado do musical." "Eu queria que você **soubesse** cantar."	Se eu cant**asse** Se tu cant**asses** Se ele cant**asse** Se nós cant**ássemos** Se vós cant**ásseis** Se eles cant**assem**	Se eu corr**esse** Se tu corr**esses** Se ele corr**esse** Se nós corr**êssemos** Se vós corr**êsseis** Se eles corr**essem**	Se eu part**isse** Se tu part**isses** Se ele part**isse** Se nós part**íssemos** Se vós part**ísseis** Se eles part**issem**
Futuro Indica a possibilidade de realização de um fato. "Quando **eu cantar**, todos saberão do meu talento." "Eu serei feliz quando você **souber** do meu talento."	Quando eu cant**ar** Quando tu cant**ares** Quando ele cant**ar** Quando nós cant**armos** Quando vós cant**ardes** Quando eles cant**arem**	Quando eu corr**er** Quando tu corr**eres** Quando ele corr**er** Quando nós corr**ermos** Quando vós corr**erdes** Quando eles corr**erem**	Quando eu part**ir** Quando tu part**ires** Quando ele part**ir** Quando nós part**irmos** Quando vós part**irdes** Quando eles part**irem**

LEMBRE-SE

As terminações dos verbos, em negrito, são chamadas **desinências** e indicam a pessoa do discurso (primeira, segunda ou terceira), o número (singular ou plural), o modo (indicativo, subjuntivo ou imperativo) e o tempo (presente, passado ou futuro).

REFLEXÃO LINGUÍSTICA Na prática

1. Leia o poema.

   > **Tuas mãos**
   >
   > Como se nascessem todos os ventos
   > brotassem todas as águas
   > de tuas mãos
   > fabricasses estrelas
   > e cavalos-marinhos
   > como se arrancasses da terra
   > o segredo da vida
   > com tuas mãos
   >
   > Roseana Murray. *Fruta no ponto*. São Paulo: FTD, 1998. p. 47.

   a) Quais são as ações que aparecem nesse poema?
   b) Quem poderia realizar as ações expressas?
   c) Essas ações podem ser realizadas no mundo real? Por quê?
   d) Os verbos estão conjugados no modo subjuntivo. O que o uso desse modo verbal indica sobre as ações?

2. Leia o texto a seguir, escrito por Mario Quintana.

   > **Do manual do perfeito cavaleiro**
   >
   > Cuidado!
   > Deves tocar a campainha tão suavemente
   > como se tocasses o umbigo da dona de casa.
   >
   > Mario Quintana. *Sapato furado*. São Paulo: Global, 2006. p. 8. © by Elena Quintana.

   a) Nesse texto, há uma comparação. Quais ações estão sendo comparadas?
   b) O que o texto sugere que essas ações devem ter em comum?
   c) Copie o verbo do texto que está no modo subjuntivo. O que esse modo verbal indica sobre a ação?
   d) Qual é a relação entre o título e as ações expressas no texto?

3. Complete as frases a seguir usando o modo subjuntivo, expressando, portanto, um desejo, uma possibilidade ou uma hipótese.
   a) Eu viajaria se...
   b) O planeta ficaria menos poluído se...
   c) Não haveria problema de falta de água se...
   d) A cidade seria mais bonita se...

4. Copie as frases a seguir e complete-as, utilizando os verbos no modo subjuntivo. Fique atento ao contexto da frase para escolher o tempo verbal adequado.
   a) Se elas ★ mais tempo, poderão ver a apresentação. (ficar)
   b) Espero que elas ★ as notas, para que ★ aprovadas. (conseguir / ser)
   c) Quando os músicos ★ disponíveis, poderemos entrevistá-los. (ficar)
   d) Se nossos amigos ★ ouvido o recado, todos chegariam no horário. (ter)
   e) Ele sugeriu que você ★ ao médico. (ir)
   f) Eu quero que ela ★ à minha festa, para que possamos comemorar juntas. (vir)

LÍNGUA VIVA
O verbo na construção da argumentação

1. Leia a fala do ator Luís Miranda em uma entrevista concedida ao *site* Cine Pipoca Cult.

> Fazer cinema na Bahia eu já acho uma grande vitória em meio ao caos que está a cultura baiana. Ausência de teatro, ausência de cineclubes, as grandes salas ficaram restritas apenas aos *shoppings*. [...] Eu espero muito fazer cada vez mais cinema na Bahia, eu moro aqui, trabalho muito fora, mas moro aqui. Então, espero que o cinema cresça cada vez mais. E eu vou fazer o que puder para o cinema baiano crescer.
>
> Disponível em: <www.cinepipocacult.com.br>. Acesso em: 3 jul. 2014.

a) Qual é a opinião de Luís Miranda sobre a cultura e o cinema baiano atual?

b) Como ele fundamenta sua opinião?

c) Qual é o verbo que o entrevistado usou para introduzir sua opinião?

2. Leia o trecho de uma crônica de Carlos Drummond de Andrade.

> ### Da utilidade dos animais
>
> – [...] Este é o texugo. Se vocês quiserem pintar a parede do quarto, escolham pincel de texugo. Parece que é ótimo.
>
> – Ele faz pincel, professora?
>
> – Quem, o texugo? Não, só fornece o pelo. Para pincel de barba também, que o Arturzinho vai usar quando crescer.
>
> Arturzinho objetou que pretende usar barbeador elétrico. Além do mais, não gostaria de pelar o texugo, uma vez que devemos gostar dele, mas a professora já explicava a utilidade do canguru:
>
> – Bolsas, malas, maletas, tudo isso o couro do canguru dá pra gente. Não falando na carne. Canguru é utilíssimo.
>
> – Vivo, fessora?
>
> – A vicunha, que vocês estão vendo aí, produz ... produz é maneira de dizer, ela fornece, ou por outra, com o pelo dela nós preparamos poncho, mantas, cobertores, etc.
>
> Carlos Drummond de Andrade. *Crônicas 4*. 13. ed. São Paulo: Ática, 2011 (Coleção Para Gostar de Ler).

a) Qual é a opinião da professora sobre o pincel de texugo?

b) No texto é usado o verbo *parecer* para introduzir a opinião da professora. Se trocarmos esse verbo por *assegurar*, conjugado na 1ª pessoa do singular, o sentido da frase permanecerá o mesmo? Justifique.

c) Que novo sentido a frase "Arturzinho *objetou* que pretende usar barbeador elétrico" ganharia se o verbo em destaque fosse substituído por *disse*?

d) Na frase "[...] devemos gostar dele [...]", aparece o uso da 1ª pessoa do plural como um recurso de argumentação. Que efeito esse uso causa no leitor?

ANOTE

Quando usados para introduzir uma opinião, certos verbos produzem **efeitos de sentido variados**. Alguns verbos são mais neutros, como *dizer*, *falar*, *achar*. Outros são mais expressivos e enfatizam as ideias que são apresentadas, como *assegurar*, *afirmar*, *objetar*.

LEITURA 2

Entrevista

Carlos Saldanha (1968), cineasta. Fotografia de 2011, Califórnia (EUA).

O QUE VOCÊ VAI LER

Você vai ler uma entrevista com o cineasta brasileiro Carlos Saldanha, membro da Blue Sky, um importante estúdio norte-americano de computação gráfica, e responsável por sucessos como a trilogia *A Era do Gelo* e o filme *Rio*.

Nessa entrevista, publicada em um suplemento de uma revista semanal, o diretor revela suas influências, conta como ingressou nesse universo e como é a rotina de um diretor de cinema.

Carlos Saldanha: "A produção brasileira é pouco conhecida lá fora"

Diretor de "Rio" fala sobre sua carreira e as dificuldades de trabalhar com desenhos animados

Em 1991, o carioca Carlos Saldanha deixou o Brasil para fazer um curso de animação em Nova York. Destacou-se nas aulas e, ao contrário do que se espera, preferiu ser contratado por um estúdio pequeno a aceitar convites da Disney e da Pixar.

Membro da Blue Sky há 18 anos, ele é responsável por sucessos como os dois últimos filmes da franquia "A Era do Gelo" – o primeiro ele codirigiu – e pelo fenômeno "Rio", que arrecadou 470 milhões de dólares nas bilheterias e agora é lançado em DVD.

Brasileiro de destaque neste mercado restrito, Saldanha conta como é trabalhar com animação e como o nosso mercado é visto lá fora.

VEJA SÃO PAULO: Quando surgiu o interesse por animação?

Carlos Saldanha: Sempre tive interesse por desenho, arte, mas fazia isso como *hobby*. Quando fui optar por uma profissão, escolhi algo relacionado com informática, que eu também gostava muito. Mas, depois que comecei a trabalhar com computação, senti falta da arte. Foi então que vi vinhetas, comerciais de televisão e curtas que utilizavam computação e decidi correr atrás disso.

VEJA SÃO PAULO: Como você entrou para a Blue Sky?

Carlos Saldanha: Em 1991 fui para os Estados Unidos fazer um curso de animação na School of Visual Arts, em Nova York. Um dos professores, Chris Wedge, era um dos fundadores da Blue Sky e me chamou para trabalhar com ele. Estou lá desde 1993, há 18 anos. Na época, os filmes de animação ainda eram apenas um sonho. Entrei no momento certo, pois, em 1995, a Pixar lançou "Toy Story", que é o primeiro longa animado. Peguei essa onda desde o início.

VEJA SÃO PAULO: Você saiu das propagandas para produzir longas-metragens de sucesso. Procurar agências de publicidade continua sendo o mais comum para um animador no início da carreira?

Carlos Saldanha: Hoje em dia já dá para fazer direto longas. Os próprios estúdios já procuram os alunos nas escolas. Quando comecei, como não existiam longas de animação, o único jeito era fazer comerciais e efeitos especiais no cinema.

270

VEJA SÃO PAULO: Na época em que se interessou por animação, o mercado brasileiro era bem restrito nessa área. Acha que isso mudou?

Carlos Saldanha: Cresceu, sem dúvida, mas não dá para comparar com o mercado americano. Lá existe de fato uma indústria.

VEJA SÃO PAULO: Quais são as maiores dificuldades que um profissional da sua área enfrenta no mercado da animação?

Carlos Saldanha: Na nossa rotina há vários desafios, mas procuro ser sempre otimista. O maior de todos é buscar os projetos certos. Nos prepararmos para fazer um longa foi bem difícil. Foram sete anos desde que entrei na Blue Sky até que fizéssemos o primeiro "A Era do Gelo".

VEJA SÃO PAULO: Longas de animação hoje em dia já concorrem ao Oscar de melhor filme. O estigma de que animação é apenas para crianças acabou? O público leva mais a sério esse tipo de produção?

Carlos Saldanha: Sem dúvida nenhuma. Hoje em dia, animação é brincadeira de gente grande. Nas bilheterias, os filmes de animação estão no topo da lista. São poucos os produtos de cinema que conseguem abranger quase todas as faixas etárias como as animações.

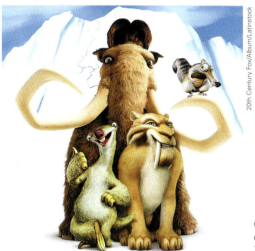

Cena do primeiro filme da série *A era do gelo*, 2002.

VEJA SÃO PAULO: O mercado internacional tem visto com bons olhos a animação brasileira?

Carlos Saldanha: A produção brasileira é pouco conhecida lá fora. Você vê um ou outro curta nos festivais de animação, mas não existe uma visão maior do que é feito aqui.

VEJA SÃO PAULO: No início da sua carreira você decidiu ir para Nova York para se especializar na área. Hoje em dia já existem escolas no Brasil que se equiparam às do exterior?

Carlos Saldanha: Na época, os cursos de computação eram voltados para a área tecnológica. Hoje existem mais

Cena do filme *Rio*, 2011.

LEITURA 2
Entrevista

opções. Há outras vantagens também. Na minha época era quase impossível ter um computador em casa que tivesse capacidade suficiente para fazer animação. É difícil comparar as faculdades dos Estados Unidos com os cursos do Brasil. Lá já existe um mercado consolidado e os cursos possuem tradição na área.

VEJA SÃO PAULO: "Rio" é uma homenagem à sua cidade natal. Quais foram os maiores desafios que você enfrentou durante a produção do filme?

Carlos Saldanha: Foi a complexidade de trabalhar com humanos. Até então, só tínhamos feito bichos. E, apesar de os objetivos serem os mesmos, as expressões humanas são mais complexas. Além disso, tivemos também que colocar roupas nos personagens e fantasias para as cenas do Carnaval.

VEJA SÃO PAULO: Quanto tempo em média se leva para fazer uma animação, desde o momento da idealização até o lançamento?

Carlos Saldanha: De três a quatro anos. Mesmo quando os recursos eram mais escassos, o período era o mesmo, porque conforme a tecnologia vai te ajudando a eliminar limitações, você também começa a pensar mais alto. A rapidez com que os processos são feitos é compensada pelo aumento da criatividade.

VEJA SÃO PAULO: Quais são as maiores influências para o seu trabalho?

Carlos Saldanha: São desenhos que eu vejo desde pequeno, como os clássicos da Disney. Gosto muito de Pinóquio, Bambi e Dumbo. Até hoje também adoro Tom & Jerry. Assisto com minhas crianças. Mas duas grandes influências são Charles Chaplin e Buster Keaton, que atuavam no cinema mudo e conseguiam expressar sentimentos sem precisar falar nada.

VEJA SÃO PAULO: Seus filhos dão palpites na sua criação?

Carlos Saldanha: Meus filhos só viram "Rio" na pré-estreia que aconteceu no Rio de Janeiro. Eu peço a opinião deles em algumas partes do trabalho, perguntando se gostam de alguma música ou detalhe. Eles são o meu público-alvo, mas procuro separar a família do trabalho.

Catarina Cicarelli. Disponível em: <http://vejasp.abril.com.br>. Acesso em: 9 out. 2011.

GLOSSÁRIO

Buster Keaton: Ator e diretor norte-americano de comédias mudas. Nascido em 1895, era considerado o grande rival de Charlie Chaplin.

Charles Chaplin: Ator, diretor, produtor, comediante, dançarino, roteirista e músico britânico. Nascido em 1889, foi um dos artistas mais famosos e completos da era do cinema mudo.

Estigma: motivo de má fama.

Hobby: diversão, passatempo.

Pixar: empresa norte-americana de animação por computação gráfica. Pertence à Companhia Walt Disney.

RIO 2

O diretor Carlos Saldanha anunciou publicamente que será produzida uma sequência para o filme *Rio*, uma das maiores bilheterias de 2011 no Brasil. Devido ao grande sucesso de público e de crítica, a produtora Blue Sky encomendou ao cineasta uma continuação. Segundo Saldanha, a história de *Rio 2* deverá ser "mais abrangente", incluindo passagens em outras cidades brasileiras.

Ainda não existe previsão de lançamento para o novo filme.

Estudo do texto

●●● Para entender o texto

1. A entrevista começa com um texto introdutório. Todas as informações apresentadas nesse texto também aparecem ao longo da entrevista? Explique.

2. Qual é a função desse texto em uma entrevista?

> **ANOTE**
>
> Nas **entrevistas**, quando publicadas, é comum haver um **texto introdutório** com informações sobre o entrevistado, sua vida e sua obra, além de dados sobre o contexto que será apresentado.

3. Identifique, nas perguntas feitas a Carlos Saldanha, quais os assuntos tratados na entrevista.
   a) Qual pergunta trata diretamente do filme *Rio*?
   b) Quais são os assuntos das outras perguntas?
   c) O que esses assuntos têm em comum?

4. Considerando as respostas dadas por Saldanha à pergunta sobre o filme *Rio*, responda:
   a) Qual foi a maior dificuldade encontrada por Carlos Saldanha na produção do filme?
   b) Por que essa dificuldade não havia surgido nos demais filmes do diretor?

5. Carlos Saldanha apresenta algumas diferenças existentes entre a época em que começou a estudar e trabalhar com animação e o momento atual.
   a) Em relação às escolas de computação, qual a diferença apontada por ele?
   b) De acordo com o diretor, em relação aos cursos na área de animação, qual diferença se manteve?

6. Releia o trecho a seguir, retirado da resposta de Saldanha à pergunta 10.

   > "[...] conforme a tecnologia vai te ajudando a eliminar limitações, você também começa a pensar mais alto."

   a) Nessa fala, o que significa a expressão *pensar mais alto*?
   b) Nesse mesmo trecho da entrevista, Saldanha afirma que, mesmo havendo mais recursos tecnológicos, o tempo necessário para a realização de uma animação continua o mesmo. De acordo com a fala do entrevistado, por que isso acontece?

7. Carlos Saldanha é questionado sobre possíveis palpites dos filhos nos filmes por ele dirigidos.
   a) Qual a contribuição dos filhos de Saldanha no momento de produção dos filmes?
   b) Qual a opinião de Saldanha sobre o envolvimento da família em seu trabalho?

FESTIVAL ANIMA MUNDI

O Anima Mundi, criado em 1993, é um importante festival de cinema de animação que ocorre anualmente no Rio de Janeiro e em São Paulo. Além da exibição de filmes, o festival também oferece cursos, palestras e debates.

A edição de 2011 homenageou o cineasta brasileiro Carlos Saldanha, diretor do filme *Rio*.

Estudo do texto

8. Imagine que você fosse entrevistar Carlos Saldanha. Elabore mais três perguntas que poderiam ser feitas a ele.

●●● O texto e o leitor

1. O texto que você leu foi publicado em um suplemento de uma revista de circulação nacional. Essa revista trata de questões relacionadas a política, economia, meio ambiente, entre outros. O suplemento da revista dedica-se a assuntos relacionados a entretenimento, diversão, curiosidades, eventos, etc. Considerando essas informações, responda:
   a) Qual a relação entre o assunto da entrevista e o fato de ser publicada no suplemento?
   b) Quem seria o público-alvo dessa entrevista e por quais assuntos tratados na entrevista ele se interessaria?

2. Qual parece ter sido o objetivo do entrevistador ao fazer essa entrevista com Carlos Saldanha?

> **ANOTE**
>
> Ao realizar uma entrevista, o entrevistador tem um objetivo específico, uma **intencionalidade** a respeito do que deseja descobrir.
>
> Uma mesma entrevista pode abarcar mais de um objetivo, como: conhecer o trabalho do entrevistado, seus gostos, sua opinião sobre assuntos que domina; traçar um perfil pessoal, e assim por diante.

3. Imagine que a entrevista fosse realizada em uma publicação voltada para o público infantil.
   a) Que tipo de pergunta, provavelmente, seria feito a Carlos Saldanha?
   b) Esse tipo de pergunta está presente na entrevista apresentada?

> **ANOTE**
>
> As **perguntas** feitas pelos entrevistadores devem ter relação com os **interesses** do **público-alvo** da entrevista.
>
> Geralmente, o entrevistador prepara com antecedência as perguntas que fará ao entrevistado. Apesar disso, dependendo das respostas, podem surgir novas perguntas no decorrer da entrevista.

CASSIOPEIA

Cassiopeia, o primeiro longa-metragem de animação feito inteiramente em tecnologia digital, foi lançado em 1996.

O filme conta a história do pacífico planeta Ateneia, localizado na constelação de *Cassiopeia*, que é atacado por invasores que querem roubar sua energia vital.

Cassiopeia é um filme brasileiro, feito pela NDR Filmes e dirigido por Clóvis Vieira.

Pôster do filme *Cassiopeia*, 1996.

274

4. Na entrevista, algumas palavras foram usadas no sentido figurado.

a) Observe os termos destacados e indique o significado de cada um deles.

- "Foi então que vi vinhetas, comerciais de televisão e curtas que utilizavam computação e decidi **correr atrás disso**."
- "Entrei no momento certo, pois, em 1995, a Pixar lançou *Toy Story*, que é o primeiro longa animado. **Peguei essa onda** desde o início."

Carlos Saldanha. Fotografia de 2009, São Paulo, (SP).

b) Considerando que esses trechos foram retirados da fala do entrevistado, o que eles revelam sobre o momento da entrevista?

5. Observe, de forma geral, a linguagem utilizada na entrevista. Ela se aproxima mais do registro formal ou do informal? Justifique.

> **ANOTE**
> De acordo com o entrevistado, com o assunto e com o público-alvo, a entrevista se aproximará mais ou menos do **registro formal**. Na entrevista lida, embora haja momentos de informalidade, a linguagem predominante está de acordo com as normas gramaticais e o uso formal da língua.

●●● Comparação entre os textos

1. Compare as duas entrevistas lidas neste capítulo.
   a) Qual o foco de cada uma delas: a vida profissional ou a vida pessoal do entrevistado?
   b) O que caracteriza a linguagem das entrevistas?
   c) Em qual dos textos o entrevistado teve de justificar suas opiniões com mais argumentos? Por quê?

●●● Sua opinião

1. Neste capítulo, lemos duas entrevistas feitas com pessoas ligadas ao mundo cultural. Uma dessas pessoas representa a vida artística no Brasil e a outra apresenta o seu fazer profissional em um outro país. Essa diversidade de experiências e o contexto vivido por cada uma delas foram abordados adequadamente pelos entrevistadores? Justifique a sua resposta.

Histórias para todas as idades?

Na entrevista, Carlos Saldanha afirma que as animações conseguem abarcar diferentes faixas etárias, não sendo restritas às crianças. Discuta com seus colegas e o professor as questões a seguir.

I. Você conhece alguma animação cujo conteúdo também agrade aos adultos?

II. Que tipo de história agrada tanto crianças quanto adultos?

III. Essas histórias são capazes de aproximar crianças e adultos? Por quê?

275

PRODUÇÃO DE TEXTO

Entrevista

AQUECIMENTO

- Leia abaixo o parágrafo introdutório de uma entrevista com a escritora brasileira Ana Maria Machado. As frases desse parágrafo estão fora de ordem.

A nova imortal

Escritora revela que começa seus trabalhos sem saber o final e não vê diferença entre a literatura infantil e a de adultos.

[Nesta entrevista ela fala sobre leitura e seu trabalho.

[Em 33 anos de carreira, tem mais de 100 títulos publicados no Brasil e em 17 países, somando cerca de 14 milhões de exemplares vendidos.

[A escritora Ana Maria Machado, eleita neste ano para a cadeira número 1 da Academia Brasileira de Letras, diz que não sente falta do tempo em que foi repórter, mas que adoraria fazer crônicas em jornal ou revista.

[Ana Maria, além de escritora e jornalista, foi pintora, professora e até chegou a estudar geografia, mas seu forte são mesmo os livros.

Adriana Ferranni. Disponível em: <http://epoca.globo.com>. Acesso em: 27 jul. 2011.

Ana Maria Machado (1941), escritora. Fotografia de 2001.

- Reescreva esse parágrafo, organizando-o conforme os itens a seguir.

   I. Apresentação da entrevistada.
   II. Comentário sobre a vida da entrevistada.
   III. Apresentação das suas conquistas.
   IV. Apresentação dos assuntos da entrevista.

●●● Proposta

Você entrevistará um profissional de uma área de seu interesse. Pode ser um professor, um funcionário da escola, um amigo de seus pais ou alguém da família.

A entrevista será feita por carta ou *e-mail* e integrará um Guia das Profissões que ficará na biblioteca da escola, disponível para consulta.

Quais destas profissões você conhece? Quais gostaria de conhecer?

Barista.

Webdesigner, 2007.

Estilista.

Chef de cozinha, Caribe.

Administrador rural, Chile, 1996.

●●● Planejamento e elaboração do texto

1. Planeje a entrevista de acordo com as seguintes etapas:
   a) Convide uma pessoa para ser seu entrevistado. Explique-lhe que você enviará as perguntas por carta ou *e-mail* e que elas deverão ser respondidas por escrito.
   b) Faça uma pesquisa sobre a profissão do entrevistado. Consulte *sites* de universidades e guias de profissão.
   c) Elabore um roteiro de perguntas. Por exemplo: Quantos anos você tem? Possui algum *hobby*? Onde estudou? Por que escolheu essa profissão? O que já realizou? Quais são suas ambições? Como é sua rotina de trabalho?
   d) Leve em conta, ao fazer o roteiro, o que o leitor de um Guia das Profissões quer saber: a rotina do profissional, o salário médio, as boas faculdades ou os cursos da área, a necessidade de formação complementar, a situação atual do mercado de trabalho, etc.
   e) Extraia boas respostas de seu entrevistado, evitando fazer perguntas cujas respostas sejam apenas *sim* e *não*. Por exemplo, em vez de perguntar "O mercado de trabalho para médicos é bom?", pergunte "Como você avalia o mercado de trabalho para os médicos?".
   f) Escreva sua carta ou *e-mail* com as perguntas e envie ou entregue ao entrevistado, pedindo-lhe que responda ao questionário em dois ou três dias.

2. Redija o texto considerando os seguintes aspectos:
   a) Verifique a necessidade de adaptar as respostas do entrevistado para que fiquem claras e de acordo com a norma-padrão da língua.
   b) Dê ao texto um título que desperte o interesse do leitor.
   c) Escreva um parágrafo introdutório com uma breve apresentação do entrevistado, um comentário sucinto sobre sua vida e suas realizações e um resumo dos assuntos a serem abordados na entrevista.
   d) Se quiser, ilustre o texto com uma fotografia ou com um desenho de seu entrevistado.

●●● Avaliação e reescrita do texto

1. Troque sua entrevista com a de um colega da turma. Após uma leitura atenta da produção de seu parceiro, responda às questões em uma folha.
   a) A introdução apresenta as informações necessárias? Justifique.
   b) As perguntas estão relacionadas aos objetivos da entrevista? Explique.
   c) A linguagem está adequada ao público-alvo?

2. Com base na avaliação do seu colega, faça as modificações necessárias no seu texto.

Dicas para a elaboração do Guia das Profissões

- Para elaborar o Guia das Profissões, será necessária a participação de três voluntários.
- O primeiro produzirá a capa, utilizando desenho, pintura ou colagem. As imagens devem remeter ao universo das profissões, e o título do guia deve aparecer em destaque.
- O segundo escreverá uma breve apresentação do guia. É importante que seus leitores saibam quem o produziu, quando e sob a orientação de qual professor.
- O terceiro organizará um sumário, listando as profissões contempladas em ordem alfabética e indicando o número da página correspondente ao início de cada entrevista.
- O material deve ser grampeado ou encadernado.

REFLEXÃO LINGUÍSTICA

Verbo: formas nominais

1. Leia o início de um texto postado no *blog* Planeta Sustentável.

> ### Contando as gotas do chuveiro
>
> Com o verão **chegando** no hemisfério Sul, o uso da água é algo que preocupa bastante. Além das já erradas mangueiras que lavam tudo nesta época do ano, da calçada ao carro e até o cachorro junto às crianças, aquelas duchas frias no final da tarde, para **tirar** o cansaço e o suor, se tornam quase obrigatórias. Mas quanta água é gasta só nessa brincadeira?
>
> O *site* SmartPlanet indica um aparelho que [...] mede quanta água é gasta durante o seu banho, calcula o tempo que você deve ficar no chuveiro e, ainda, te avisa por meio de bipes quando é a hora de **desligar** a torneira. [...]
>
> Disponível em: <http://super.abril.com.br>. Acesso em: 3 jul. 2014.

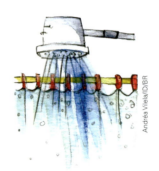

Releia o título do texto. Qual é a relação entre ele e o conteúdo do texto?

Observe os verbos *contando*, *chegando*, *tirar* e *desligar*. Eles não apresentam flexão de tempo nem de modo. Esses verbos estão na **forma nominal**.

> **ANOTE**
>
> As formas nominais do verbo são o **infinitivo** (exprime o processo verbal em potência), o **gerúndio** (expressa a ideia de ação em desenvolvimento) e o **particípio** (mostra o resultado de um processo).
>
> Esses verbos são formados por radical + vogal temática + desinência.
> **Infinitivo**: desinência **-r**. Ex.: começa**r**.
> **Gerúndio**: desinência **-ndo**. Ex.: começa**ndo**.
> **Particípio**: desinência **-do**. Ex.: começa**do**.

As **formas nominais** do verbo podem assumir nas frases papéis normalmente atribuídos a palavras de outras classes gramaticais. Observe.

> I. **Usar** água sem controle prejudica a natureza.
> II. Ao escovar os dentes, devemos manter a torneira da pia **fechada**.
> III. A chuva **caindo** lava as calçadas.
> IV. As pessoas gastam muita água **tomando** banho.

Na frase I, o verbo *usar* no infinitivo exerce o papel de um **substantivo** (o *uso* da água sem controle prejudica a natureza). Na frase II, o particípio de *fechar* indica uma **qualidade** ou **estado** da torneira da pia, funcionando como **adjetivo**. Na frase III, o gerúndio do verbo *cair* indica uma característica da chuva (a chuva que cai), assumindo, também, a função própria dos **adjetivos**. Na frase IV, por sua vez, o gerúndio do verbo *tomar* indica em que momento as pessoas gastam muita água, exercendo a função das palavras que indicam as **circunstâncias da ação verbal** (as pessoas gastam muita água quando tomam banho).

278

REFLEXÃO LINGUÍSTICA Na prática

1. Leia o trecho abaixo observando os verbos destacados.

   > **O que é um ano-luz?**
   >
   > É a distância **percorrida** pela luz, **viajando** no vácuo, durante um ano, à velocidade de 300 mil quilômetros por segundo, ou seja, o equivalente a 9,46 trilhões de quilômetros. [...]
   >
   > Revista *Ciência Hoje das Crianças*. Rio de Janeiro, SBPC, n. 178, abr. 2007. p. 13.

   a) O verbo *viajar* está no gerúndio. O que o uso desse modo verbal indica sobre a ação da luz?
   b) O verbo *percorrer* está no particípio. Que função ele desempenha nessa frase?

2. Leia o poema a seguir.

   > Percorrer o silêncio do deserto,
   > sua espinha dorsal
   > feita de murmúrios, vertigens,
   > caravanas, o ruminar dos camelos.
   >
   > Roseana Murray. *Desertos*. Rio de Janeiro: Objetiva, 2006. p. 32.

   a) Há várias palavras no texto que fazem referência aos acontecimentos ou sons do deserto. Que palavras são essas?
   b) Observe a palavra *ruminar*. Fora do contexto, apenas pela forma, a que classe você diria que ela pertence?
   c) No contexto do poema, que função essa palavra exerce? Como ela pode ser identificada?

3. Agora leia um trecho de outro poema.

   > **Pura verdade**
   >
   > Vi um braço de mar
   > coçando o sovaco
   > e também dois tatus
   > jogando buraco.
   >
   > Eu vi um nó cego
   > andando de bengala
   > e vi uma andorinha
   > arrumando a mala.
   > [...]
   > É a pura verdade,
   > a mais nem um til,
   > e tudo aconteceu
   > num primeiro de abril.
   >
   > José Paulo Paes. *Um passarinho me contou*. São Paulo: Ática, 6. ed. 2002. p. 10.

   a) Explique o que significam as seguintes expressões:
   - braço de mar
   - nó cego

   b) O poema apresenta situações inusitadas que produzem humor. Copie duas delas.

279

REFLEXÃO LINGUÍSTICA Na prática

4. Observe as frases abaixo.

   I. Vi um braço de mar coçando o sovaco.   II. Vi um braço de mar que coçou o sovaco.

   Qual é a diferença de sentido entre elas?

5. Reescreva as seguintes frases, empregando o verbo no tempo presente do modo indicativo, mas mantendo a função exercida pelo gerúndio nas frases originais.

   I. Tatus **jogando** buraco.

   II. Andorinha **arrumando** a mala.

6. Leia o texto a seguir.

   Voar no mar

   Campeonato reúne adeptos do kitesurfe *no Piauí; com o auxílio de uma pipa, esporte é espécie de surfe "voador"*

   Com um calor de quase 40 graus, ventos beirando os 56 km por hora e muitos gritos de "hu-hu", os maiores atletas do mundo deram um *show* na etapa brasileira do mundial de *kitesurfe* **realizada** na Praia do Coqueiro, em Luis Correia, Piauí.

   Ainda tão **desconhecido** no Brasil como o litoral desse estado, o esporte foi **criado** na década de 1980 quando os irmãos franceses Bruno e Dominique Legaignoux inventaram a pipa inflável (*kite*, em inglês).

   Campeonato Mundial de *Kitesurf*, Fortaleza, (CE), 2003.

   Com uma prancha nos pés e a pipa **acoplada** ao corpo e **controlada** pelas mãos, o atleta consegue fazer manobras no ar.

   Juliana Calderari. Voar no mar. *Folhateen*, suplemento do jornal *Folha de S.Paulo*, 1º out. 2007.

   a) O que o texto informa sobre a pipa (*kite*)? E sobre o *kitesurfe*?
   b) O que as palavras em destaque no texto têm em comum?
   c) A que outras palavras do texto elas se referem?

7. Os verbos no *particípio* podem desempenhar função semelhante à dos adjetivos, indicando características dos seres: esporte *desconhecido* / pipa *acoplada* (ao corpo). Atribua duas qualidades a cada substantivo abaixo usando essas formas verbais.
   a) guarda-chuva   b) parque   c) amigo

8. Reescreva o bilhete a seguir, substituindo os trechos em destaque por formas nominais do verbo. Faça as adaptações necessárias.

   Luíza,

   Aqui está a matéria **que a professora deu** na aula de hoje. Só não coloquei os exercícios **que resolvi**, pois acho que a resposta está errada. Também faltou a aula de história, **que perdi** porque cheguei atrasada. Amanhã, se você for à escola, te devolvo o livro **que emprestei** semana passada. Beijos,

   Marina.

LÍNGUA VIVA

O gerundismo

1. Leia o texto abaixo.

> **Para você estar passando adiante**
>
> Este artigo foi feito especialmente para que você possa estar recortando e possa estar deixando discretamente sobre a mesa de alguém que não consiga estar falando sem estar espalhando essa praga terrível da comunicação moderna, o gerundismo.
>
> Você pode também estar passando por fax, estar mandando pelo correio ou estar enviando pela internet. O importante é estar garantindo que a pessoa em questão vá estar recebendo esta mensagem, de modo que ela possa estar lendo e, quem sabe, consiga até mesmo estar se dando conta da maneira como tudo o que ela costuma estar falando deve estar soando nos ouvidos de quem precisa estar escutando.
>
> [...]
>
> Mais do que estar repreendendo ou estar caçoando, o objetivo deste movimento é estar fazendo com que esteja caindo a ficha das pessoas que costumam estar falando desse jeito sem estar percebendo.
>
> Nós temos que estar nos unindo para estar mostrando a nossos interlocutores que, sim!, pode estar existindo uma maneira de estar aprendendo a estar parando de estar falando desse jeito.
>
> [...]
>
> Ricardo Freire. Trecho de artigo publicado na coluna "Xongas" de *O Estado de S. Paulo*, 16 fev. 2001.

a) O texto não oferece uma definição de *gerundismo*. No entanto, pelos exemplos oferecidos, o leitor pode entender de que se trata. Pela sua leitura, como pode ser definido o gerundismo?

b) Qual é o grupo de pessoas que o autor pretende atingir com esse texto?

c) Logo no primeiro parágrafo, o autor refere-se ao gerundismo como uma "praga terrível da comunicação moderna". Nos dois parágrafos seguintes, ele expõe os motivos para justificar essa posição. Quais são eles?

d) Transcreva alguns exemplos de gerundismo do texto de Ricardo Freire.

e) O autor afirma no texto que não tem como intenção principal "estar repreendendo ou estar caçoando". Como você avalia essa afirmação?

> **ANOTE**
>
> O uso exagerado de gerúndios na língua portuguesa ficou conhecido como **gerundismo**.
>
> O gerundismo é uma maneira de utilizar a forma nominal gerúndio sem que ela expresse, de fato, o processo verbal no momento de sua ocorrência. O gerundismo também se caracteriza por ocorrer na seguinte combinação de verbos: *verbo auxiliar + estar + verbo no gerúndio*. Ex.: Eu *vou estar conversando* com você amanhã.
>
> Alguns acreditam que o gerundismo tenha surgido de traduções de textos em inglês para o português.

281

QUESTÕES DE ESCRITA
Emprego do g e do j

1. Os trava-línguas são uma espécie de brincadeira que consiste em dizer corretamente frases com sílabas difíceis de pronunciar, ou com sílabas formadas por sons que se repetem, mas em ordem diferente. Leia em voz alta o trava-línguas abaixo.

> Nas jaulas o jaguar girando, javalis selvagens, jararacas e jiboias gigantes. Girafas gigantes gingando com jeito de gente.
>
> Domínio público

a) Observe as consoantes das palavras que compõem esse trava-línguas. Qual é o som que mais se repete?

b) Quais são as letras que representam esse som?

As letras **g** e **j** apresentam o mesmo som quando utilizadas antes das vogais **e** e **i**, o que pode gerar confusão na hora da escrita. Observe alguns fatores que determinam o uso de uma letra ou de outra.

••• Uso da letra j

- Nas palavras de origem tupi-guarani e africana.
  Ex.: *pajé, jirau, canjica*.
- Nos verbos terminados em **-jar**, em todas as conjugações.
  Ex.: *gracejar* (*gracejo, gracejei, gracejem*).
- Nas palavras derivadas de outras que apresentem a letra **j**.
  Ex.: *laranjeira* (derivada de *laranja*); *lojista* (derivada de *loja*).

••• Uso da letra g

- Nas palavras terminadas em: **-agem**, **-igem**, **-ugem**.
  Ex.: *garagem, origem, ferrugem* (são exceções as palavras *pajem* e *lambujem*).
- Nas palavras derivadas de outras que apresentem a letra **g**.
  Ex.: *evangelista* (derivada de *evangelho*).
- Nas palavras terminadas em **-ágio**, **-égio**, **-ígio**, **-ógio**, **-úgio**.
  Ex.: *pedágio, contágio, estágio, colégio, prestígio, relógio, refúgio*.

1. Copie estas frases e complete as lacunas com as letras **g** ou **j**. Depois justifique a sua resposta.

a) A ★*iboia* estava escondida no meio da floresta.

b) Pedro não veio à escola, pois estava com *farin*★*ite*.

c) A cozinheira *despe*★*ou* o caldo na panela.

d) A chuva era tanta que ele não teve *cora*★*em* de sair de casa.

e) O *acara*★*é* estava com um sabor muito bom.

f) O marinheiro *via*★*ou* por vários lugares do mundo.

2. Observe as palavras do quadro e, adaptando-as, escreva as frases completando-as coerentemente.

gesso	majestade	loja	algema

a) O rapaz chegou ao trabalho com o braço ★ .
b) O entrevistador apresentou-se ★ para o público.
c) Ele é um ★ muito conhecido na região.
d) Eles foram encaminhados ★ à delegacia.

Entreletras

Descubra quem é o entrevistado

Cada aluno entrevistará um colega da classe em segredo. Quando todas as entrevistas estiverem prontas, cada um apresentará as respostas dadas pelo entrevistado secreto, e os colegas tentarão descobrir quem é ele. Para que a atividade seja realizada, siga as etapas abaixo.

1. O professor colocará o nome de cada aluno em um pedaço de papel e realizará um sorteio de forma que cada um fique responsável por entrevistar um colega.

2. Entreviste a pessoa que foi sorteada para você. Para não chamar a atenção dos colegas, faça a entrevista durante o intervalo das aulas, por telefone, ou na entrada ou na saída da escola. Leia a seguir algumas sugestões de perguntas para a entrevista.

   a) O que você gosta de fazer nas horas vagas?
   b) De que tipo de música você gosta? Qual é seu grupo musical ou cantor preferido?
   c) Qual é o seu programa de televisão preferido?
   d) Quem é a pessoa que você mais admira? Por quê?
   e) Se você fosse se definir em uma só palavra, qual seria essa palavra?

3. Quando todos os alunos tiverem realizado a entrevista, o professor organizará a apresentação das respostas e toda a turma tentará descobrir quem é o entrevistado secreto de cada um dos colegas de sala.

PARA SABER MAIS

Livros

Conversa com J. K. Rowling, de Lindsey Fraser. Panda Books.

O livro do guitarrista, de Tony Bellotto. Companhia das Letrinhas.

A invenção de Hugo Cabret, de Brian Selznick. Edições SM.

Site

<http://www.casperlibero.edu.br/canais/index.php/radio-universitaria>
Acesso em: 5 jan. 2012.

QUESTÕES GLOBAIS

1. Leia este trecho da letra da canção "Elizabete no Chuí".

   > **Elizabete no Chuí**
   >
   > E eu só sei cantar assim:
   > Elizabete no Chuí e eu aqui
   > gastando olho na novela das sete
   > haja saliva pra tanto chiclete
   > queimando pensamento com Elizabete
   > sonhando em ser
   > Humphrey Bogart em Casablanca
   > contrabando em zona franca
   > monge zen no Sri Lanka
   > presidente em Casa Branca
   >
   > Arnaldo Antunes e Carlinhos Brown. Elizabete no Chuí. Intérprete: Arnaldo Antunes. Em: *Saiba*. BMG Ariola, 2004.

   a) Elizabete, a quem o eu lírico simbolicamente se refere, está em um lugar distante, o município de Chuí, que marca o extremo sul do país. O que ele faz enquanto ela está lá?

   b) Se os verbos *gastar*, *queimar* e *sonhar* estivessem conjugados no pretérito perfeito do modo indicativo, que sentido se daria às ações do texto?

   c) As expressões "gastando olho" e "queimando pensamento" não são usuais. Que sentidos elas expressam nessa letra?

   d) O que você faz quando precisa "matar o tempo"? Construa uma frase que envolva o uso de um verbo no gerúndio.

2. Observe o anúncio a seguir.

Outdoor de Banco de Sangue, Porto Alegre, (RS).

   a) Qual é o assunto do anúncio?

   b) Por que o nome Beatriz está incompleto na imagem?

   c) O anúncio tem duas locuções verbais construídas com verbos no gerúndio. Que sentido os verbos no gerúndio acrescentam à mensagem transmitida?

●●● O que você aprendeu neste capítulo

Entrevista
- Gênero oral ou escrito, composto de uma introdução, de perguntas e respostas.
- **Espaços de circulação:** jornais, revistas, *sites*, *blogs*, rádio e televisão.
- **Texto de introdução:** apresentação do entrevistado e do assunto da entrevista.
- **Elaboração de roteiro:** todo entrevistador tem determinada intencionalidade, que direcionará o tipo de pergunta que será feita ao entrevistado.
- **Linguagem:** características diferentes de acordo com o público leitor, o suporte de publicação (rádio, televisão, jornal, revista, etc.) e a intencionalidade do entrevistador.
- **Marcas de oralidade:** costumam ser mantidas nas entrevistas de rádio e amenizadas ou suprimidas nas entrevistas impressas.
- **Argumentação:** nas entrevistas, consiste em justificar determinado ponto de vista por meio de exemplos, comparações, etc., conforme o direcionamento dado pelo entrevistado.

Modo subjuntivo
- **Presente:** expressa fato incerto no presente ou um desejo.
- **Pretérito imperfeito:** expressa fato que poderia ocorrer diante de certa condição, ou fato incerto no passado, no presente ou no futuro.
- **Futuro:** indica possibilidade de realização de um fato.

Formas nominais
- **Infinitivo:** pode ter valor de substantivo.
- **Gerúndio:** processo verbal em curso; desempenha a função de adjetivo ou advérbio.
- **Particípio:** ação já acabada; funciona como adjetivo.

Autoavaliação ●●●

Para fazer sua autoavaliação, releia o quadro *O que você aprendeu neste capítulo*.
- Você aprendeu a como preparar uma boa entrevista?
- Qual é a diferença entre opinião e argumentação?
- Quais são suas dúvidas sobre o uso do subjuntivo e das formas nominais?
- Qual das duas produções de texto você gostou mais de fazer? Por quê?

ORALIDADE

Jornal falado

1. O texto a seguir é uma transcrição de uma notícia veiculada em uma rádio. A palavra *âncora*, presente no início do texto, indica o apresentador principal de um jornal falado. Leia e, se possível, ouça a notícia, acessando o endereço eletrônico indicado.

> **Âncora:** – Incêndios em Minas Gerais, Guilherme Ibraim. Muito boa tarde, Guilherme.
>
> **Guilherme:** – Boa tarde, Tânia. Desde ontem, um incêndio destrói parte da vegetação da Serra da Moeda, próxima à cidade de Brumadinho, na região metropolitana de Belo Horizonte. Aproximadamente 35 bombeiros trabalham no local. O Corpo de Bombeiros informou que pelo menos 25 brigadistas também estão na área neste momento. Ainda não há informação sobre a extensão da área queimada.
>
> No Parque Estadual da Serra da Canastra, na região centro-oeste do estado, também há pelo menos um foco de incêndio ainda sendo controlado. Dois foram extintos na última semana, mas a área total consumida pelo fogo já chega a mais de duzentos hectares. [...]
>
> Na mesma região, no município de Delfinópolis, dez bombeiros e brigadistas voluntários da região tentam controlar as chamas no Chapadão da Babilônia. Até agora foram queimados 1500 hectares de vegetação. Na soma total, a área queimada já passa de dez mil hectares, um dos maiores incêndios dos últimos quinze dias em Minas Gerais. A área corresponde a aproximadamente um terço da cidade de Belo Horizonte. [...]
>
> Disponível em: <http://cbn.globoradio.globo.com>. Acesso em: 8 dez. 2011.

GLOSSÁRIO

> **Brigadistas:** pessoas reunidas para realizar um trabalho específico.
> **Hectar:** unidade de área equivalente a dez mil metros quadrados.

a) A notícia trata de incêndios. Quais informações sobre os incêndios são apresentadas ao ouvinte?

b) Por que esse fato foi noticiado?

c) Considerando o fato de a notícia ter sido veiculada em uma rádio, por que ela é apresentada dessa forma breve?

d) O texto lido foi transcrito de um programa de rádio. No contexto utilizado, transcrever significa reproduzir por escrito um texto oral. Quais situações comuns na oralidade podem ser percebidas nessa transcrição?

e) O jornal falado, no trecho transcrito, emprega registro de linguagem formal ou informal?

f) Imagine que essa notícia fosse veiculada em um jornal televisivo ou em um jornal impresso ou virtual. Quais recursos visuais poderiam ser utilizados para complementar o texto falado?

g) Levante hipóteses: como você acha que o repórter se preparou para apresentar a notícia ao público?

Produção de texto: Jornal falado

O que você vai fazer

Você vai criar um jornal falado e se preparar para fazer uma apresentação oral das notícias. A plateia será composta pelos colegas e pelo professor.

Forme um grupo com quatro colegas. Cada grupo deverá selecionar quatro acontecimentos atuais relevantes (podem ser fatos ocorridos na escola, no bairro, entre outros) a fim de produzir as notícias.

Elaboração do texto

2. Em grupo, vocês escreverão uma notícia para cada um dos assuntos selecionados. Para escrever as notícias, sigam as orientações.

   a) A notícia deve apresentar um lide, com informações básicas sobre o fato noticiado: **o quê** (fatos), **quem** (pessoas envolvidas), **quando**, **onde**, **como** e **por quê**.

   b) A notícia deve apresentar um corpo, ou desenvolvimento do texto, com informações mais detalhadas.

   c) Utilizem o registro formal de linguagem.

Preparação e apresentação do jornal falado

3. Decidam quais de vocês serão os repórteres e quem será o âncora. Em seguida, realizem as seguintes etapas.

   1ª etapa: Definam a sequência da apresentação das notícias.

   2ª etapa: Definam como o âncora introduzirá cada uma das notícias. Essa introdução deve ser breve, com a apresentação do nome do repórter e do assunto geral da notícia.

   3ª etapa: Leiam as notícias em voz alta e ensaiem a apresentação, com a participação do âncora. Observem a entonação, as pausas e a clareza na pronúncia. O texto não precisa ser memorizado, mas é importante que todos tenham segurança para se apresentar de forma natural, sem a necessidade de ler o texto. Se o grupo quiser, o âncora pode intervir e interagir com os repórteres, fazendo perguntas sobre o fato noticiado, não sendo necessário ficar preso ao texto escrito.

   4ª etapa: Se for possível, façam a gravação do jornal falado para apresentá-la à classe.

Avaliação

- Avaliem o jornal falado e a apresentação com os colegas e o professor.

   a) Os assuntos tratados na notícia são relevantes?

   b) As notícias apresentaram lide e corpo?

   c) Os alunos apresentaram as notícias com entonação, pronúncia, ênfase e pausas adequadas?

   d) As notícias foram elaboradas de acordo com o registro formal de linguagem?

   e) O âncora esteve atento durante as apresentações e realizou as introduções adequadamente, deixando claro qual era o assunto de cada notícia?

   f) A plateia teve um comportamento colaborativo com os colegas que estavam fazendo a apresentação do jornal falado?

   g) O que poderia ser melhorado na próxima elaboração do jornal falado?

Revisão

Moedas antigas, telescópio e bússola sobre mapa

CAPÍTULO 9

CONVERSE COM OS COLEGAS

1. Observe a imagem ao lado.
   a) Que objetos você consegue identificar?
   b) Qual é a função de cada um deles?
2. Suponha que você decidisse escrever um texto sobre esses objetos.
   a) Caso seu texto fosse um conto de aventuras:
      - Que personagens poderiam fazer parte da história?
      - Onde ela poderia ocorrer?
      - Em que época se passaria essa história?
   b) Se fosse uma notícia:
      - Qual seria o título da notícia?
      - Que informações poderiam aparecer no texto?
      - Que outras imagens poderiam acompanhar essa notícia?
   c) Se fosse um artigo de divulgação científica:
      - Qual seria o título do artigo?
      - Como seria a linguagem utilizada no texto?
3. Compare os três gêneros: conto de aventura, notícia e artigo de divulgação científica. Quais são as principais diferenças entre eles com relação à linguagem e aos leitores?
4. Em que outro gênero você poderia escrever um texto com base na imagem ao lado? Quais são as principais características do gênero escolhido?

Neste capítulo, vamos rever dois gêneros que foram trabalhados durante o ano: o **conto de aventura** e a **notícia**. Vamos falar de perigos e descobertas, usando o narrar e o relatar para apresentá-los.

LEITURA 1

Conto de aventura

O QUE VOCÊ VAI LER

Na história a seguir, publicada em um livro de contos, as personagens vão viver uma aventura em busca de fortuna. A narrativa se passa no Brasil, na costa do estado do Maranhão. Dois navios retornavam à Europa, quando algo inesperado acontece e provoca mudanças nos planos dos navegantes.

Como costuma ocorrer em muitas das histórias que envolvem piratas, o conto "Piratas sem piedade..." se baseia em fatos reais. Jean-Thomas Dulaien é uma personagem histórica que atuou no Brasil no início do século XVIII. No entanto, não se sabe ao certo se os fatos relatados no conto ocorreram realmente ou se são fictícios.

Piratas sem piedade...

Voltando das ilhas do Caribe, o pirata francês Jean-Thomas Dulaien comandava seus dois navios, que se chamavam *Sem rumo* e *Sem piedade*.

Na altura da linha do Equador, desviou-se rapidamente da rota programada e veio dar nas costas do Maranhão.

– Que sorte! – exclamou de repente. – [...]. Não acredito no que estou vendo. Vou procurar imediatamente um bom local para lançar âncora. Esta era a grande oportunidade que eu esperava na vida...

O que tanto encantava Dulaien era, na verdade, uma visão macabra. A poucas milhas do litoral, mas fora do alcance da vista de quem estivesse em terra, uma nau portuguesa, com a cruz de malta estampada em suas velas, estava adernada a estibordo. Com certeza, tinha sido atingida à noite por forte tempestade: seus mastros estavam partidos, o velame rasgado, o timão quebrado e, boiando no mar, nas proximidades do barco, havia corpos de marinheiros mortos.

Tudo isso, porém, não estava interessando a Dulaien: seus olhos brilhavam porque, do alto da gávea de seu barco, onde estava pendurado, ele já imaginava o carregamento da nau: sacos e arcas abarrotados de moedas e lingotes de ouro, dos quais poderia se apossar.

Tudo seria seu! Bastava chegar à nau antes que afundasse de vez e ordenar a seus homens que, cuidadosamente, a saqueassem.

E Dulaien estava certo. O feixe de luz que se espalhou ao se abrirem as portas dos porões do navio fez refulgir o ouro, que transbordava de sacos e mais sacos e se espalhava pelo chão.

– Vamos, molengas, vamos ao saque! – gritou, animando seus homens. – O lucro é bom. Mas façam depressa, antes que esta banheira afunde!

Muito experientes em pilhagens, os piratas de Dulaien esvaziaram a nau em menos de uma hora. Quando a embarcação afundou, o *Sem piedade* já estava cheio de ouro, conforme as ordens do capitão.

– E agora, meus caros, vamos festejar! Tragam para este navio toda a comida e toda a bebida que houver no *Sem rumo*. A festa hoje vai ser aqui, ao lado de nossas riquezas.

– Mas é mesmo para levar tudo, capitão? Temos suprimentos para toda a viagem de volta à França. É muita coisa, senhor.

– Não ouse contrariar minhas ordens, se não quiser ser trancado no porão a pão e água!

Os homens fizeram o que Dulaien mandou e, logo em seguida, os dois navios piratas rumaram para as proximidades de uma ilha. Ao cair da noite, os festejos a bordo: mais beberam do que comeram, fazendo tinir as moedas de ouro sobre a tosca madeira da grande mesa improvisada no convés.

Alta hora da madrugada, Dulaien sugeriu:

– Vamos todos para terra! Quero que meus homens descansem ao ar livre… […]

Sem condições de discutir nada, os homens saíram nos botes, remando lentamente. O capitão pirata ia à frente: ao contrário de seus comandados, parecia sóbrio, forte, sem sono.

291

LEITURA 1
Conto de aventura

Duas horas depois, quando todos já dormiam, cobertos pelas estrelas e embalados pelo vinho, um barquinho afastou-se sorrateiramente da ilha, rumo ao *Sem piedade*: era Dulaien, que só, com todo o ouro, bem escondido nos porões, fugia para a Europa. [...]

No dia seguinte, por volta do meio-dia, ao acordar, os marinheiros não tiveram outra opção. Voltaram ao *Sem rumo* e procuraram o porto brasileiro mais próximo. Para não morrer de fome e para poder voltar à Europa, tentaram saquear a cidade, mas foram presos imediatamente e trancafiados na mais subterrânea e escura masmorra.

E é bem provável que tenham morrido lá, pois quem iria salvá-los?

Suely Mendes Brazão. *Contos de piratas, corsários e bandidos*. São Paulo: Ática, 1999. p. 21-24.

GLOSSÁRIO

Adernado: inclinado, tombado.
Convés: piso ou pavimento de um navio, especialmente aquele em céu aberto.
Cruz de malta: símbolo do cristianismo, utilizado em navios portugueses.
Estibordo: lado direito de uma embarcação.
Gávea: plataforma semelhante a um cesto presa no alto do mastro.
Lingote: metal fundido em forma de barra.
Macabro: relativo à morte; sinistro.

Masmorra: prisão.
Nau: navio de grande porte.
Pilhagem: roubo praticado por um grupo de pessoas.
Refulgir: brilhar com intensidade.
Saquear: roubar, apossar-se com violência.
Suprimento: mantimento, estoque de alimentos.
Timão: volante com que se manobra a embarcação.
Tosco: rústico, grosseiro.
Velame: conjunto das velas de uma embarcação.

OS RISCOS DE SER PIRATA

A vida dos piratas era muito arriscada, pois eles enfrentavam vários inimigos em batalhas, para conseguir grandes tesouros. Muitos deles perdiam seus membros em lutas e acidentes, sendo substituídos por ganchos e pernas de pau.

Há personagens muito famosas que representam esses piratas, como Long John Silver, em *A ilha do tesouro*, e Capitão Gancho, em *Peter Pan*.

292

Estudo do texto

●●● Para entender o texto

1. Os dois parágrafos iniciais da história trazem elementos característicos de um conto de aventura. Que elementos são esses?
2. Que descoberta desencadeia as ações presentes no conto?
3. Quanto tempo duraram os acontecimentos narrados no conto? Justifique sua resposta com trechos do texto.
4. O nome de um dos navios dá pistas dos caminhos percorridos pelos piratas. O que podemos supor com base no nome desse navio?
5. Como Jean-Thomas Dulaien é caracterizado no texto? Dê exemplo de uma atitude que demonstre o seu caráter.
6. Quando avista o navio, Dulaien também vê corpos de marinheiros mortos. Qual a reação dele ao deparar com essa cena? O que isso revela sobre seu modo de ser?
7. Assim que Dulaien avista o navio adernado, ficamos sabendo das suas intenções. Quais eram elas?
8. Quais foram os obstáculos que ele teve de enfrentar para alcançar seu objetivo?
9. O texto dá uma indicação de que Dulaien iria enganar os piratas. Em que momento há essa indicação?

●●● O texto e o leitor

1. Observe o título do conto: "Piratas sem piedade...".
   a) Que informação sobre a história esse título antecipa para o leitor?
   b) A quem se refere a palavra *piratas* presente no título?

2. Releia.

   > "– Que sorte! – exclamou de repente. – [...]. Não acredito no que estou vendo. Vou procurar imediatamente um bom local para lançar âncora. Esta é a grande oportunidade que eu esperava na vida..."

   Os piratas são personagens conhecidas pelos leitores. O que se pode supor como a grande oportunidade na vida de um pirata?

3. O conto termina com uma interrogação.
   a) Qual seria uma possível resposta a essa pergunta, de acordo com o que ocorreu na história?
   b) Que efeito essa pergunta causa no leitor?

4. O que você supõe que aconteceu com os demais piratas? Teriam mesmo morrido nas masmorras? Escreva um final para a história, contando o destino desses homens.

UMA BANDEIRA FAMOSA

A bandeira do navio *Sem piedade*, de Dulaien, foi descrita pelo prefeito de Nantes da seguinte maneira: "Feita com material preto e desenhos em branco, com um homem com uma espada, junto com ossos e uma ampulheta".

A original se encontra na Biblioteca Nacional da França.

293

LEITURA 2

Notícia

O QUE VOCÊ VAI LER

A notícia que você vai ler trata da provável descoberta de um tesouro em uma ilha chilena chamada Robinson Crusoé. Pesquisadores procuram por pistas que revelem onde estaria escondida uma riqueza proveniente de antigos viajantes que passaram pela região.

Publicada no caderno de turismo do jornal *Folha de S.Paulo*, essa notícia apresenta a possível origem desse tesouro.

Expedição crê ter achado tesouro em ilha chilena

Ilha Robinson Crusoé, no Chile.

Membros de uma expedição chilena acreditam ter encontrado o lendário tesouro de joias e moedas de ouro – como uma rosa de ouro de 50 cm cravejada de esmeraldas e diamantes, 97 toneladas de ouro e barris de pedras preciosas – escondido na ilha Robinson Crusoé desde o século XVIII. O valor estimado do tesouro varia de US$ 10 bilhões a US$ 100 bilhões.

"Estamos prestes a descobrir se isso é uma realidade ou um sonho", disse o prefeito de Valparaíso, Luis Guastavino.

Situada 700 km a oeste de Valparaíso, diante da costa central do Chile, a ilha Robinson Crusoé foi ponto de parada de piratas que circulavam pelos mares do Sul.

Segundo a lenda, confirmada pela Comissão de Monumentos do Chile, o tesouro é asteca, foi roubado por corsários espanhóis e enterrado na ilha em 1714, por Juan Esteban Ubilla y Echeverría.

Em 1756, um lorde inglês patrocinou uma expedição comandada por Cornellius Webb para recuperar a fortuna que ficara na ilha. Webb pegou o ouro e estava navegando de volta para o Reino Unido, mas, ainda longe da costa chilena, o mastro do navio quebrou. Webb reenterrou o ouro na ilha e foi consertar o barco. Mas nesse momento os marinheiros se amotinaram. O comandante afundou seu navio e fugiu. Foi parar em Valparaíso, onde escreveu para o patrocinador da expedição, lorde Anson, sobre o mapa do tesouro. Webb guardou as instruções em um cofre, que enterrou na costa chilena. Webb morreu logo, e o tesouro ficou escondido na ilha.

Agora, os integrantes de uma expedição organizada por uma empresa chamada Wagner, com o auxílio de um robô que pode detectar metais e determinar a sua composição química, creem ter encontrado o lugar do tesouro, segundo o advogado Fernando Uribe Echeverría, que assessora os expedicionários.

"É o maior tesouro da história", disse Echeverría à imprensa, ao anunciar que os buscadores iniciarão as escavações assim que forem autorizados oficialmente pelo governo do país.

A ilha, de 600 habitantes, é administrada pela Corporação Nacional Florestal do Estado do Chile (Conaf), uma vez que é parque nacional e Reserva Mundial da Biosfera tombada pela Unesco. O representante da Conaf na ilha, Gastón Correa, garantiu que a autorização será dada após a apresentação de um projeto que indique como as escavações serão feitas. O trâmite visa evitar danos ao ambiente. Essa é a segunda expedição, em oito anos, que desembarca na ilha atrás do tesouro.

Trabalhadores buscam tesouro na Ilha Robinson Crusoé, Chile, 2005.

Em novembro de 1998, chegaram ali o industrial alemão do setor têxtil Bernard Kaiser e um grupo de associados norte-americanos e chilenos, que fracassaram em um projeto similar.

O alemão tinha em suas mãos aquelas instruções que Webb enterrou na costa do Chile. O mapa do tesouro e cartas indicando as joias que o compõem foram encontrados em uma praia em Valparaíso na década de 1950 por um chileno chamado Luís Cusiño, que deixou os documentos com sua nora, Maria Eugênia Beeche.

[...]

A ilha Robinson Crusoé tem esse nome pois o marinheiro Alexander Selkirk, que integrava uma expedição pirata, foi abandonado sozinho ali em 1704 e resgatado cinco anos depois. Reza a lenda que o escritor inglês Daniel Defoe encontrou Selkirk em um *pub*, e o marinheiro contou sua história ao escritor. Defoe teria usado o relato do marujo como inspiração para escrever o romance *Robinson Crusoé*.

Expedição crê ter achado tesouro em ilha chilena. *Folha de S.Paulo*, 29 set. 2005.

GLOSSÁRIO

Amotinar-se: revoltar-se.

Pub: palavra da língua inglesa que dá nome aos bares da Grã-Bretanha.

Tombado: declarado como patrimônio.

Trâmite: meios legais para se atingir determinado objetivo.

Estudo do texto

●●● Para entender o texto

1. Qual é o principal fato relatado nessa notícia?

2. Releia o primeiro parágrafo do texto.
   a) O que a locução verbal *acreditam ter encontrado* informa sobre a descoberta do tesouro?
   b) Nesse trecho, há o uso do adjetivo *lendário*. O que essa palavra acrescenta ao fato noticiado?
   c) No parágrafo, há vários dados numéricos acerca do suposto tesouro. Por que esses números são usados na notícia?
   d) Observe o valor estimado do tesouro. Por que ele apresenta uma variação tão grande?

3. Releia os dois depoimentos a seguir.

   > "'Estamos prestes a descobrir se isso é uma realidade ou um sonho', disse o prefeito de Valparaíso, Luis Guastavino."

   > "'É o maior tesouro da história', disse Echeverría à imprensa, ao anunciar que os buscadores iniciarão as escavações assim que forem autorizados oficialmente pelo governo do país."

   a) O que a fala do prefeito revela em relação ao tesouro?
   b) Essa declaração do prefeito confirma a informação presente no título da notícia? Por quê?
   c) O advogado Fernando Uribe Echeverría faz uma afirmação. Que impressão essa fala procura causar no leitor?
   d) Qual a principal diferença entre a fala do advogado e a do prefeito?
   e) Qual a relação entre o fato de Echeverría ser um advogado da empresa responsável pela expedição e a sua afirmação sobre o tesouro?

4. O texto jornalístico procura apresentar os fatos de modo objetivo. Que recursos foram usados para dar credibilidade a essa notícia?

●●● O texto e o leitor

1. Releia.

   > Expedição crê ter achado tesouro em ilha chilena

   a) O que o leitor pode supor pelo título da notícia sobre o fato relatado?
   b) Que palavra do título passa essa ideia ao leitor?

PIRATAS E CORSÁRIOS

A pirataria existe desde que os barcos começaram a ser utilizados para transportar cargas. Há registros de ataques piratas desde o século XIV a.C.

Para ser definido como pirata, era preciso agir fora de qualquer controle governamental.

Também existiam saqueadores que atuavam com autorização dos governos. Essas pessoas eram portadoras da chamada Carta de Corso – um documento oficial que permitia atacar e saquear navios inimigos. Os que agiam com autorização oficial eram conhecidos como corsários.

Sir Francis Drake (1545-1596), corsário, explorador e almirante inglês. Retrato após 1590, óleo sobre tela. Mosteiro de Buckland, Devon.

2. A Comissão de Monumentos do Chile e um advogado são citados na notícia como fontes para falar da existência do tesouro asteca enterrado na ilha.
   a) O que cada uma dessas fontes apresenta sobre o fato?
   b) Qual das duas fontes passa mais credibilidade ao leitor?
   c) Por que isso ocorre?
   d) Em sua opinião, a notícia da chegada do industrial alemão Bernard Kaiser à ilha, em 1998, contribui para reforçar a opinião do prefeito ou do advogado? Por quê?

3. A notícia cita a história de Robinson Crusoé, personagem de uma narrativa de aventura de Daniel Defoe, para se referir ao nome da ilha onde estaria o tesouro. O livro de Defoe conta as aventuras de um náufrago que viveu muitos anos solitário em uma ilha.
   a) Que fato real citado na notícia teria motivado Defoe a escrever seu livro?
   b) O que as referências à história de Robinson Crusoé acrescentam à notícia?

4. Essa notícia foi publicada no suplemento de turismo de um jornal.
   a) Que tipo de informações o leitor procura em um suplemento como esse?
   b) O texto que você leu corresponde ao que o leitor espera encontrar nesse suplemento do jornal? Justifique sua resposta.
   c) Por que essa notícia foi publicada nesse caderno?

5. Se essa notícia fosse publicada em um suplemento de economia, que aspecto provavelmente seria destacado?

6. Crie um novo título para a notícia de modo a torná-lo mais objetivo.

●●● Comparação entre os textos

1. Neste capítulo, você leu dois textos: "Piratas sem piedade..." e "Expedição crê ter achado tesouro em ilha chilena". Responda às seguintes questões a respeito deles.
   a) Qual é o assunto de cada um dos textos?
   b) Os dois textos tratam de aventuras. Como esse tema aparece em cada um deles?
   c) Em qual dos textos a opinião do autor fica mais evidente?

2. Copie a tabela e complete-a.

	Piratas sem piedade...	Expedição crê ter achado tesouro...
Gênero		
Espaço de circulação		
Público leitor		

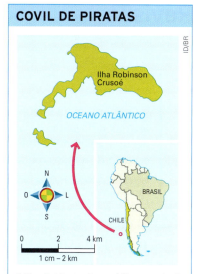

A ilha Robinson Crusoé fica a mais de 600 quilômetros da costa chilena.

A ilha Robinson Crusoé nunca acolheu o náufrago homônimo e imaginário, mas foi covil de piratas e o lar forçado de Alexander Selkirk, um marinheiro escocês cuja história teria inspirado Daniel Defoe a escrever *Robinson Crusoé*.

297

REFLEXÃO LINGUÍSTICA

Revisão

1. Leia.

   > O quarto era a bagunça [...]. Não, injusto dizer isso. Não era "a" bagunça, era apenas um quarto de adolescente, só isso. Roupas jogadas pelo chão, adesivos, agenda, telefone... tudo espalhado pelos cantos. Um mero reflexo do estado de espírito dessa fase mutante da vida. [...]
   >
   > Ingrid Guimarães e Heloísa Périssé. *Os melhores momentos de Cócegas.* Rio de Janeiro: Objetiva, 2002. p. 25.

   a) O quarto da adolescente é caracterizado como "*a* bagunça". Que ideia o artigo *a* acrescenta à palavra *bagunça*?

   b) De acordo com o texto, quais são os objetos presentes nesse quarto?

   c) A que estado de espírito você supõe que o texto se refira ao descrever o quarto de uma adolescente?

   d) Explique: como os substantivos ajudam na descrição do quarto?

   e) Descreva o seu quarto usando apenas substantivos.

2. Leia o poema a seguir.

   > **Infância**
   >
   > Meu pai montava a cavalo, ia para o campo.
   > Minha mãe ficava sentada cosendo.
   > Meu irmão pequeno dormia.
   > Eu sozinho menino entre mangueiras
   > lia a história de Robinson Crusoé,
   > comprida história que não acaba mais.
   >
   > No meio-dia branco de luz uma voz que aprendeu
   > a ninar nos longes da senzala – e nunca se esqueceu
   > chamava para o café.
   > Café preto que nem a preta velha
   > café gostoso
   > café bom.
   >
   > Minha mãe ficava sentada cosendo
   > olhando para mim:
   > – Psiu... Não acorde o menino.
   > Para o berço onde pousou um mosquito.
   > E dava um suspiro... que fundo!
   >
   > Lá longe meu pai campeava
   > no mato sem fim da fazenda.
   >
   > E eu não sabia que a minha história
   > era mais bonita que a de Robinson Crusoé.
   >
   > Carlos Drummond de Andrade. *Poesia completa.* 3. ed. Rio de Janeiro: Nova Aguilar, 2002. p. 6. Carlos Drummond de Andrade © Graña Drummond. www.carlosdrummond.com.br.

   Cada estrofe do poema apresenta um aspecto da vida do eu lírico. Crie um título para cada uma delas, utilizando substantivos.

3. Observe as seguintes formas verbais presentes no poema.

| montava | ia | ficava | dormia | lia |
| chamava | dava | campeava | sabia | era |

a) O que é possível perceber a respeito das ações expressas por esses verbos?

b) Em que tempo verbal esses verbos estão flexionados?

4. Na terceira estrofe do poema são empregados vários verbos.
a) Quais verbos estão na forma nominal?
b) Em qual forma nominal esses verbos estão flexionados?
c) O que o uso dos verbos *coser* e *olhar* nessa forma nominal revela a respeito das ações da mãe?

5. Releia o verso.

> "Café **preto** que nem a **preta** velha."

a) Explique o sentido das palavras em destaque.
b) Qual é a classe gramatical dessas palavras?

6. Releia a última estrofe.

> "E eu não sabia que a minha história
> era mais bonita que a de Robinson Crusoé."

a) A que se refere o pronome possessivo *minha* nessa estrofe?
b) O que a história do eu lírico tem em comum com a de Robinson Crusoé?
c) Por que o eu lírico considera sua história mais bonita que a história de Robinson Crusoé?

7. Leia a tira a seguir.

Turma da Mônica, Mauricio de Sousa.

a) Descreva a fisionomia da menina nos dois primeiros quadrinhos.
b) No terceiro quadrinho, que sentimento da menina é indicado pelo símbolo do balão?
c) Além do balão, que outros recursos a tira apresenta, no terceiro quadrinho, para mostrar o sentimento da menina?
d) O que significa a onomatopeia empregada no último quadrinho?
e) Explique a importância das fisionomias da menina, do símbolo do balão e do emprego da onomatopeia para o humor da tira.

REFLEXÃO LINGUÍSTICA
Revisão

8. A história a seguir tem como personagem Nasrudin, presente em vários contos populares do Oriente. Nasrudin caracteriza-se pela inteligência e pelo humor. Após ler o texto, responda às questões propostas.

> Na casa de chá da cidade, alguns homens conversavam. Nasrudin entrou ali, e um deles, Massoud, o chamou:
> – Estou com um problema muito sério, Nasrudin. Emprestei uma moeda de prata a um amigo e sei que ele não vai me pagar. Mas não havia ninguém por perto, ou seja, não tenho testemunhas do empréstimo.
> – Muito fácil – disse o mulá. – Chame o homem aqui na casa de chá e diga bem alto, na frente de todo mundo: "Quando é que você vai me pagar as vinte moedas de ouro que me deve?".
> – Mas foi só uma moeda de prata – corrigiu Massoud.
> – É exatamente o que ele vai dizer, Massoud – continuou Nasrudin. – Você queria testemunhas, não queria?
>
> Regina Machado. *Nasrudin*. São Paulo: Companhia das Letrinhas, 2001. p. 42-43.

a) Qual é a importância do uso dos numerais nesse texto?

b) Nesse texto há o uso de locuções adjetivas que caracterizam alguns substantivos. Quais são essas locuções e a que substantivos elas se referem?

c) Por qual motivo Nasrudin aconselha Massoud a utilizar a locução *de ouro* em vez da locução *de prata*?

9. Leia o trecho de uma reportagem.

> ### Durma como um anjinho
>
> *Às vezes você acorda super cansada e parece que não dormiu direito? Então é melhor rever seus hábitos noturnos. A gente reuniu algumas dicas para você nunca mais precisar contar carneirinhos.*
>
> Depois de um dia cheio de atividades, nada melhor que se jogar na caminha quente e dormir bastante, não é? Além de ajudar a recuperar as energias, o sono também deixa a saúde em dia, aumenta a disposição do corpitcho, melhora o humor, turbina a memória, dá um *help* no aprendizado e aumenta seu poder de concentração. Já deu pra perceber que uma boa noite de sono é mesmo essencial e por isso vamos dar algumas dicas ótimas para você dormir bem.
>
> ### De bem com a vida
>
> Para dormir com os anjinhos, é fundamental deixar as irritações e ansiedades do dia a dia fora do quarto. Antes de cair na cama, procure fazer alguma atividade relaxante, como ler um livro ou a sua Atrevidinha, ver um filminho ou conversar com alguma amiga.
>
> Sarah Ferrari e Andressa Basílio. Disponível em: <http://atrevidinha.uol.com.br>.
> Acesso em: 22 nov. 2011.

a) Essa reportagem foi publicada no *site* de uma revista de variedades voltada ao público jovem, principalmente feminino. De que maneira a linguagem do texto reflete esse contexto de produção?

b) Qual você supõe ter sido a intenção da autora do texto ao utilizar esse tipo de linguagem?

c) Reescreva o trecho lido como se fosse ser publicado em um jornal da sua cidade.

10. Leia a notícia a seguir.

> ### Bienal do livro traz 290 autores ao Rio
> *Evento vai promover 132 sessões literárias em 10 dias.*
>
> Livros pra que te quero. Em pouco menos de um mês, o Rio abre suas prateleiras para receber as principais obras da literatura mundial na XIII Bienal Internacional do Livro. A expectativa é de que 600 mil pessoas passem pelo Rio Centro, na Zona Oeste da cidade, entre os dias 13 e 23 de setembro.
>
> Ao todo, serão 950 expositores, 290 autores e 132 sessões literárias no evento. Entre os homenageados deste ano estão Ariano Suassuna e o colombiano Gabriel García Márquez. [...]
>
> Apesar de não ter na bagagem os mais de 2 milhões de cópias vendidas de Cecily, Sha Muhhamad chama a atenção por sua história. É o inspirador do *best-seller* *O Livreiro de Cabul* e luta na justiça contra a norueguesa Asne Seierstad, que contou sua história. Agora ele dá sua versão dos fatos e suas interpretações das questões do Afeganistão no livro *Eu Sou o Livreiro de Cabul*.
>
> A Bienal vai abrir os pavilhões do Rio Centro de 9 h às 22 h, de segunda à sexta, de 10 h às 23 h, aos sábados, e de 10 h às 22 h, aos domingos. No dia da abertura, no entanto, o horário de funcionamento será de 12 h às 22 h. O ingresso custa R$ 10 e estudantes e idosos maiores de 60 anos pagam meia.
>
> Disponível em: <http://g1.globo.com>. Acesso em: 27 jul. 2011.

Ariano Suassuna, um dos homenageados da Bienal Internacional do Livro de 2009. Fotografia de 1996.

a) Qual é o principal fato relatado?
b) Em que tempo e modo está a maioria dos verbos que aparecem na notícia?
c) Por que foram usados verbos nesse tempo e modo?
d) Retire do texto dois exemplos de locuções verbais que indicam futuro.
e) Qual a importância dos numerais para a construção das informações do texto?

11. Leia a letra de canção.

> ### Azul
>
> Eu não sei se vem de Deus
> Do céu ficar azul
> Ou virá dos olhos teus
> Essa cor que azuleja o dia...
>
> Se acaso anoitecer
> E o céu perder o azul
> Entre o mar e o entardecer
> Alga marinha, vá na maresia
>
> Buscar ali um cheiro de azul
> [...]
> Corre e vá dizer pro meu benzinho
> Um dizer assim
> O amor é azulzinho...
> [...]
>
> Djavan. Azul. Em: *Djavan ao vivo*. Sony Music, 2000.

a) A canção diz que o amor é da cor azul. Em que elementos aparece essa cor?
b) A palavra *azul* não representa apenas uma cor. Que novos sentidos ela ganha nessa canção?
c) A palavra *azul* exerce na canção as funções de verbo, adjetivo, locução adjetiva e substantivo. Dê um exemplo, extraído do texto, para cada uma dessas classes gramaticais.
d) Explique o uso do diminutivo no verso "O amor é azulzinho".

Referências bibliográficas

ABREU, A. S. *Curso de redação*. 12. ed. São Paulo: Ática, 2004.

_____. *Gramática mínima*: para o domínio da língua padrão. 2. ed. Cotia: Ateliê Editorial, 2006.

ANTUNES, I. *Muito além da gramática*: por um ensino sem pedras no caminho. São Paulo: Parábola, 2007.

ARAÚJO, J. C. (Org.). *Internet & ensino*: novos gêneros, outros desafios. Rio de Janeiro: Lucerna, 2007.

BAGNO, M. *Nada na língua é por acaso*: por uma pedagogia da variação linguística. São Paulo: Parábola, 2007.

BAKHTIN, M. Os gêneros do discurso. In: *Estética da criação verbal*. 6. ed. São Paulo: WMF Martins Fontes, 2011.

BARBOSA, J. P. (Coord.). *Trabalhando com os gêneros do discurso*: relatar – notícia. São Paulo: FTD, 2001 (Coleção Trabalhando com os Gêneros do Discurso).

BECHARA, E. *Moderna gramática portuguesa*. 37. ed. São Paulo: Lucerna, 2009.

BRANDÃO, H. N. *Gêneros do discurso na escola*: mito, conto, cordel, discurso político, divulgação científica. 4. ed. São Paulo: Cortez, 2003. v. 5 (Coleção Aprender e Ensinar com Textos).

BRONCKART, J.-P. *Atividade de linguagem, textos e discursos*: por um interacionismo sociodiscursivo. Trad. Anna Rachel Machado, Péricles Cunha. 2. ed. São Paulo: EDUC, 2008.

CITELLI, A. *O texto argumentativo*. São Paulo: Scipione, 1994 (Série Ponto de Apoio).

_____. *Outras linguagens na escola*: publicidade, cinema e TV, rádio, jogos, informática. 4. ed. São Paulo: Cortez, 2004. v. 6 (Coleção Aprender e Ensinar com Textos).

CUNHA, C. F.; CINTRA, L. F. L. *Nova gramática do português contemporâneo*. 5. ed. Rio de Janeiro: Lexicon, 2008.

DIONISIO, A. P.; MACHADO, A. R.; BEZERRA, M. A. (Orgs.). *Gêneros textuais & ensino*. São Paulo: Parábola, 2010.

GEBARA, A. E. L. *A poesia na escola*: leitura e análise de poesia para crianças. São Paulo: Cortez, 2002. v. 10 (Coleção Aprender e Ensinar com Textos).

ILARI, R. (Org.). *Gramática do português falado*: níveis de análise linguística. 4. ed. Campinas: Editora da Unicamp, 2002.

_____. *Introdução ao estudo do léxico*: brincando com as palavras. 4. ed. São Paulo: Contexto, 2006.

_____; BASSO, R. *O português da gente*: a língua que estudamos, a língua que falamos. São Paulo: Contexto, 2006.

KARWOSKI, A. M.; GAYDECZKA, B.; BRITO, K. S. (Orgs.). *Gêneros textuais*: reflexões e ensino. São Paulo: Parábola, 2011.

KOCH, I. V.; BENTES, A. C.; CAVALCANTE, M. M. *Intertextualidade*: diálogos possíveis. São Paulo: Cortez, 2007.

_____; ELIAS, V. M. *Ler e compreender*: os sentidos do texto. São Paulo: Contexto, 2006.

_____; TRAVAGLIA, L. C. *A coerência textual*. 17. ed. São Paulo: Contexto, 2006.

_____. *A coesão textual*. 21. ed. São Paulo: Contexto, 2007.

LEITE, L. C. M. *O foco narrativo*. 11. ed. São Paulo: Ática, 2007.

MARCUSCHI, L. A. *Da fala para a escrita*: atividades de retextualização. 10. ed. São Paulo: Cortez, 2010.

_____; XAVIER, A. C. (Orgs.). *Hipertexto e gêneros digitais*: novas formas de construção do sentido. 3. ed. São Paulo: Cortez, 2010.

NEVES, M. H. M. *Gramática de usos do português*. 2. ed. São Paulo: Editora Unesp, 2011.

SCHNEUWLY, B. et al. *Gêneros orais e escritos na escola*. Trad. Roxane Rojo e Glaís Sales Cordeiro (Org.). Campinas: Mercado das Letras, 2004.

VILELA, M.; KOCH, I. V. *Gramática da língua portuguesa*: gramática da palavra, gramática da frase, gramática do texto/discurso. 2. ed. Coimbra: Almedina, 2001.

Fontes da internet

Cap. 1

Confira a previsão do tempo para esta quinta-feira, p. 38
Disponível em: <http://www.pernambuco.com/ultimas/nota.asp?materia=20110714072205>. Acesso em: 3 jul. 2014.

Turma da Mônica – Uma aventura no tempo, p. 39
Disponível em: <http://www1.folha.uol.com.br/guia/ci1304200708.shtml>. Acesso em: 3 jul. 2014.

Cheguei na Vila Pan-Americana!!, p. 44
Disponível em: <http://wp.clicrbs.com.br/mosiah/page/6/?topo=2%2C1%2C1%2C%2C%2C2>. Acesso em: 3 jul. 2014.

Cap. 2

Idoso anda 12 km em contramão, p. 61
Disponível em: <http://www.cmjornal.xl.pt/detalhe/noticias/nacional/portugal/idoso-anda-12-km-em-contramao>. Acesso em: 3 jul. 2014.

Trezentas onças, p. 62
Disponível em: <http://www.ufpel.tche.br/pelotas/ebooks/contosgauchescos.pdf>. Acesso em: 3 jul. 2014.

Ah!... esqueci de dizer-lhe..., p. 63
Disponível em: <http://www.ufpel.tche.br/pelotas/ebooks/contos gauchescos.pdf>. Acesso em: 3 jul. 2014.

Lavagem das mãos e infecção nos hospitais, p. 73
Disponível em: <http://ram.uol.com.br/materia.asp?id=607>. Acesso em: 26 jul. 2011.

O que são *vírus* de computador?, p. 76
Disponível em: <http://tecnologia.uol.com.br/proteja/ultnot/2005/04/15/ult2882u2.jhtm>. Acesso em: 3 jul. 2014.

Anúncio publicitário Sabonete de Reuter, p. 80
Disponível em: <http://www.letras.ufrj.br/varport/br-escrito/anuntxt-1901-24.htm>. Acesso em: 3 jul. 2014.

Cap. 3

Miragens, p. 112
Disponível em: <http://ciencia.hsw.uol.com.br/miragem.htm>. Acesso em: 3 jul. 2014.

A nova queridinha das telas, p. 116
Disponível em: <http://atrevidinha.uol.com.br/atrevidinha/beleza-idolos/43/artigo65261-1.asp>. Acesso em: 23 dez. 2011.

Cap. 4

Biogás substitui lenha no Sertão, p. 122
Disponível em: <http://jconline.ne10.uol.com.br/canal/cidades/ciencia mambiente/noticia/2011/06/04/biogas-substitui-lenha-no-sertao-6478.php>. Acesso em: 3 jul. 2014.

Cartão valerá como assinatura digital, p. 128
Disponível em: <http://www.iti.gov.br/twiki/bin/view/Midia/MidiaClip 2007jul06>. Acesso em: 26 jul. 2011.

Floração do ipê-roxo marca a paisagem do DF e anuncia a nova estação, p. 130
Disponível em: <http://www.correiobraziliense.com.br/app/noticia/cidades/2011/06/09/interna_cidadesdf,256042/floracao-do-ipe-roxo-marca-a-paisagem-do-df-e-anuncia-a-nova-estacao.shtml>. Acesso em: 3 jul. 2014.

O pequenino tataravô do T-rex, p. 131
Disponível em: <http://chc.cienciahoje.uol.com.br/noticias/2011/janeiro/o-pequenino-tataravo-do-t-rex?>. Acesso em: 8 ago. 2011.

Prepare-se para as folias de São João, p. 132
Disponível em: <http://www.gazetadopovo.com.br/turismo/conteudo.phtml?tl=1&id=1127387&tit=Prepare-se-para-as-folias-de-Sao-Joao>. Acesso em: 3 jul. 2014.

Grande Concentração de urubus e de andorinhas compromete energia em Parintins, p. 136
Disponível em: <http://acritica.uol.com.br/amazonia/Amazonia-Amazonas-Manaus-concentracao-andorinhas-compromete-energia-Parintins_0_526147944.html>. Acesso em: 2 jan. 2012.

Entrevista exclusiva com o fofíssimo Howie D, p. 147
Disponível em: <http://atrevida.uol.com.br/comportamento-moda/sumarios/sumario_563.asp>. Acesso em: 3 jul. 2014.

Fique com o *look* moderninho usando apenas peças básicas, p. 147
Disponível em: <http://todateen.uol.com.br/edicoes/43/edicao.html>. Acesso em: 8 ago. 2011.

Comidinhas da fazenda da vovó servidas em café no centro de São Paulo, p. 148
Disponível em: <http://oglobo.globo.com/saude/terceiraidade/mat/2006/09/06/285560027.asp>. Acesso em: 14 dez. 2011.

Caju, p. 152
Disponível em: <http://michaelis.uol.com.br/moderno/portugues/index.php?lingua=portugues-portugues&palavra=caju>. Acesso em: 3 jul. 2014.

Cap. 5

Projeto Expedição Estrada Real I, p. 170
Disponível em: <http://verdeminas.com/diario1.htm>. Acesso em: 3 jul. 2014.

O império do sol, p. 182
Disponível em: <http://chc.cienciahoje.uol.com.br/o-imperio-do-sol/>. Acesso em: 3 jul. 2014.

Previsão do tempo em Santa Catarina, p. 184
Disponível em: <http://www.clicrbs.com.br/especial/sc/jsc/19,6,3378197,Massa-de-ar-seco-e-frio-mantem-o-tempo-estavel-em-Santa-Catarina-nesta-quinta-feira.html>. Acesso em: 3 jul. 2014.

Cap. 6

Entrevista concedida por Manoel de Barros, p. 196
Disponível em: <http://www.estadao.com.br/noticias/arteelazer,manoel-de-barros-o-poeta-que-veio-do-chao,523717,0.htm>. Acesso em: 3 jul. 2014

Ser amigo é..., p. 215
Disponível em: <http://omeninomaluquinho.educacional.com.br/Pagina Extra/default.asp?id=2259>. Acesso em: 3 jul. 2014.

Cap. 7

Saci-Pererê, p. 228
Disponível em: <http://www.brasilescola.com/folclore/saci-perere.htm>. Acesso em: 3 jul. 2014.

Chove 55 mm em Fortaleza durante a madrugada deste sábado, p. 230
Disponível em: <http://diariodonordeste.globo.com/noticia.asp?codigo=322976&modulo=966>. Acesso em: 3 jul. 2014.

Baleia-azul, p. 230
Disponível em: <http://recreionline.abril.com.br/fique_dentro/ciencia/bichos/conteudo_48676.shtml?/vc_sabia/ vocesabia_49338.shtml>. Acesso em: 26 jul. 2011.

Virgem, p. 231
Disponível em: <http://capricho.abril.com.br/horoscopo/>. Acesso em: 3 jul. 2014.

EUA propõem força para desarmar bombas de fragmentação, p. 232
Disponível em: <http://www1.folha.uol.com.br/folha/bbc/ult272u364350.shtml>. Acesso em: 26 jul. 2011.

Monte seu cantinho de estudo, p. 235
Disponível em: <http://atrevidinha.uol.com.br/atrevidinha/beleza-idolos/34/artigo40948-1.asp>. Acesso em: 26 jul. 2011.

Aluna nota 10, p. 235
Disponível em: <http://atrevidinha.uol.com.br/atrevidinha/beleza-idolos/34/artigo40948-1.asp>. Acesso em: 8 dez. 2011.

Plante um feijãozinho, p. 235
Disponível em: <http://www.acessa.com/infantil/arquivo/dicas/2003/09/10-feijao/>. Acesso em: 3 jul. 2014.

Texto sobre Vinicius de Moraes, p. 236
Disponível em: <http://www.releituras.com/viniciusm_bio.asp>. Acesso em: 3 jul. 2014.

Fontes da internet

Polícia Ambiental realiza apreensões na Grande Natal, p. 237
Disponível em: <http://tribunadonorte.com.br/noticia/policia-ambiental-realiza-apreensoes-na-grande-natal/185072>. Acesso em: 29 set. 2011.

Beija-flores: balé no ar, p. 242
Disponível em: <http://chc.cienciahoje.uol.com.br/noticias/bichos-e-plantas/beija-flores-bale-no-ar/beija-flores-bale-no-ar-0/?searchr=bale no ar>. Acesso em: 26 jul. 2011.

Joe Sacco, criador do jornalismo em quadrinhos, fala sobre como escolheu sua carreira, p. 246
Disponível em: <http://guiadoestudante.abril.com.br/blogs/divirta-estudando/um-bate-papo-com-joe-sacco-o-criador-do-jornalismo-em-quadrinhos/>. Acesso em: 8 ago. 2011.

Viagem à Grécia – Bem-vindos à terra dos deuses, filósofos e artistas, p. 247
Disponível em: <http://chc.cienciahoje.uol.com.br/noticias/historia/viagem-a-grecia/?searchterm=viagem a grecia>. Acesso em: 26 jul. 2011.

Os mistérios de Vênus, p. 248
Disponível em: <http://chc.cienciahoje.uol.com.br/noticias/astronomia-e-exploracao-espacial/os-misterios-de-venus/?searchterm=osmisterios devenus>. Acesso em: 26 jul. 2011.

Enigmas, p. 251
Disponível em: <http://www.jogos.antigos.nom.br/jmatematicos.asp>. Acesso em: 3 jul. 2014.

Dança da laranja, p. 254
Disponível em: <http://jangadabrasil.com.br/junho22/ca22060a.htm>. Acesso em: 3 jul. 2014.

Cap. 8
Entrevista: Fernanda Takai (Pato Fu), p. 258
Disponível em: <http://www.screamyell.com.br/musicadois/patofu_takai_entrevista.htm>. Acesso em: 3 jul. 2014.

Entrevista com Laís Bodanzky, p. 264
Disponível em: <http://revistamarieclaire.globo.com/Revista/Common/0,,EMI138402-17737,00-ENTREVISTA+COM+LAIS+BODANZKY+A+CINEASTA+DA+DELICADEZA.html>. Acesso em: 3 jul. 2014.

Entrevista com Luís Miranda, p. 269
Disponível em: <http://www.cinepipocacult.com.br/2011/07/entrevista-exclusiva-com-luis-miranda.html>. Acesso em: 3 jul. 2014.

Carlos Saldanha: "A produção brasileira é pouco conhecida lá fora", p. 270
Disponível em: <http://vejasp.abril.com.br/noticias/carlos-saldanha-a-producao-brasileira-pouco-conhecida-la-fora/>. Acesso em: 9 out. 2011.

Texto sobre Ana Maria Machado, p. 276
Disponível em: <http://epoca.globo.com/especiais_online/2003/08/25_epuc/19ana.htm>. Acesso em: 27 jul. 2011.

Contando as gotas do chuveiro, p. 278
Disponível em: <http://super.abril.com.br/blogs/planeta/123247_post.shtml>. Acesso em: 3 jul. 2014.

Notícia de rádio, p. 286
Disponível em: <http://cbn.globoradio.globo.com/editorias/meio-ambiente/2011/10/02/FOGO-ATINGE-VEGETACAO-DE-SERRA-NA-GRANDE-BH.htm>. Acesso em: 8 dez. 2011.

Cap. 9
Durma como um anjinho, p. 300
Disponível em: <http://atrevidinha.uol.com.br/atrevidinha/beleza-idolos/87/artigo224872-1.asp>. Acesso em: 22 nov. 2011.

Bienal do livro traz 290 autores ao Rio, p. 301
Disponível em: <http://g1.globo.com/Noticias/Rio/0,,MUL87722-5606,00-BIENAL+DO+LIVRO+TRAZ+AUTORES+AO+RIO.html>. Acesso em: 27 jul. 2011.

Para Viver Juntos

PORTUGUÊS
ENSINO FUNDAMENTAL 6º ANO

6

Acordo Ortográfico

Este suplemento é parte integrante da obra **Português – Para Viver Juntos** – 3ª edição. Não pode ser vendido separadamente.

sm

Hífen

Não se usa hífen:

- Em palavras compostas cujo prefixo ou falso prefixo termina em vogal e o segundo elemento começa com outra vogal.
    Exemplos: *extraoficial, autoestrada*, etc.

- Em palavras compostas cujo prefixo ou falso prefixo termina em vogal e o segundo elemento começa com **r** ou **s**. Nestes casos, duplica-se o **r** ou **s**.
    Exemplos: *ultrassom, contrarregra*, etc.

- Em palavras compostas nas quais se perdeu a noção de composição.
    Exemplos: *paraquedas, girassol, mandachuva, pontapé*, etc.

- Em palavras compostas com os prefixos **co** e **re** cujos segundos elementos começam com a mesma vogal.
    Exemplos: *coordenar, cooperação, reedição, reescrever*, etc.

- Em palavras compostas com os prefixos **des** e **in** cujos segundos elementos começavam por **h**.
    Exemplos: *desumano, inábil*, etc.

- Quando o advérbio **não** é usado como prefixo.
    Exemplo: *Gandhi defendia a não violência.*

Usa-se hífen:

- Em palavras compostas sem formas de ligação e cujos elementos compõem uma nova unidade, sem perder seus sentidos originais.
    Exemplos: *arco-íris, guarda-chuva, sobrinho-neto, afro-luso-brasileiro*, etc.

- Em palavras compostas cujo prefixo ou falso prefixo termina em vogal e o segundo elemento começa com a mesma vogal.
    Exemplos: *micro-onda, anti-inflamatório, auto-observação*, etc.

- Em palavras compostas nas quais o segundo elemento começa com **h**.
    Exemplos: *super-homem, anti-higiênico*, etc.

- Em palavras compostas cujo prefixo ou falso prefixo termina em **r** (*hiper, inter* e *super*) e o segundo elemento também.
    Exemplos: *inter-racial, super-resistente*, etc.

- Em palavras compostas iniciadas pelos prefixos **circum** e **pan** cujo segundo elemento começa por **h**, **m** ou **n** ou vogal.
    Exemplos: *circum-navegação, pan-americano*, etc.

- Em palavras compostas iniciadas pelos prefixos **ex**, **pré**, **pós**, **pró**, **sota**, **soto**, **vice** e **viso**.
    Exemplos: *vice-presidente, ex-namorado, pré-história*, etc.

- Em nomes geográficos compostos iniciados pelos adjetivos **grã** e **grão**, por forma verbal ou cujos elementos estejam ligados por artigos.
    Exemplos: *Grã-Bretanha, Grão-Pará, Passa-Quatro, Baía de Todos-os-Santos*, etc.

- Em palavras compostas que denominam espécies de plantas, animais e outros seres vivos.
    Exemplos: *couve-flor, andorinha-do-mar*, etc.

- Em duas ou mais palavras que podem se combinar formando encadeamentos vocabulares.
    Exemplos: a divisa *Liberdade-Igualdade-Fraternidade*, a ponte *Rio-Niterói*, etc.

Principais mudanças na língua portuguesa decorrentes do Acordo Ortográfico (1990)

O Acordo Ortográfico de 1990, que entrou em vigor no início de 2009, foi estabelecido para unificar a escrita em todos os países de língua portuguesa. Foram definidas algumas mudanças na ortografia, na acentuação e no emprego do hífen.

Aqui destacamos as principais mudanças.

Alfabeto

Foram incluídas as letras **k**, **w** e **y**, assim, o alfabeto passa a ter 26 letras. Contudo, essas letras são usadas apenas em palavras de origem estrangeira e seus derivados, como nomes próprios de pessoas ou lugares e siglas, símbolos e unidades de medida.

Exemplos: *Kafka, kafkiano, kg, yakisoba, World Wide Web*, etc.

Trema

O trema não é mais usado na língua portuguesa, exceto em palavras derivadas de nomes estrangeiros.

Exemplos: *mülleriano* (de Müller), *hübneriano* (de Hübner), etc.

Vogais átonas

Os adjetivos e os substantivos derivados com sufixos **-iano** e **-iense** devem ser escritos com **i**, e não com **e**, antes da sílaba tônica.

Exemplos: *acriano, açoriano, siniense* (de Sines), etc.

Divisão silábica

Se a divisão silábica de uma palavra composta ou combinação de palavras com hífen no fim de uma linha for justamente onde há o hífen, este deve ser repetido no início da linha seguinte.

Exemplos:

Encontrou seu ex-
-marido no restaurante.

Não conseguiu afastá-
-la daquelas pessoas.

Acentuação

Perdem o acento:

- Palavras paroxítonas que apresentam ditongos abertos terminados em **ei** e **oi**.
  Exemplos: *colmeia, asteroide, ideia, joia*, etc.
- Palavras paroxítonas com duplo **o** e **e**.
  Exemplos: *voo, enjoo, leem, deem*, etc.
- Palavras paroxítonas cujas vogais **i** e **u** tônicas são antecedidas por ditongo.
  Exemplos: *Sauipe, feiura, maoismo*, etc.
- A letra **u** tônica dos verbos *arguir* e *redarguir* que precede **e** ou **i**.
  Exemplos: *tu arguis* (pres. ind.), *ele argui* (pres. ind.), *eles arguem* (pres. ind.), etc.
- As palavras homógrafas *para, pela, pelo, polo* e *pera*, que tinham acento diferencial.

Para Viver Juntos

Cibele Lopresti Costa
Greta Marchetti
Jairo J. Batista Soares

Acordo Ortográfico

PORTUGUÊS
ENSINO FUNDAMENTAL 6º ANO

6